江西理工大学法学国家一流专业建设点、教育部新文科建设项目资助出版

江西省研究生专业学位案例教学课程《刑法总论》建设成果

江西理工大学疑难案例协同研究中心研究丛书

主　　编　苏雄华

副 主 编　孙绍伟　赖玉中

参编人员　欧阳森林　陈　超

　　　　　张旺城　　胡丽琴

XINGFA ZONGLUN YINAN
ANLI YANJIU

疑难案例研究 刑法总论

 中国政法大学出版社

2022·北京

图书在版编目（CIP）数据

刑法总论疑难案例研究/苏雄华主编. —北京：中国政法大学出版社，2022.6
ISBN 978-7-5764-0473-9

Ⅰ.①刑… Ⅱ.①苏… Ⅲ.①刑法－案例－中国 Ⅳ.①D924.05

中国版本图书馆 CIP 数据核字（2022）第 097369 号

出 版 者	中国政法大学出版社
地　　址	北京市海淀区西土城路 25 号
邮寄地址	北京 100088 信箱 8034 分箱　邮编 100088
网　　址	http://www.cuplpress.com（网络实名：中国政法大学出版社）
电　　话	010-58908586（编辑部）58908334（邮购部）
编辑邮箱	zhengfadch@126.com
承　　印	固安华明印业有限公司
开　　本	720mm×960mm　1/16
印　　张	16.25
字　　数	280 千字
版　　次	2022 年 6 月第 1 版
印　　次	2022 年 6 月第 1 次印刷
定　　价	59.00 元

目 录

CONTENTS

第一章

刑法基础理论

第一节　罪刑法定原则、刑法溯及力原则的适用：黄某某偷（逃）税案

一、案例简介[1]

甲县人民政府 2004 年 3 月出台地方规定，鼓励本县城镇居民合作建房，要求地方税务机关对此类房屋建设少征税款。

黄某某系该县蓝图房地产开发公司（以下简称"蓝图公司"）董事长兼总经理。2004 年 11 月 2 日，黄某某以公开竞买的方式从甲县国土资源局取得原某超市 271.4 平方米土地的使用权，之后分别与温某、陈某、赖某、何某等人签订同一份虚假的合作建房协议，并以此向甲县建设局报批建房。该商住楼共建六层，建筑面积 1274.165 平方米，一层共六个店面，二层为写字楼，三层至六层为住房，共 20 套。至 2006 年 10 月，该商住楼店面、写字楼、住房均已全部销售完毕。销售总额为 2 397 212.38 元，其中住房及杂物间收入 563 326.38 元，写字楼收入 264 886 元，店面收入 1 569 000 元。在该商品房销售过程中，黄某某及其委托代理人黄某才通过与购房户签订虚假的合作建房手续、进行虚假的纳税申报等手段偷逃税款。

因涉嫌犯偷税罪，黄某某于 2007 年 8 月 25 日被甲县公安局刑事拘留，同年 8 月 31 日被批准逮捕，同时因涉嫌构成其他犯罪，公安机关查封、扣押了黄某某 2000 余万元资产。在此之前，黄某某及甲县蓝图公司均未收到税务机关的行政处罚。2008 年 3 月，甲县公安局委托某会计司法鉴定所对黄某某偷

---

〔1〕　参见［2009］赣中刑一终字第 16 号二审刑事判决书。

逃税款进行鉴定，同年该会计司法鉴定所出具了"某司会［2008］11号鉴定书"，证明该超市商住楼销售收入为 2 397 212.38 元，应纳税额为 271 664.19 元，实际纳税为 97 109.71 元，偷逃税款 174 554.48 元。2008 年 11 月 5 日，甲县人民检察院向甲县人民法院提起诉讼，指控黄某某的行为触犯了《刑法》[1] 第 201 条之规定，应当以偷税罪追究刑事责任。

甲县人民法院 2008 年 11 月 28 日公开审理了黄某某偷税案，同年 12 月 27 日作出了一审判决，认定黄某某犯偷税罪成立，判处有期徒刑 4 年零 6 个月，并处罚金 872 000 元。黄某某及其辩护人以主观上无偷逃税款的故意，鉴定单位无主体资格为由向甲市中级人民法院提起上诉。2009 年 2 月 28 日第十一届全国人民代表大会常务委员会第七次会议通过并公布了《刑法修正案（七）》，该修正案对偷税罪进行了修改，并宣布自公布之日起施行。甲市中级人民法院以黄某某主观上存在偷逃税款的故意和鉴定单位具有主体资格为由，于 2009 年 6 月 5 日对本罪作出维持原判的终审判决（其他犯罪有改判）。

黄某某对终审判决不服，委托律师以事实认定有误为由，向原审甲市中级人民法院提起申诉，该院于 2014 年 4 月 10 日驳回其申诉。黄某某又以终审判决违反了"从旧兼从轻"的溯及力原则为由，向甲省高级人民法院申诉。甲省高级人民法院于 2015 年 3 月 27 日作出不予再审的决定，认为甲市中级人民法院在本案中适用法律正确，偷税罪的认定无需以"经税务机关依法下达追缴通知后，不补缴应纳税款、不缴纳滞纳金或者不接受行政处罚"为前提，因为最高人民检察院、公安部《关于公安机关管辖的刑事案件立案追诉标准的规定（二）》是在本案终审判决后颁布的，故本案并未违反刑法的溯及力原则。

本案主要证据如下：

（1）甲县国土资源局拍卖成交确认书，证明黄某某于 2004 年 11 月 2 日以公开竞买的方式取得了某超市 271.4 平方米土地的使用权。

（2）黄某某供述，该超市商住楼是在取得土地使用权后，以合作建房的形式报建，实际上是他自己开发销售，以合作建房名义少缴税款。

（3）黄某某的委托代理人证言，证明该超市商住楼是黄某某委托他经手与一楼购店面的业主签订《合作建房协议》，实际上是黄某某个人开发销售，

---

〔1〕《刑法》即《中华人民共和国刑法》，为表述方便，本书涉及我国法律文件直接使用简称，省去"中华人民共和国"字样，全书统一，后不赘述。

并非合作建房，目的是少缴税款。

（4）温某、陈某、赖某、何某等人证言，证明他们购买该超市商住楼的房产，黄某某为其开具税务发票。

（5）甲县地方税务局出具的"关于黄某某原超市商住楼开发项目纳税情况说明"，证实黄某某开发该商住楼申报缴纳税款97 109.71元，并提供黄某某等人合作建房协议及报建资料5份，同时证实黄某某未受该税务机关的行政处罚。

（6）甲县某会计司法鉴定所出具的"某司会〔2008〕11号鉴定书"，证明该超市商住楼销售收入为2 397 212.38元，应纳税额为271 664.19元，实际纳税额为97 109.71元，偷逃税款174 554.48元。

二、本案的法律问题思考

（一）偷（逃）税罪的历次修改有哪些变化？

1979年《刑法》第121条规定："违反税收法规，偷税、抗税，情节严重的，除按照税收法规补税并且可以罚款外，对直接责任人员，处三年以下有期徒刑或者拘役。"此时我国正处于改革开放初期，税收制度刚刚确立，且较为粗糙，便将偷税罪与抗税罪规定在一起，且强调了二元规制模式，但考虑到对其已经进行罚款处理，刑法就没有规定罚金的附加刑。

随着改革开放的深入，我国社会经济等方面也发生了深刻的变化，税收征管方面的犯罪也出现了新情况和新特点。由于1979年《刑法》对偷税、抗税犯罪规定得比较原则，且处罚规定比较轻，为了适应严惩偷税、抗税犯罪活动的需要，1992年9月4日第七届全国人民代表大会常务委员会第二十七次会议通过的《关于惩治偷税、抗税犯罪的补充规定》（已失效）第1条对1979年《刑法》第121条作了如下补充："纳税人采取伪造、变造、隐匿、擅自销毁帐簿、记帐凭证，在帐簿上多列支出或者不列、少列收入，或者进行虚假的纳税申报的手段，不缴或者少缴应纳税款的，是偷税。偷税数额占应纳税额的百分之十以上并且偷税数额在一万元以上的，或者因偷税被税务机关给予二次行政处罚又偷税的，处三年以下有期徒刑或者拘役，并处偷税数额五倍以下的罚金；偷税数额占应纳税额的百分之三十以上并且偷税数额在十万元以上的，处三年以上七年以下有期徒刑，并处偷税数额五倍以下的罚金。扣缴义务人采取前款所列手段，不缴或者少缴已扣、已收税款，数额占应缴税额的百分之十以上并且数额在一万元以上的，依照前款规定处罚。

对多次犯有前两款规定的违法行为未经处罚的，按照累计数额计算。"

1997年《刑法》全面修订时，吸收了1992年补充规定对偷税行为的规定，并对本条作了进一步的修改。1997年《刑法》第201条规定："纳税人采取伪造、变造、隐匿、擅自销毁帐簿、记帐凭证，在帐簿上多列支出或者不列、少列收入，经税务机关通知申报而拒不申报或者进行虚假的纳税申报的手段，不缴或者少缴应纳税款，偷税数额占应纳税额的百分之十以上不满百分之三十并且偷税数额在一万元以上不满十万元的，或者因偷税被税务机关给予二次行政处罚又偷税的，处三年以下有期徒刑或者拘役，并处偷税数额一倍以上五倍以下罚金；偷税数额占应纳税额的百分之三十以上并且偷税数额在十万元以上的，处三年以上七年以下有期徒刑，并处偷税数额一倍以上五倍以下罚金。扣缴义务人采取前款所列手段，不缴或者少缴已扣、已收税款，数额占应缴税额的百分之十以上并且数额在一万元以上的，依照前款的规定处罚。对多次犯有前两款行为，未经处理的，按照累计数额计算。"

随着我国社会主义市场经济的发展，涉税犯罪也变得越来越复杂，应当根据实践需要进行相应调整。在《刑法修正案（七）（草案）》研究起草过程中，有关部门提出，在经济生活中，偷逃税的情况很复杂，同样的偷税数额在不同时期对社会的危害程度不同，建议在刑法中对偷税罪的具体数额标准不作规定，由司法机关根据实际情况作出司法解释并适时调整。有关部门还提出，考虑到打击偷税犯罪的主要目的是维护税收征管秩序，保证国家税收收入。对于偷税罪初犯者，经税务机关指出后积极补缴税款和滞纳金，履行了纳税义务，接受行政处罚的，可不再作为犯罪追究刑事责任，这样处理可以较好地体现宽严相济的刑事政策。为此，《刑法修正案（七）》对《刑法》第201条适时作出了修改：一是修改罪状表述，将本条的犯罪行为简化为"采取欺骗、隐瞒手段进行虚假纳税申报或者不申报"；二是删去了逃避缴纳税款的具体数额标准和具体罚金数额；三是将"偷税"修改为"逃避缴纳税款"的表述；四是增加一款作为第4款，规定在一定条件下初犯可不予追究刑事责任。

2009年《刑法修正案（七）》第201条规定："纳税人采取欺骗、隐瞒手段进行虚假纳税申报或者不申报，逃避缴纳税款数额较大并且占应纳税额百分之十以上的，处三年以下有期徒刑或者拘役，并处罚金；数额巨大并且占应纳税额百分之三十以上的，处三年以上七年以下有期徒刑，并处罚金。扣缴义务人采取前款所列手段，不缴或者少缴已扣、已收税款，数额较大的，依照前款的规定处罚。对多次实施前两款行为，未经处理的，按照累计数额计算。有第一款行为，经税务机关依法下达追缴通知后，补缴应纳税款，缴纳滞纳金，已受行政处罚的，不予追究刑事责任；但是，五年内因逃避缴纳税款受过刑事处罚或者被税务机关给予二次以上行政处罚的除外。"

（二）《刑法修正案（七）》将"偷税罪"改为"逃税罪"的立法原意是什么？

全国人大常委会原法制工作委员会主任李适时于 2008 年 8 月 25 日在第十一届全国人民代表大会常务委员会第四次会议上做了《关于〈中华人民共和国刑法修正案（七）（草案）〉的说明》，在述及本罪的修改时，明确指出："刑法第二百零一条从偷税的具体数额和所占应纳税款比例两方面对偷税罪的定罪量刑标准作了规定。有关部门提出，在经济生活中，偷逃税的情况十分复杂，同样的偷税数额在不同时期对社会的危害程度不同，建议在刑法中对偷税罪的具体数额标准不作规定，由司法机关根据实际情况作出司法解释并适时调整。同时提出，考虑到打击偷税犯罪主要是为了维护税收征管秩序，保证国家税收收入，对属于初犯，经税务机关指出后积极补缴税款和滞纳金，履行了纳税义务，接受行政处罚的，可不再作为犯罪追究刑事责任，这样处理可以较好地体现宽严相济的刑事政策。"

由全国人大常委会原法制工作委员会刑法室编著的《中华人民共和国刑法解读》（中国法制出版社 2011 年版）也明确指出："（《刑法》第 201 条）第 4 款是 2009 年《刑法修正案（七）》增加的内容。这主要考虑到打击逃税犯罪的目的是加强税收征管，保证国家税款收入，对行为人经税务催缴后主动补交税款和滞纳金，接受处罚的，如果能够不再追究刑事责任，事实上更有利于巩固税源和扩大税基，有利于提高公民、企业自觉纳税意识和加强税收征管力度。从国外经验看，也多采纳这种处理方式。"并进一步指出，根据本款的规定，当发现纳税人具有纳税申报或者不申报行为后，税务机关应当根据纳税人的逃税事实依法下达追缴通知，要求其补缴应纳税款，缴纳滞纳金，并且接受行政处罚。……如果行为人拒不配合税务机关的上述要求，或者仍逃避自己的纳税义务的，则税务机关有权将此案件转交公安机关立案侦查，从而进入刑事司法程序。

（三）税务机关的行政处理是否为逃税罪成立的前提条件？

从修改后的条文中"有第一款行为，经税务机关依法下达追缴通知后"

及上述立法原意可知，逃税罪的成立需以税务机关进行了行政处理为前提。2010 年 5 月 7 日最高人民检察院、公安部《关于公安机关管辖的刑事案件立案追诉标准的规定（二）》第 57 条规定："逃避缴纳税款，涉嫌下列情形之一的，应予立案追诉：（一）纳税人采取欺骗、隐瞒手段进行虚假纳税申报或者不申报，逃避缴纳税款，数额在五万元以上并且占各税种应纳税总额百分之十以上，经税务机关依法下达追缴通知后，不补缴应纳税款、不缴纳滞纳金或者不接受行政处罚的；……"这进一步从反面说明，税务机关的行政处理是逃税罪成立的前提条件，也只有这样理解才能实现《刑法修正案（七）》的修改初衷，否则会出现税务机关与公安机关抢着办案的情况。

在刑法学界，学者们几乎都主张行政处罚是逃税罪的前置程序，如张明楷教授就认为："任何逃税案件，首先必须经过税务机关的处理。税务机关没有处理或者不处理的，司法机关不得直接追究行为人的刑事责任。……行为人不能因为税务机关存在处理缺陷而承担刑事责任。"《刑法》作出这一修订的目的一方面是为保护税收征收管理秩序，有利于税务机关追缴税款，另一方面也给予纳税义务人纠正纳税行为的机会，对于维护企业正常经营发展具有重要作用。

（四）如何理解刑法条文与司法解释的关系？在《刑法修正案（七）》前后有关偷税罪或逃税罪的司法解释能否用于解释该修正案的规定？

司法解释需以对应的刑法条文生效为前提，可根据"从旧兼从轻"的溯及力原则对司法解释发布前的行为适用新的司法解释，但其效力不能延续到所对应的法条被修改之后。最高人民检察院《关于全国人民代表大会常务委员会关于〈中华人民共和国刑法〉第九十三条第二款的解释的时间效力的批复》（高检发研字［2000］15 号）规定，刑法解释是对刑法规定的进一步明确，并不是对刑法的修改，解释的效力适用于刑法规定的施行期间。随后的最高人民法院、最高人民检察院《关于适用刑事司法解释时间效力问题的规定》（高检发释字［2001］5 号）进一步明确规定："为正确适用司法解释办理案件，现对适用刑事司法解释时间效力问题提出如下意见：一、司法解释是最高人民法院对审判工作中具体应用法律问题和最高人民检察院对检察工作中具体应用法律问题所作的具有法律效力的解释，自发布或者规定之日起施行，效力适用于法律的施行期间。二、对于司法解释实施前发生的行为，行为时没有相关司法解释，司法解释施行后尚未处理或者正在处理的案件，依照司法解释的规定办理。三、对于新的司法解释实施前发生的行为,行为时已有相关司法解释,依照行为时的司法解释办理,但适用新的司法解释对犯罪嫌疑人、被告人有利的,适用新的司法解释。四、对于在司法解释施行前已办结的案件,按照当时的法律和司法解释,认定事实和适用法律没有错误的,不再变动。"该解释第3条明确规定,如果因原生效判决适用法律错误立案再审的,应根据"从旧兼从轻"的溯及力原则适用相关司法解释,即新的司法解释在更有利于原审的情况下有溯及力。

据此,2010年5月7日最高人民检察院、公安部《关于公安机关管辖的刑事案件立案追诉标准的规定(二)》第57条当然可以适用于此前《刑法修正案(七)》规定的逃税行为。与此相反,2002年11月5日最高人民法院《关于审理偷税抗税刑事案件具体应用法律若干问题的解释》所依附的原法条已被修改,当然不能适用于《刑法修正案(七)》规定的逃税罪的理解。

(五)我国刑法的溯及力原则是什么?如何理解与适用?

根据我国《刑法》第12条第1款之规定,我国刑法的溯及力遵循"从旧兼从轻"原则,即如果行为当时的法律不认为是犯罪的,适用当时的法律;如果当时的法律认为是犯罪,且尚在追诉时效之内的,按照当时的法律追究刑事责任,但是如果新法不认为是犯罪或者处刑较轻的,则适用新法。

刑法溯及力原则是关于法律适用的强制性规定,与案件性质(是否涉黑或恐怖案件)、审理对象(身份、地位或主观恶性大小)、案件原审理背景(是否开过政法协调会议)、案件牵连人数、改判带来的财产变动等都毫无关系,应依法比较犯罪时和生效判决时对同一行为事实的处罚轻重,严格遵循"从旧兼从轻"原则,最终决定应适用的刑法条款。

(六)二审法院能否根据刑法溯及力原则直接对适用当时法律正确的一审判决进行改判?

一审判决时由于新法没有颁行或生效,只能适用旧法,即使二审法院根据刑法溯及力原则适用生效的新法对其予以改判,一审法院的判决也不是法律适用错误的判决。但是,二审法院在审理上诉案件时必须遵循我国《刑法》第12条规定的"从旧兼从轻"的溯及力原则,这是二审法院当然的审判义务,不能因为《刑事诉讼法》没有再次强调,就认定二审法院可以违背"从旧兼从轻"的溯及力原则。

在司法实践中,不乏二审法院根据溯及力原则改判一审法院适用法律正确的判决，如北京市高级人民法院根据溯及力原则改判赵某一案即是。国家体育总局拳击跆拳道运动管理中心原副主任赵某利用职务便利，于 2009 年 4 月至 11 月共收受河南省体育局原局长韩某 30 万元，北京市第二中级人民法院于 2014 年 12 月 15 日作出一审判决，认定赵某犯受贿罪，判处有期徒刑 10 年。赵某不服，向北京市高级人民法院提出上诉。北京市高级人民法院审理后于 2015 年 11 月 12 日作出终审判决，认为原审判决认定事实清楚、适用法律正确，但鉴于该案审理期间，《刑法修正案（九）》正式施行，有关受贿案件量刑原则发生变化，按照"从旧兼从轻"的原则，撤销原判，改判赵某有期徒刑 3 年。

（七）对二审法院未根据刑法溯及力原则改判的终审判决能否立案再审？哪些人民法院可以对其立案再审？

如前所述，二审法院不能因为一审法院适用法律正确就违反刑法的溯及力原则，如果二审法院违反"从旧兼从轻"的溯及力原则维持原判，就是适用法律错误的终审判决。2012 年《刑事诉讼法》第 242 条规定，"当事人及其法定代理人、近亲属的申诉符合下列情形之一的，人民法院应当重新审判：……（三）原判决、裁定适用法律确有错误的"，因此，应对违反溯及力原则的二审终审判决予以立案再审。

对此，最高人民法院 2013 年 1 月 1 日起施行的《关于适用〈中华人民共和国刑事诉讼法〉的解释》第 375 条第 2 款明确规定："经审查，具有下列情形之一的，应当根据刑事诉讼法第二百四十二条的规定，决定重新审判：……（七）违反法律关于溯及力规定的……"因此，对违反刑法溯及力原则不予改判的二审判决应予及时立案再审。

（八）对人民法院未根据溯及力原则改判的生效判决，人民检察院能否对其提起抗诉？哪些人民检察院可以进行抗诉？

人民法院违反刑法"从旧兼从轻"的溯及力原则进行判决就是适用法律错误的表现，根据《刑事诉讼法》第 243 条第 2 款之规定，最高人民检察院对各级人民法院已经发生法律效力的判决和裁定，上级人民检察院对下级人民法院已经发生法律效力的判决和裁定，如果发现确有错误，有权按照审判监督程序向同级人民法院提出抗诉。

（九）按照审判监督程序重新审判的刑事案件，应适用何时的法律进行审理？

1997 年 9 月 25 日最高人民法院《关于适用刑法时间效力规定若干问题的

解释》第 10 条规定：“按照审判监督程序重新审判的案件，适用行为时的法律。”这里的“行为时”不能理解为实施犯罪行为时或犯罪行为完成时，而应理解为针对涉案行为的判决生效时。否则，因为违反刑法溯及力原则而立案再审的案件仍然无法适用更有利于被告人的法律，只能是维持原判。事实上，该司法解释颁行的背景很特殊，当时规制的对象和时间点都是特定的，即“为正确适用刑法，现就人民法院 1997 年 10 月 1 日以后审理的刑事案件，具体适用修订前的刑法或者修订后的刑法的有关问题”进行规定，换言之，该司法解释是在立足于 1997 年 10 月 1 日这个特定的时间点针对此前已经生效的判决是否适用 1997 年《刑法》进行规定的，排除了此后因刑法典被修订而违反刑法溯及力原则的情况。

（十）如果你是本案的二审法官，应如何处理本案？

当发现纳税人具有虚假纳税申报或者不申报行为后，税务机关应当根据纳税人的逃避缴纳税款事实依法下达追缴通知，要求其补缴应纳税款，缴纳滞纳金，并且接受行政处罚。如果当事人按照税务机关下发的追缴通知和行政处罚决定书的规定，积极采取措施，补缴税款，缴纳滞纳金，接受行政处罚的，则不作为犯罪处理；如果当事人拒不配合税务机关的上述要求，或者仍逃避自己的纳税义务的，则税务机关有权将此案件转交公安机关立案侦查进入刑事司法程序。据此，依据修正后的逃税罪的规定，其他任何机关发现逃税行为，都应将该案移送税务机关现行处理，由该税务机关根据案件事实向黄某某依法下达追缴通知，要求其补缴应纳税款，并缴纳滞纳金。如果逃税行为人接受了相关行政处罚，补缴了应纳税款，并缴纳了滞纳金，就不能对其进行刑法规制，不能对其进行刑事立案，不得因舆情等因素突破罪刑法定原则对其进行刑事追究。

黄某某案在刑法生效以后尚未作出生效判决，二审法院应将案件移交给税务机关，黄某某愿意接受该行政处罚，补缴应纳税款，缴纳滞纳金，则不得再继续追究其偷税罪的刑事责任，二审法院应当直接改判无罪；若黄某某拒不接受该行政处罚，拒不补缴应纳税款，拒不缴纳滞纳金，则二审法院应作出维持原一审判决的裁定。

（十一）如果你是本案二审阶段的辩护人，应如何有效维护当事人的合法权利？

应在《刑法修正案（七）》施行后，及时向二审法院提出新的辩护意见：根据刑法"从旧兼从轻"溯及力原则应对黄某某适用修改后的《刑法》第201条第4款的规定，及时告知黄某某接受税务机关行政处罚的意义，依法保障其合法权益。

（十二）本案黄某某若向人民检察院提起申诉，接受申诉的人民检察院应开展哪些工作？

应及时立案复查，应认真分析偷税罪改为逃税罪后的主要变化，查实黄某某案发前是否受到过税务机关的行政处罚，是否明确拒绝该行政处罚，是否有能力接受行政处罚，原生效判决人民法院了解具体审判情况，进而决定是否通过检察长或检察院委员会向同级人民法院提起抗诉。

（十三）辩护人在生效判决违反了溯及力原则时，应如何有效保障当事人的合法权利？

辩护人应当熟悉并深入理解最新的刑事法律条文及相关司法解释，比较不同法律条文或司法解释在特定案件中的适用效果，应当将生效判决违反刑法溯及力原则的理由写入申诉状，向原审人民法院或其上级人民法院进行申诉。若人民法院拒不立案再审或再审维持原判，辩护人应当向原审人民法院的同级人民检察院或其上级人民检察院进行申诉，申请其履行法律监督职责，依法提起抗诉。

三、主要参考文献

1. 黄永主编：《中华人民共和国刑法立法背景与条文解读》，中国法制出版社2021年版。

2. 张明楷：《刑法学》（第6版），法律出版社2021年版。

3. 李适时："关于《中华人民共和国刑法修正案（七）（草案）》的说明——2008年8月25日在第十一届全国人民代表大会常务委员会第四次会议上"，载《中华人民共和国全国人民代表大会常务委员会公报》2009年第2期。

4. 王尚新主编：《中华人民共和国刑法解读》（第3版），中国法制出版社2011年版。

5. 黎宏：《刑法学》，法律出版社2012年版。

6. 胡忠义："北京适用刑（九）改判受贿案，十年徒刑改为三年"，载江苏辩护律师网 http://www.jsbh.net/index.php/article/read/aid/4779.

第二节 适用刑法人人平等原则的理解：李某恒等人骗取出口退税案

一、案例简介[1]

2012 年 9 月至 2014 年 2 月，李某恒利用他人身份先后在江西省定南县、龙南县、全南县注册成立了灵通公司、所属市恒迪实业有限公司（以下简称"恒迪公司"）、所属市恒亚实业有限公司（以下简称"恒亚公司"）。上述三家公司除经营小部分代加工业务外，主要实施骗取国家出口退税活动。李某恒系上述三家公司的实际控制人和股东，总管、安排公司全面事务及公司运作；何某系李某恒的助理，负责管理采购部、账务部等事务；邱某花系公司财务部总监，负责管理公司财务等事务。

2013 年至 2015 年 9 月期间，李某恒在灵通、恒迪、恒亚公司没有真实采购原材料、没有真实生产出口货物的情况下，安排何某联系购买深圳市汇隆泰科技有限公司（以下简称"汇隆泰公司"）等公司虚开的进项增值税专用发票共计 21 202 份，金额 1 605 399 339.17 元，税额 273 048 252.33 元，价税合计 1 878 447 591.50 元，并指示何某安排公司人员制作虚假的原材料采购合同、生产通知单、送货单等单据；李某恒自己联系了深圳市恒航顺物流有限公司（以下简称"恒航顺公司"）、深圳市铭翔国际货运代理有限公司（以下简称"铭翔公司"）等公司，以支付好处费的方式获取上述公司为深圳市潮泰隆电子技术有限公司（以下简称"潮泰隆公司"）等没有出口退税资格的公司运输出口的货物，以支付代理费的方式委托深圳市信利康供应链管理有限公司（以下简称"信利康公司"）、深圳市海发进出口贸易有限公司（以下简称"海发公司"）等公司代理报关出口，并签订了代理出口协议、购销合同，再指示邱某花或指示邱某花安排公司财务人员以上述出口货物系灵通、恒迪、恒亚公司实际生产的名义，向某公司、海发公司等公司虚开销项增值税专用发票共计 2196 份，金额 1 699 112 020.14 元，税额 288 849 035.34 元，价税合计 1 987 961 055.48 元，并安排邱某花联系陈某 1 等人从境外打外汇给信利康公司、海发公司等公司用于支付出口货款以获得银行外汇流水单。后由信

---

[1] 参见［2017］赣刑终 50 号二审刑事判决书。

利康公司、海发公司等公司凭上述增值税专用发票、购销合同、外汇单等材料向税务部门申报国家出口退税，实际取得出口退税款共计 277 306 387.78 元。信利康公司、海发公司等公司将出口退税款扣除代理费等费用后打回给灵通、恒迪、恒亚公司。

2015 年 9 月 25 日，李某恒被公安机关抓获归案。2015 年 9 月 29 日、2016 年 6 月 23 日，何某、邱某花先后到公安机关投案自首。

本案主要证据如下：

（1）书证：受案登记表、立案决定书；证明灵通、恒亚、恒迪三家公司真实代加工业务情况相关书证；证明灵通等三家公司购买接受他人虚开的进项增值税专用发票情况的书证；灵通、恒迪、恒亚三家公司制作的虚假单据等相关书证；货代公司提供货源给灵通、恒迪、恒亚三家公司的相关书证；灵通公司商务部文员马某 1 提供核对的 2014—2015 年出货汇总表；深圳市创捷供应链有限公司（以下简称"创捷公司"）、海发等公司提供的为灵通、恒迪、恒亚公司代理出口情况相关书证；银行账户明细；邱某花提供、核对的相关账目明细；灵通、恒迪、恒亚三家公司开具销项增值税专用发票给海发等供应链公司，以及上述公司申报出口退税、实际获得出口退税款情况相关书证；归案情况说明；灵通公司、恒迪公司、恒亚公司工商注册资料；税务登记证明；所属市公安局经侦支队出具常住人口基本信息

（2）证人证言：灵通等公司账务部及灵通公司其他相关工作人员证言；恒迪公司相关工作人员证言；恒亚公司相关工作人员证言；为李某恒提供货源的货代公司及相关货物的真实生产公司相关人员证言；海发、创捷等公司为灵通等三家公司代理出口及退税的公司相关人员证言；委托灵通等三家公司真实代加工业务的南方等公司相关人员证言。

（3）供述和辩解：

李某恒的供述：他是灵通等三家公司的实际控制人和最大股东。灵通等三家公司的财务由邱某花负责管理。灵通等三家公司的原材料采购都由何某负责，进项发票也由何某负责给灵通等三家公司。灵通等三家公司的销售业务由他负责，客户都是他联系的。约在 2014 年初，谭某跟他说要合作，由谭某提供资金和控制货源，他负责联系原材料供应商和销售产品，每月他要支付借款利息和加工费给谭某。因为他们手上有很多客户而且他的资金量也不充足，所以他同意了这种操作方式。在 2012 年到 2015 年 8 月期间，他利用灵

通等三家公司的名义向恒航顺公司等购买电子货源，再委托信利康公司、中电公司等供应链公司出口，他支付代理费给信利康公司、中电公司等供应链公司，供应链公司去申报出口退税，供应链公司再将出口退税给他。到目前为止，灵通等公司一共获得了六七千万元出口退税。获得的六七千万元出口退税，都用于灵通等三家公司开支，还有海发公司欠他1700万元。他知道的就是花了6.5%至11%的发票金额购买进项增值税专用发票，还有向恒航顺等货代公司支付货款总额的1%至3%的费用，给代理出口等供应链公司按报关每1美元支付5分至9分人民币的代理费，还有灵通等公司要支付借流动资金的利息等。何某负责购买进项增值税专用发票，开始由潘某1联系中介，再交给何某直接联系，但每个月何某会告诉他购买了多少进项增值税专用发票，需要支付多少钱，由邱某花负责转账付款。灵通等公司为了抵扣开出去的销项增值税专用发票，少交税，才购买进项增值税专用发票。

何某的供述：2014年3月后他就到深圳负责灵通等三家公司的生产采购、加工客户的协调及购买虚开的进项增值税专用发票等业务，负责灵通公司专门做假账的账务部，同时负责灵通等三家公司的假采购生产原料的账务。灵通等三家公司是由李某恒总体负责公司运作，直管公司的财务部和商务部，他负责采购部和账务部，主要负责工厂生产加工业务的跟进和维护等事务。李某恒先找到产品货物供应商和进出口贸易公司，谈好交易条件，然后交给灵通公司深圳商务部负责人张某3去联系操作。张某3会根据产品货物提供商的出口要求，找到相应的进出口贸易公司代理出口，然后把购销合同和出货单据交给财务部负责人邱某花，让邱某花开具销项增值税专用发票。灵通公司深圳商务部再将有关材料转交给相关的进出口贸易公司配单出口。恒航顺等公司之所以提供货物给灵通等三家公司，让其委托进出口贸易公司出口，估计是因为他们没有进出口权，也不是一般纳税人，无法享受出口退税。灵通公司商务部将恒航顺公司提供的要出口的货物信息找到相应的进出口贸易公司配单，如果可以出口，恒航顺公司就会将货物运到灵通公司在深圳的仓库，商务部的人就会到仓库验货收货，进出口贸易公司也会派人到深圳的仓库验收货物，验收后进出口贸易公司就会到深圳海关报关出口，然后进出口贸易公司就会派车将货物从灵通公司的深圳仓库中运往香港由恒航顺公司指定的仓库存放就可以。财务部会按照商务部提供的出货单据开具销项增值税专用发票，交给进出口贸易公司，由进出口贸易公司负责办理出口退税。退税后再由进出口贸易公司和灵通公司、恒航顺公司三家公司分成，具体的分成比例他不清楚。李某恒找到开票介绍人李某1、陈某2、赵某4等三人，谈好7%至7.3%的税率后交给他。他就直接与李某1等三人联系，按照财务提供的出货明细，当月需要开具的销项发票明细，需要的原材料品名，要求李某1等人联系到开票公司给灵通等三家公司开具这些发票，并要求李某1等开票介绍人提供开票公司的工商登记资料及公司公章。李某1等人将开好的发票和这些公司的工商登记资料及公司公章一起通过快递寄给他。他收到后就会交给财务部邱某花，由邱某花与开票介绍人联系，与开票公司进行转账、回款。账务部人员再根据购买的进项发票制作假的采购物料合同等相关生产单据，交由生产车间的仓管、工程等相关人员签名，这些假资料是灵通公司用来应付上市审计核查用的。账务部除了制作假的购销合同，还制作了生产通知单、生产领料单、产品入库、出库单等单据。之所以制作这些不能真实反映企业业务的单据，一是为了上市审计的需要，二是为了税务检查的需要。

邱某花的供述：其于2013年1月开始在灵通公司上班。灵通等三家公司实际控制人就是李某恒。灵通等三家公司的财务部工作由她负责。灵通等三家公司的账务部工作由何某负责。她的所有工作都受李某恒指示安排，所有工作都要向李某恒汇报后再由李某恒决定如何执行。何某的工作也要向李某恒汇报，李某恒才有决定权。三家公司开具的发票价税合计11亿余元。灵通等公司没有真实货物卖给受票企业，出口货物是以受票企业的名义出口的。受票企业会按每外汇1美元收取0.05元至0.07元人民币的代理费。受票企业扣除代理费后把所结外汇、出口退税款转给灵通等公司。灵通等公司收到货款后会按照公司的进项发票票面金额转给开票企业。开票企业扣除6.5%至6.7%的开票费，再从私人账户转到灵通公司控制的私人账户。她会从这几个私人账户把外汇的钱转给得克或陈某1，因为之前结汇受票企业的外汇是得克或陈某1垫付的。灵通公司接受虚开的进项发票都是从深圳办事处那边随货车或者大巴寄过来的，她拿到进项发票后会给会计认证入账。恒迪公司、恒亚公司与灵通公司做的业务基本一样，真实业务也是代加工，业务量很小也都在没有真实货物交易的情况下接受了外地多家企业虚开的增值税专用发票和向外地多家企业虚开了增值税专用发票。灵通公司账务部制作虚假的配套的生产通知单、物料请购单、送货单等单据，是为了应付税务检查。

原审法院认为，李某恒、何某、邱某花以假报出口等欺骗手段，骗取国家出口退税款 288 849 035.34 元，数额特别巨大、情节特别严重，其行为均已构成骗取出口退税罪。公诉机关指控的罪名成立。李某恒、何某、邱某花未实际取得出口退税款 11 542 647.56 元，系部分未遂，就该部分对 3 人可从轻处罚。何某、邱某花在本案中起次要、辅助作用，系从犯，依法应当减轻处罚。何某、邱某花在接到公安机关电话通知后主动到案并如实供述自己的罪行，系自首，均可对其减轻处罚。判决李某恒犯骗取出口退税罪，判处无期徒刑，剥夺政治权利终身，并处没收个人全部财产。判决何某犯骗取出口退税罪，判处有期徒刑 4 年，并处罚金人民币 10 万元。判决邱某花犯骗取出口退税罪，判处有期徒刑 3 年，并处罚金人民币 5 万元。公安机关扣押灵通公司、恒迪公司、恒亚公司赃款共计 3 495 307.68 元，予以追缴，上缴国库。

二、本案的法律问题思考

（一）法律面前人人平等原则在刑法中是如何规定的？

中华人民共和国公民在法律面前人人平等，是我国宪法确定的重要原则，也是刑法的基本原则之一。这一原则最先规定在刑事诉讼法中。1979 年制定《刑事诉讼法》时从程序法的角度对这一原则作了规定，"对于一切公民，在适用法律上一律平等，在法律面前，不允许有任何特权"。1979 年全国人大五届二次会议通过了改革开放后的第一批七部法律，当时彭真同志在对这七部法律的说明中指出，"在法律面前人人平等是我国全体人民、全体共产党员和革命干部的口号，是反对任何特权的思想武器"，"对违法犯罪的人，不管他资格多老，地位多高，功劳多大，都不能加以纵容和包庇，都应当依法制裁"，并将其确定为刑事诉讼法的一条基本原则，从制度上保证了任何公民所享有的平等的诉讼权利。1982 年《宪法》规定"任何组织或者个人都不得有超越宪法和法律的特权""中华人民共和国公民在法律面前一律平等"，自此这一原则成为一条重要的宪法原则。1997 年修订《刑法》时，考虑要将这一原则规定到刑法中。也有意见认为，这一原则在宪法和刑事诉讼法中已作了规定，刑法也可不再重复规定。立法者经过认真研究认为，虽然宪法、诉讼法都有规定，但在实体法上重申这一规定仍是十分必要的，特别是在我们这样一个封建历史比较长、法制基础比较薄弱，在一些人的头脑中特权思想严重的国家，在现实生活中能坚持真正做到法律面前人人平等，还有很长的路要走，需要时时重申这一原则。因此，王汉斌同志在刑法修订的说明中专门作了说明，他说："这个原则宪法已有规定，在刑法中再明确规定是有实际意义的。"为此，增加规定"对任何人犯罪，在适用法律上一律平等。不允许任何人有超越法律的特权"。这是宪法确定的法治原则在刑法中的具体体现，是社会主义法治的必然要求。

（二）我国对骗取出口退税行为是如何进行刑法规制的？对犯罪主体是否存在不平等规制的情形？

出口退税款政策，作为一项对出口创汇企业的鼓励、扶持、优惠政策，实行以来，对提高我国出口产品在国际市场上的竞争能力，打入国际市场、扩大出口创汇，起到了重要的推动作用。面对国际形势的不断变化和国内改革开放的不断深入，我国在出口退税的实体和程序规定上制定了一系列法规政策。在出口退税制度上，1993年颁布的《增值税暂行条例》和《消费税暂行条例》为出口退税提供了法定依据。1995年年底以前，法定出口退税率主要依照《增值税暂行条例》规定的17%和13%退税率执行。我国出口退税工作中存在的出口退税规模增长过猛，少增多退，退税规模大大超过征税和出口额的增长，超出财政负担的能力等问题，针对这些问题1996年又下调了相应产品出口退税率。为了惩治骗取出口退税的犯罪行为，1992年9月4日第七届全国人民代表大会常务委员会第二十七次会议通过的《关于惩治偷税、抗税犯罪的补充规定》（已失效）第5条规定："企业事业单位采取对所生产或者经营的商品假报出口等欺骗手段，骗取国家出口退税款，数额在一万元以上的，处骗取税款五倍以下的罚金，并对负有直接责任的主管人员和其他直接责任人员，处三年以下有期徒刑或者拘役。前款规定以外的单位或者个人骗取国家出口退税款的，按照诈骗罪追究刑事责任，并处骗取税款五倍以下的罚金；单位犯本款罪的，除处以罚金外，对负有直接责任的主管人员和其他直接责任人员，按照诈骗罪追究刑事责任。"

1997年修订《刑法》时，吸收了1992年《关于惩治偷税、抗税犯罪的补充规定》对骗取出口退税的规定。但考虑到该补充规定在骗取出口退税罪的规定上存在着以下缺陷：其一，罪与罪之间不协调。同是单位骗取国家出口退税款的行为，前款规定构成骗取出口退税罪，后款却规定构成诈骗罪；其二，两者之间的界限难以严格区分。依照国家有关规定，一般工业企业委托具有出口经营权的企业出口自产产品，准予退税。也就是说，这些企业也有权申请退税。既然如此，将上述两罪的界限以是否具有出口经营权为标准就失去实际意义；其三，刑与刑之间不协调。同是单位骗取出口退税款，如果以骗取出口退税罪定罪，法定最高刑为 3 年有期徒刑；如果以诈骗罪定罪，法定最高刑则为无期徒刑，刑与刑之间相差悬殊。为弥补上述之不足，1997年《刑法》对本条作了进一步的修改：一是，将第 1 款规定的"企业事业单位采取对所生产或者经营的商品假报出口等欺骗手段"修改为"以假报出口或者其他欺骗手段"；二是，将本条的犯罪主体由特殊主体修改为一般主体，并统一了刑罚适用；三是，规定了三档法定刑，分别是"处五年以下有期徒刑或者拘役，并处骗取税款一倍以上五倍以下罚金""处五年以上十年以下有期徒刑，并处骗取税款一倍以上五倍以下罚金""处十年以上有期徒刑或者无期徒刑，并处骗取税款一倍以上五倍以下罚金或者没收财产"；四是，新增加1 款作为第 2 款，对纳税人缴纳税款后骗取出口退税的定罪处罚作出规定。

（三）根据本案案情如何绘制案情示意图？

根据本案的具体案情，梳理案件的发展脉络，从公司部门结构、涉案行为、相互关联等因素绘制案情示意图，便于理解概括案件的主要事实，明晰各自的地位和作用，便于刑法的精准评价。

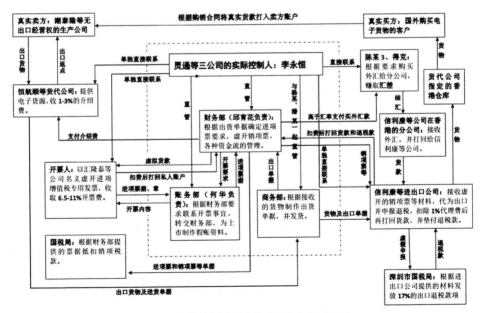

江西灵通等公司骗取出口退税过程示意图

（四）在司法实践中如何区分单位犯罪与自然人犯罪？

最高人民法院《关于审理单位犯罪案件具体应用法律有关问题的解释》第2、3条规定："个人为进行违法犯罪活动而设立的公司、企业、事业单位实施犯罪的，或者公司、企业、事业单位设立后，以实施犯罪为主要活动的，不以单位犯罪论处。""盗用单位名义实施犯罪，违法所得由实施犯罪的个人私分的，依照刑法有关自然人犯罪的规定定罪处罚。"

（五）本案中灵通、恒亚、恒迪三家公司是否构成了单位犯罪？

根据单位犯罪的法律规定和相关司法解释，本案应该根据灵通等公司的主要活动是否为犯罪行为，才能决定灵通、恒亚、恒迪三家公司构成单位犯罪，还是李某恒等自然人构成犯罪。

1. 三人均以公司的名义对外活动

首先，案卷中所有的单据、票证、购销合同等书证都表明，李某恒、邱某花和何某都是以灵通等公司的名义，而非个人名义，与恒航顺等货代公司、汇隆泰等开票公司、信利康等供应链公司发生业务往来。其次，自然人或不具有出口经营权的单位不可能进行出口退税，需要伪造或借用具有出口经营权的单位名义。本案骗取出口退税之所以发生，正是李某恒利用了灵通等公司具备出口经营权这一有利条件，将货代公司代为运输的货物冒充灵通等公司自己生产的货物申请出口退税。再次，本案中李某恒是利用实际控制人的身份指示或安排邱某花、何某等人参与骗取出口退税的相关环节，而邱某花、何某等人也是因为李某恒是公司的实际控制人，才将其发出的相关指示和安排视为公司的行为，予以执行，并非因为李某恒的个人魅力才听命于他。本案没有任何证据可以表明李某恒与邱某花、何某在一起以自然人身份谋划具体的骗取出口退税事宜。

2. 犯罪所得全部用于灵通等公司的生产运转，没有私分

本案没有盗用单位名义实施犯罪，违法所得未由实施犯罪的个人私分。李某恒供述退税款作为公司的利润，邱某花也供述出口退税款之所以打入公司账户，因为这是公司的毛利润，本案侦查机关暂扣的赃款也均在灵通等公司名下，而非自然人名下。全案均无证据表明犯罪所得被本案私分。有人以何某、邱某花领取了工资为由，而认为他们所领取的工资也是犯罪所得。何某等人领取工资的原因是正常生产经营的报酬，这是正当劳动报酬，任何亏损公司的员工都有获得工资的权利，不能将工资视为是犯罪分赃。

3. 灵通等公司不是为进行违法犯罪活动而设立的公司

灵通等公司是县政府专门到深圳考察后招商引资的重点企业，公司设立的目的就是做大做强，先后有数十项专利，几十条生产线，也有自己的研发部门，被评为国家级高新技术企业。公司设立后一段时间完全是合法经营，在出现亏损后才开始实施骗取出口退税的行为。故在公司设立之时，并无任何犯罪目的。

4. 公司设立后一直以合法生产作为主要活动

本案涉案金额特别巨大，远远超过了合法生产带来的利润，但不能据此就认定灵通等公司的主要活动是骗取出口退税，而非合法生产。判断何为一个公司的主要活动，需对公司自身从事的相关活动进行人力、物力、财力等要素投入的比较，不能与虚拟业务的经营规模进行比较，与获利多少也没有必然的关系。在本案中，应将投入骗取出口退税过程的要素与投入到正常生产的要素进行对比。虽然本案骗取出口退税的货物数量巨大，所获非法利益也特别巨大，但这些货物并不是灵通等公司自己生产的，而是买来虚构自己生产的，不能将其与灵通等公司真实的生产活动进行比较。具言之，本案参与骗税的部门只有3个，人员不足10人，没有一条生产线，而从事正常生产的部门多达十余个，生产线有19条，工作人员更是多达600人。灵通等公司也有自己的专利技术，也是国家高新企业。在财力投入方面，虽然骗税过程中向陈某1等人借款买外汇的总数额较大，但这是累次计算的，反而公司将骗取出口退税的巨额犯罪所得都投入到了亏本的合法生产过程中。他们有意将犯罪所得用以扩大规模，旨在做出连续盈利业绩，以便整体上市。

诚如《全国法院审理金融犯罪案件工作座谈会纪要》强调的那样："根据刑法和《最高人民法院关于审理单位犯罪案件具体应用法律有关问题的解释》的规定，以单位名义实施犯罪，违法所得归单位所有的，是单位犯罪。"本案即为了单位利益，以单位名义实施，犯罪所得全部归单位所有的案件，理应认定为单位犯罪，也只能对单位判处罚金。

（六）比较本案中何某与邱某花两人的作用和地位，其量刑结果是否有违适用刑法人人平等原则？

从前述"江西灵通等公司骗取出口退税过程示意图"可以看出，何某参与骗取出口退税罪的环节少于邱某花，但对何某的量刑重于邱某花，殊不妥当。

1. 邱某花与李某恒共谋"总部经济"模式，参与整个犯罪流程

邱某花早在 2013 年 1 月 7 日就到灵通公司工作，邱某花在公司高管会议上参与谋划所谓的"总部经济"，而何某并不在场。邱某花本人对参与的灵通等三公司整个虚开增值税专用发票、骗取出口退税的事实供认不讳，且十分熟悉具体流程，为此还专门为侦查人员列出了详细的开票及各种资金流的管理流程图表。本案中大量书证都可证明邱某花虚开增值税专用发票、协助供应链公司出口申报退税、收取出口退税款项、支付出口代理费的事实。

2. 邱某花负责虚开增值税专用发票

邱某花作为财务总监，不但接受过专业培训，还持有会计证，她负责的财务部负责为供应链公司虚开增值税专用发票，灵通等三家公司都是邱某花负责支付采购货款、接受订单、签订购销合同、开具增值税专用发票给客户。这是邱某花参与犯罪最明显的环节。

3. 邱某花负责为骗取出口而购买外汇、结算外汇

李某恒负责与陈某 1、得克等人联系好结汇事项，具体结汇事宜则由邱某花负责通知陈某 1、得克等人按照出货明细表的美元金额从境外账户打给受票企业。邱某花负责与其联系帮忙购买外汇转入香港公司账户，然后由邱某花支付其购买美金的款项。李某恒与其谈好借款利息后，由邱某花具体负责借款购买外汇打入受票企业的境外账户。与此相对应，邱某花提供的相关书证也证明其经手的灵通等公司与陈某 1、得克之间的财务往来。

4. 邱某花负责支付货款、货源返点、购票款

据李某恒供述，由邱某花负责通过潘某、韩某等私人账户将购买进项增值税专用发票的款项打给开票中介，还会将介绍费款项打入恒航顺等货代公司的私人账户。本案中大量书证也可证明这一事实。邱某花收到进出口公司打回的货款后会按照进项发票票面金额转给开票企业，开票企业扣除开票费后再转入邱某花代表公司控制的私人账户，自己再从这些私人账户把得克和陈某 1 买外汇的钱还上。

5. 邱某花负责申报出口退税和抵扣税款

信利康等供应链公司负责申报出口退税，从深圳市国税局获得了出口退税款项，扣除相关代理费和杂费后，都转给邱某花负责的财务部。此外，也是邱某花负责的财务部用进项和销项增值税专用发票等单据向公司所在地国税局申请抵扣税款，这也是财务部的基本职责。

6. 何某只是协助购买进项增值税专用发票

何某是在李某恒与开票人等联系好开票税点后，根据李某恒的安排具体联系开票事宜。就何某联系具体开票事宜的流程而言，财务部将开票货物品名、价格等明细告诉何某，何某再将这些信息转告给开票中介以开具进项增值税专用发票，开票中介将开好的进项票、开票公司工商资料及公章转交给何某，何某再按照李某恒的指示将这些材料通过韦某业等人转交给财务部负责人邱某花。邱某花会将虚假的购销合同和出货明细表做好后交给何某，也会将收到的"货款"转给开票企业，开票企业扣除了开票费后再转入灵通等公司控制的私人账户。

6. 何某协助分管除财务部、商务部之外的其他诸多部门，但与犯罪无关

何某除了财务部和商务部以外，协助李某恒管理采购部、后勤部、人事部（对内）、生产部等诸多部门，但这些均是合法正常的生产经营，与骗取出口退税无关。

综上，何某的涉案行为只是本案骗取出口退税诸多环节中的一个次要环节，而且这一个环节也是在协助李某恒和邱某花负责的财务部购买进项票。至此，为供应链公司等受票企业虚开增值税专用发票、委托购买外汇、收取货款、接收退税款、支付货源介绍费和开票费、申请抵扣税款等过程都是邱某花负责的财务部完成的。灵通等三公司总共骗取了多少国家退税款也只有邱某花清楚。何某参与的环节比邱某花主导的环节少很多，对本案所起作用更小，不应对何某判处比邱某花更重的刑罚。

（七）结合适用刑法人人平等原则，考察本案中还可能有哪些犯罪主体需要追究刑事责任？

平等是人类生活的理想之一。自启蒙时期开始，资产阶级的平等思想奠定了法律平等的现代法治理念。在我国，从古代朴素的平等观到中华人民共和国公民在法律面前人人平等原则，再到适用刑法一律平等的刑法基本原则的确立，经历了一个长期曲折的过程。正是刑法平等原则的确立奠定了我国刑法的平等思想。在新的历史时期，坚持刑法平等思想要特别注重承认差别，平衡弱者的利益。而发展运用刑法平等思想需要正确对待和处理保护弱者、"同案同判"和公众认同等实际问题。遵从适用刑法人人平等的原则，司法个案的量刑公正需要关注同一个案件中量刑的情节差异，通过将单一标准多元化，通过规范法官自由裁量权，消除不应有的差异推动量刑公正和法律公平。

　　本案涉案金额特别巨大，三个自然人或一个人控制的三家公司无法顺利完成，涉及面很广，本案中的犯罪主体除了自然人李某恒、何某、邱某花或灵通、恒亚、恒迪三家公司外，供货、开票、过账、运输、仓储、代理进出口等其他环节的自然人或公司主观上若对本案的骗取出口退税事实是明知的认识状态，涉嫌构成犯罪，也应当对其追究刑事责任。

三、参考文献

1. 黄永主编：《中华人民共和国刑法立法背景与条文解读》，中国法制出版社 2021 年版。

2.《刑法学》编写组编：《刑法学》，高等教育出版社 2019 年版。

3. 张明楷：《刑法学》（第 6 版），法律出版社 2021 年版。

4. 金泽刚："论刑法平等思想的确立与发展运用"，载《河南警察学院学报》2021 年第 1 期。

5. 邢景丽、张仲梁："法律面前能否人人平等：量刑差异的驱动因素研究"，载《阅江学刊》2020 年第 5 期。

6. 王飞跃："单位犯罪责任人员之认定"，载《政治与法律》2020 年第 6 期。

7. 魏远文："论单位犯罪的'单位'与单位人格否认"，载《北方法学》2019 年第 4 期。

第二章

犯罪构成理论

第一节 犯罪客体、主观罪过的认定：曹某滥伐林木案

一、案例简介[1]

2005 年江西省人大常委会通过的《关于加强森林资源保护和林业生态建设的决议》第 2 条规定，从 2006 年 1 月 1 日起，实施天然阔叶林禁伐政策，严控阔叶树采伐指标。从 2009 年起江西省大力推进森林采伐改革，推行"两类林"分类管理，严管公益林，放活商品林，对部分成熟林和低产低效林进行小片皆伐，但小片皆伐涉及的阔叶树采伐，须经设区市林业部门统一核实后，报省林业厅批准。由于阔叶树砍伐指标控制十分严格，很多县区根本无法获得阔叶树采伐指标。2015 年江西省林业厅《关于进一步规范和完善林木采伐管理的通知》第 2 条第 1 项规定，全省不再设定阔叶树采伐指标限制，对针叶林主伐中涉及的阔叶树采伐，由县级林业主管部门自行审批，从此放宽了阔叶树采伐指标。

2012 年 1 月 20 日曹某通过公开招标获得江西省某县金盆山林场光普工区"大塘坳""破塘"山场杉木和松木的林木采伐权，双方签订协议，伐区内的阔叶林和珍稀树种不得采伐。2012 年 4 月 10 日，该县林业局核发了上述山场的林木采伐许可证，曹某遂雇请民工在该山场实施林木砍伐，安排民工将山场内的阔叶林一并砍伐，造成滥伐林木计活立木蓄积 586 立方米。2012 年 4 月 1 日，曹某通过公开招标获得该县隘高林场虎山工区大龙山、果背长坑子

山场的杉木和松木的林木采伐权，双方签订协议，伐区内的阔叶林不得采伐。2012 年 4 月 25 日，该县林业局核发了上述山场的林木采伐许可证，曹某雇请民工在该山场砍伐林木，安排民工将案涉山场内的阔叶树一并砍伐，造成滥伐林木计活立木蓄积 33.175 立方米。该林场指派工作人员对砍伐现场进行监督，只是不允许民工越界采伐，对民工砍伐阔叶树的行为没有制止。综上，曹某共造成滥伐林木活立木蓄积 619.18 立方米。案发后，曹某退缴非法所得 181 150 元，缴纳了这些阔叶树的育林基金，伐区内的林木长势良好。

本案案涉林场中标伐区为人工经济林，树种主要是经济价值高的杉树和松树等针叶林，但因自然原因，其中生长有零星的阔叶树（约 1 立方米/亩）。该县林业主管部门因无权审批阔叶树采伐指标，便不接受阔叶树采伐申请，但也不制止人造林中阔叶树采伐。2015 年该县林业局有权审批阔叶树采伐指标后，对人造林中的阔叶树采伐申请予以核发采伐许可。由于人工林中杂乱的阔叶树会妨碍人造树种的顺利砍伐，也不利于后续的整体造林，中标人往往都会将这些阔叶树一并砍伐。同时，为了确保造林质量、造林苗木成活率以及保障民工的人身安全，林场也会在随后的整地炼山打穴造林中将零星的阔叶树全部砍光，或将其烤枯烧死。

原审判决认定上述事实的证据有：归案情况说明、抓获经过，提取笔录及提取到的林权证复印件、销售合同、采伐证，金盆山林场 2012 年度活立木公开销售情况说明，公开销售竞标规则与须知，活立木公开销售合同、中标确认书和林木采伐许可证，提取笔录及送货单，户籍证明，江西省罚没现金专用收据，证人王某某、曹某某、凌某某、赖某某、谢某某等人的证言，曹某的供述，该县林业调查规划设计队出具的关于山场被伐林木面积、蓄积、出材量鉴定报告书，勘验笔录及现场照片等。

本案在办理的过程中争议较大，有以下两种意见：

第一种意见认为曹某有罪，对其应该以滥伐林木罪论处。具体理由如下：其一，曹某首先违反了森林法及其他保护森林的法规，尽管在伐区持有采伐许可证，但是并没有按照许可证规定进行采伐，采伐树种和采伐方式都不符合规定，违规采伐林场所管理区域内的阔叶树，数量巨大，按照活立木蓄积量来看，已经到了构罪的标准，滥伐林木罪所需要的构成要件完全符合，所以应该认定行为人曹某构成滥伐林木罪；其二，即使当时有中标山场树种皆伐的当地习惯，主观上没有很清晰的危害、违法认识，但作为长期从事林木生意，皆伐违法性和危害性应该是明知，所以存在滥伐林木的犯罪故意，只是在量刑上主观危害不大，可以适当从轻；其三，虽然 2015 年江西省林业厅采纳了针叶林伐区树种皆伐为行业习惯，但应当遵循曹某行为时（即 2012年）江西省地方规章关于采伐的相关规定，而不应该适用 2015 年新的地方规章，滥伐林木罪是法定犯，其前置法应当按照当时规定执行，不应该赋予溯及力。所以，曹某违反了 2012 年江西省保护森林的法规。

第二种意见认为，曹某没有构成犯罪。具体理由如下：其一，本案案发时有不合理的严控阔叶树采伐的林业政策，客观上存在中标针叶林伐区树种皆伐的正当当地习惯，且林业管理部门和所属某林场均认可该惯例，曹某在该林场无证采伐阔叶树的行为客观上没有社会危害性；其二，主观上由于当地习惯无法明知皆伐行为所带来的危害性和违法性，不存在滥伐林木的犯罪故意；其三，2012 年案发时江西省林业厅禁止在针叶林区皆伐，但到 2015 年江西省林业厅已修改，案件审理时，对此种情形已核发阔叶树采伐许可证。滥伐林木罪作为法定犯，其前置法的刑法溯及力也应遵循"从旧兼从轻"的基本原则，曹某的采伐行为没有实质违法性。所以，曹某的行为不构成滥伐林木罪。

二、本案的法律问题思考

本案分歧意见的争议焦点有三：其一，人工经济林中零星阔叶树皆伐的习惯是否具有正当性，即本案曹某的行为是否具有应受刑罚惩罚的社会危害性，是否侵犯了滥伐林木罪的犯罪客体——生态法益或者林木管理秩序？其二，曹某主观上是否有滥伐林木的犯罪故意？曹某在明知当地人工经济林中零星阔叶树皆伐的习惯的前提下，是否认识到无证采伐的行为会侵犯滥伐林木罪的犯罪客体，即曹某案发时是否明知自己无证采伐行为的社会危害性并追求或放任这一危害结果的发生？其三，滥伐林木罪作为法定犯，其森林法规规章等前置法发生变更时，有利于被告人的新法规是否具有溯及力？针对这些案件焦点，需要分析以下主要问题：

（一）滥伐林木罪是如何演进的？

1979 年《刑法》第 128 条规定："违反保护森林法规，盗伐、滥伐森林或者其他林木，情节严重的，处三年以下有期徒刑或者拘役，可以并处或者单处罚金。"直接将盗伐林木与滥伐林木合并规定，同等处罚。1984 年《森林法》第 34 条规定："盗伐森林或者其他林木，情节轻微的，由林业主管部门责令赔偿损失，补种盗伐株数十倍的树木，并处以违法所得三至十倍的罚款。滥伐森林或者其他林木，情节轻微的，由林业主管部门责令补种滥伐株数五倍的树木，并处以违法所得二至五倍的罚款。盗伐、滥伐森林或者其他林木，情节严重的，依照《刑法》第一百二十八条的规定追究刑事责任。盗伐林木据为己有，数额巨大的，依照《刑法》第一百五十二条的规定追究刑事责任。"但是，1979 年《刑法》第 152 条是关于盗窃罪的规定。

森林是国家和人民的宝贵资源，是人类生存环境的重要保障。国家对森林和其他林木实行严格管理，以确保发展经济，提高人民生活质量。盗伐林木的行为势必对森林和其他林木造成毁灭性破坏，危及人类的生存环境。为此，1997 年全面修订《刑法》时将盗伐林木罪、滥伐林木罪分别予以规定，并增加规定了相应刑罚，增加了盗伐、滥伐国家级自然保护区内的森林或者其他林木的行为及其刑事处罚的规定，以加强对国家级自然保护区内森林或者其他林木的保护。

（二）何为滥伐林木罪？

观点一认为，所谓滥伐林木罪，就是指违反有关森林法的规定，滥伐林木，数量达到了较大的行为；观点二认为，滥伐林木罪是违反森林法和其他保护森林、林木法规的行为，是未经林业行政主管部门和法律规定的其他有管理义务的部门同意并核对相关情况发放许可证，或已申请采伐许可证，但未按照采伐许可证规定时间、地点、数量和树种方式进行操作，以及本人自家自留山上的林木，数量已经达到刑法规定的较大的行为。观点一存在的主要瑕疵就是没有对滥伐这一行为作出明确清晰的解释，只是作出很简略的表述而已，故比较肯定不能成为滥伐林木罪基本的概念。观点二存在的重大问题就是只对滥伐这一客观行为的外在形态的罗列，因为滥伐这一客观的行为方式多样，很难对其全面罗列，更重要的是该观点对滥伐林木罪的本质没有概括提炼出来，因此，实际上并不是对滥伐林木罪下的定义。

要对滥伐林木罪进行定义，首先就应该概括提炼出滥伐林木罪的本质特征，这个本质特征有两点：第一点就是当事人的客观采伐行为没有遵守国家森林资源保护管理制度，并且不持有林木采伐许可证或者没有遵守林木采伐许可证规定的要求进行砍伐；第二点就是当事人所采伐的林木应该有所有权或使用权，不是无主物，而且这个所有权或使用权是当事人的，而不是其他人的，即不是采伐其他人或单位的所有或拥有使用权的森林资源。然后我们给滥伐林木罪下个定义，滥伐林木罪是指违反法律法规及我国林木资源相关管理保护制度采伐当事人拥有所有权或使用权林木，数量较大的行为。这样不仅提炼概括出滥伐行为的实质，而且对所采伐林木资源的权属进行界定，明晰和其他同类罪的界限。

（三）滥伐林木罪有哪些基本特征？

1. 客体特征

按照数量的标准，可把客体分为简单客体以及复杂客体，这个数量是指客观的犯罪行为侵犯的社会关系的多少。滥伐林木罪按照侵犯具体社会关系的多与寡，可将其客体称为简单客体，因为滥伐林木的客观行为只是直接侵犯了一种具体的社会关系而不是多种社会关系，该罪所侵犯的具体社会关系就是行政法规、规章制度及正常工作秩序，其中这些行政法规、规章制度又是局限在森林法和有关保护林木的相关规定，工作秩序则是对森林和林木管理的管理秩序。国家设立此罪保护这一工作秩序，实际上是维护森林资源的生态利益或者国民的环境权。

森林资源对我们人类的生存至关重要，也是我们人类赖以生存的宝贵资源，因此我国从法律层面出发，出台了大量的法律法规保护森林资源。简言之，就是所有单位和个人不得违反相关法律规定采伐林木。如上所述，滥伐林木罪侵犯的客体是保护森林资源的法律法规及在法律法规构建下的一种正常工作秩序，进而达到保护生态法益的目的。犯罪对象指向的是所属单位具有所有权或使用权的林区，或个人所有的自留山上的林木资源，以及国家划定保护区的森林资源。国家及非本单位或不是本人所有的就不是本罪的对象，另外，个人在门前屋后等地方种植的零零星星的林木也不属于本罪所指的对象。

本罪的犯罪客体不包括他人的财产权。要区分滥伐林木罪和盗伐林木罪的关键是采伐行为所涉及的森林或者林木资源的权属问题。盗伐林木罪的犯罪客体和滥伐林木罪的不同，按照侵犯客体数量标准，它属于复杂客体，盗伐林木罪侵犯了两方面客体，一是侵犯了森林资源的生态利益，二是侵犯了他人的财产权。根据我国《森林法》的相关规定：森林资源通常意义上而言均为国家所有，其中集体所有的森林资源是例外。不管是国家所有、集体所有、个人所有和使用的森林资源，法律都予以保护。国家单位经营的森林资源，支配收益由国家规定；集体所有的森林资源，归集体；在农村，农户房前屋后，自家的山林种植的树木，所有权归个人，城镇居民以此类推；承包国家或集体所有的山林进行经营，经营所得林木归承包人，有合同的，按合同规定执行。另外，权属有争议，并且行为人明知权属不清，在没有划分清楚权属，就乱砍滥伐，情节严重的情况，首先要明确所有权，结合实际情况，判处盗伐林木或滥伐林木罪；林木权属无法确定，而采伐该林木的，应以滥伐林木罪追究当事人的刑事责任。

2. 客观特征

如前所述，滥伐林木罪客观特征的外在表现就是违反法律法规及我国林木资源相关管理保护制度采伐当事人拥有所有权或使用权的林木，数量较大的行为。司法认定过程中，对该罪需要注意以下三个方面的因素：

（1）违反森林保护法规。滥伐林木罪是法定犯，滥伐林木的行为首先必须违反该罪的前置法即违反了国家森林保护法规。在我国，任何林木都有权属，不存在无主的情况，无论是谁所有的森林资源或林木，都不能随意砍伐。需要砍伐，应当经过我国的相关部门根据森林资源的生长规律及实际，来判断并决定可否采伐以及采伐方式。应当结合滥伐林木罪的犯罪客体对此进行实质考察，即不能只从形式上看是否持有采伐许可证，如果存在采伐地点、数量、树种和方式未按许可证规定的情况，则有必要进行实质考察，并结合案件进行判断其是否违反了森林保护法规。

（2）无证采伐或超限采伐。滥伐林木在我们司法实践中具体外在表现形式主要有两种情形：其一，无证采伐，当事人在没有获得林木采伐许可证的情况下，对本人所有的林木进行砍伐的行为；其二，超出规定限度进行采伐，当事人在持有许可证的前提下，没有依据许可证规定的内容即超出限制砍伐本人所有林木的行为，超限的内容包括时间、地点、数量、树种、方式等。我国现有的司法解释以滥伐林木罪定罪处罚的三种情形就包含上述两种，另外，第三种情形就是在权属不清的情况下，当事人擅自砍伐林木资源，数量达到刑法规定的较大标准，也应以滥伐林木罪论。

第一种无证采伐的情形在司法实践中最多、最为普遍。根据我国森林法的规定，林业行政主管部门是核发采伐许可证的部门，要采伐林木应当经过林业行政主管部门批准并发放采伐许可证。其中核发采伐许可证的范围几乎涵盖了所有林木，包括国有、集体所有、个人所有的。违反森林法规的这些规定，未持有采伐许可证而任意采伐林木，构成滥伐行为。

第二种超限采伐的情形，是一种特殊情形。林木的采伐许可证会规定采伐的时间、地点、数量、树种、方式，这五项内容，当事人都要遵守，不可超限。只要违反五项中的一项以上就构成超限行为，视为滥伐行为。如许可规定这个时间段砍伐，而实际在那个时间段砍伐；许可在这个林区采伐，而实际采伐了那个林区的林木；许可采伐300立方米的数量，而实际采伐了500立方米；许可采伐针叶树，而实际采伐了阔叶树；许可是主伐，而实际是皆伐等。

第三种滥伐林木情形是例外，司法实践中较少。这种情况是在森林资源的所有权问题还没有解决，存在纷争，擅自采伐林木，数量达到刑法上的较大，在我国以前的司法解释中不将此行为定性滥伐林木罪，而是定性为盗伐林木罪。现在将此行为定性为滥伐林木罪，从一个侧面体现了立法者的轻刑原则。同时，这样规定更具合理性和合法性，因为双方行为人主观上都认为自己有处分权，认为是自己的林木，故不具有盗伐他人林木的主观故意，不应以盗伐林木罪处理

（3）滥伐数量较大。根据犯罪既未遂形态的标准划分，滥伐林木罪属于结果犯，要构成犯罪，砍伐的数量要达到较大。我国法律对滥伐林木罪的危害程度即滥伐的数量分为两个档次，分别是数量较大和数量巨大。根据最高人民法院《关于审理破坏森林资源刑事案件具体应用法律若干问题的解释》第6条的规定，"数量较大"具体是指以下两种情况：一是砍伐林木的范围达到10至20立方米；二是砍伐幼数的数量达到500至1000株；"数量巨大"的标准：一是砍伐范围达到50至100立方米；二是砍伐幼树数量达到2500株。另外，还有一种情况的规定和盗窃罪中的多次盗窃有类似，即多次砍伐少量林木没有接受处罚，时间是一年内，累计滥伐数量达到较大的也要追究刑事责任。这里的处罚，应当是行政处罚而非刑事处罚。

3. 主体特征

任何犯罪行为都是由某一犯罪主体实施的。没有犯罪的主体，就没有犯罪行为，也没有犯罪。犯罪主体是构成犯罪的不可缺少的组成部分。因此，对滥伐林木罪的研究离不开对犯罪主体的分析。根据刑法理论，中国刑法中的犯罪主体是指实施危害社会刑法所禁止的行为，依法承担刑事责任的自然人和单位。滥伐林木罪的犯罪主体是一般主体，可以是自然人或单位。自然人构成犯罪，前提是满足刑事责任年龄，并具备刑事责任能力。

关于单位能否成为该罪的犯罪主体，存在一个不断发展的过程，我国1979年《刑法》，没有对单位犯滥伐林木罪作出明确的规定。但是到了1987年的最高人民法院、最高人民检察院，颁布的司法解释强调，国有企业、事业单位、集体组织未经主管部门或其他相关部门审核批准采伐许可，或持有许可，但是，不是按照采伐证规定的内容，任意超限采伐本单位所有或管理的林木，情节特别严重的，就构成滥伐林木罪。但是在具体的处罚措施方面该解释并未进一步明确。我国当前的刑法明确指出单位犯有滥伐林木罪的，实行的是双罚制，既要对单位进行处罚，又要对直接责任人员进行处罚，单位判处罚金，直接责任人承担刑事责任。

以单位为犯罪主体的滥伐林木罪，根据单位性质包括以下几类：公司、企业、机构、机关和团体。在司法实践中，地方党委、村民委员会和村民小组可不可以作为毁林罪的主体，这一问题颇有争议。对村民委员会是否能作为主体资格，现在有肯定说和否定说，其中主流观点是肯定说。肯定说认为村委会可以构成滥伐林木罪的犯罪主体，主要有三大依据：其一，关于村委会的单位犯罪规定，应当在刑法条例中予以明确规定，刑法没有将村委会列入犯罪主体，违背了罪刑相适应原则；其二，村委会的排斥可能引发单位犯罪的逻辑错误；其三，村委会属于在单位犯罪团体的规定范畴之内，所以，应纳入村委会这一犯罪主体。

否定说则认为，滥伐林木罪的犯罪主体不包括村委会，理由如下：其一，刑法中所列单位犯罪的主体仅指公司、企业、事业单位、机关、团体犯罪，村委会属于单位，但不在刑法所列的单位范畴内，我们不能随意地进行扩大，而是应该遵循罪刑法定的原则，所以村委会当然不能作为单位犯罪的主体。其二，立法层面的缺陷很难通过司法手段弥补。我国当前的刑法尚未将村委会纳入单位犯罪主体，这是因为刑事立法有其自己的滞后性，存在立法的瑕疵，立法瑕疵的解决不能依赖司法来解决，而是要通过诸如立法完善等其他方法来解决。

村委会应当包含单位犯罪主体中。有以下理由支撑：其一，村委会是按照法律法规设立的村集体组织，具备单位的基本要素与特征；其二，我国宪法规定村委会是基层群众性自治组织；其三，根据村集体经济财务的相关规定，也赋予村委会集体经济组织的地位。综上所述，刑法中对单位犯罪中的单位主体作出此种界定，即拥有独立财产且能以单位名义独立开展活动，并独立承担法律责任，村委会完全符合上述规定。同时，我国现行刑法中也涉及村委会的问题，如刑法中对村委会成员入刑时，将其划入其他依法从事公务的人员范畴。所以，村委会应当认定属于单位犯罪中的单位。

滥伐林木罪单位犯罪主体当中还有一个主体不得不提的，就是地方党委，地方党委是否属于单位犯罪主体，应该深入剖析。其一，地方党委虽然不是国家机关，但是具备准国家机关的性质，因为其活动经费由国家财政承担，其工作人员是国家公务员或行政事业编制人员，不同于其他党派的党组织。其二，地方党委一般会参与地方的行政管理事务，如果参与其中一般会起主导作用，因为我们国家党领导一切，在这个情况下就应认定地方党委有单位犯罪的主体资格。在司法实践中也存在法院将地方党委列为判处成立滥伐林木罪，并对单位进行处罚金的处罚，同时对直接责任人党委书记处以刑事责任。如，发生在湖南省怀化市辰溪县的一个案例，当时法院就对该县所属的一个乡的党委作为犯罪主体，判处该乡党委构成滥伐林木罪，并对乡党委书记进行刑事处罚。

在上述案中，辰溪县法院的对乡党委的判决定性有误，对党委书记作为直接责任人承担刑事责任也存在重大的瑕疵，对此论点，有以下支持理由：

第一，中国共产党并非国家组织或机关，不行使国家的权力，它只是作为执政党，其主张是否实施，主要取决于国家机关，它只是通过建议的方式，让国家机关采纳，然后由国家机关以国家机关的名义去执行落实。法律对此做出了强制规定，不能例外。因此，党派组织行使职权过程中，只是对党内事务进行管理，不具有国家层面的性质，对社会没有国家强制力和普遍的约束力。

第二，地方党委的性质就是我党党派组织，不能对政府直接干预其行政管理行为。党委的意见没有被采纳，地方政府如果持有反对意见可以予以制止，因为面对社会只能够以政府机关的名义进行，所以政府完全可以予以制止，党委意见或决定带来的责任，也应由政府予以承担。综上，地方党委没有单位犯罪的主体资格。

4. 主观特征

滥伐林木罪主观上要求是故意，过失不构成此罪。刑法意义上的故意分为两种，一是直接故意，二是间接故意，滥伐林木罪同样拥有这两种主观上的种类。其中直接故意就是行为人明知自己的违法砍伐行为会破坏林木资源，侵害生态环境，但还积极追求这一结果，并用行为表现出来。间接故意表现为在认识层面上是明知，即知道采伐行为可能会破坏森林资源，并且这一行为法律上予以禁止，面对这一结果的发生不采取措施进行阻止而是听之任之。

如果行为人主观上是过失，那就不成立此罪。这个过失即行为人不清楚自己的砍伐行为违法，并且不清楚会侵害森林资源的生态价值，只认为其行为不具有社会危害性，这样的心理状态就不构成本罪的主观上的罪过。如，江西省很多地方政府鼓励炼山种脐橙，行为人认为大家都在烧山种脐橙，自家的山烧完后种上更具经济价值的脐橙树，并没有危害性；又如，南方地区的开荒造林，把残次林砍伐掉，种上经济林木，行为人更没有认识到自己行为的危害性。违法性认识只是危害性认识的征表，行为人虽然不知道自己的砍伐行为违法，但知道自己的行为会破坏生态且具有危害性，还进行无证砍伐，则其主观罪过依然为犯罪故意。

（四）习惯对滥伐林木罪的犯罪客体和主观罪过有何影响？

在我国刑法中入罪标准很多罪名是以数量为衡量的，滥伐林木罪也不例外，该罪入罪的唯一标准就是数量。这样的立法设计对司法实践操作很有利，统一的入罪、量刑标准，大大简化了司法判定的工作量。但是从其带来的社会效果和法律效果来看，也有不尽如人意之处。数量为入罪量刑的唯一标准无法反应森林资源损害程度，数量只是经济效果的衡量，对森林资源的生态、社会效益就没有体现出来，这样的入罪量刑标准存在一定瑕疵。森林是一个复杂多样的生态系统，每一个森林生态系统带来的功能是不同的（如防护林承担的是防止荒漠化的重要职能），所以滥伐林木罪对森林资源的破坏程度也是多样的，故在该罪的入罪量刑时就应该综合不同影响因素，而不是唯数量。其中当地习惯对法益侵害程度和犯罪故意的影响现在还没有学者在滥伐林木罪中提出，当地习惯在考察罪过和衡量法益侵害时都应考虑。

1. 习惯的概念

习惯是我们人类形成的一整套行为规范，这一套行为规范是在人类长期社会生活中形成，具有较强的稳定性，它源于社会生活，同时又指导社会生活，对我们人类法制文明进步意义重大。人类通过岁月慢慢养成的习惯，进而形成了社会的不成文法。相较成文的法律，不成文法有时更具权威，并且所涉及的事情更广更重要。习惯是一种生活方式，它是人们逐渐习得且难以轻易改变的，我们称之为风俗习惯。从某种层面而言，习惯实质上是出现在特定地区特定时期内相对稳定的社会现象、道德文化的一种传承和延续，是维系该区域安宁平和的社会秩序的基石。

2. 习惯的地位

我国法学领域在对习惯的地位方面积累了较为深入的研究。梁慧星教授认为，拥有完备民法典的成文法国家，都没有这个能力对民事领域的所有关系进行明确规定，同时社会生活具有多变性和不断发展的特点，新情况会不断出现，现行的法律无法穷尽规范所有关系。因此习惯的存在会发挥其重要功能，地位不可小觑。另一部分学者对习惯的法源地位表示认可，但也强调习惯要在国家层面得到承认并赋予其法律效力才能发挥作用。关于"习惯法"和"习惯"的概念应用，笔者更倾向于"习惯"。换言之，在该领域的研究，称为习惯与法律更加恰当。"习惯"一词会经常出现在习惯法当中，但习惯中不可能出现"习惯法"词语。关于习惯在怎样的条件下上升为法律，只有当它经过立法认可，才成为法律。但是这种法律只是一种执行力，其适用条件非常有限，关于地点和时间都有十分明确的限制。此外，笔者认为普通群众大多倾向于从习惯的角度出发，本身对法的概念有所排斥。

3. 习惯的认定

（1）基于法律文化学角度的考察。最早对文化作出界定的是人类学家泰勒。文化或文明是一种复合体，包含内容丰富，是知识、信仰、法律、习惯、社会成员获取能力、习性的复合产物。因此，习惯从最开始就属于文化领域的议题，而非法律问题。习惯本质上是文化的表现形态。人类学家霍贝尔指出，如果将文化视为具有联系性和运动性的整体，那么法律只是一个文化因素。

传统的法律文化里面的习惯应该进行甄别：有的习惯是落后或与客观规律相悖的，如一妻多夫制，这种文化现象通常只会出现在特定区域。我们无法否认这一文化现象的存在，但诸如此类的现象并不值得提倡，而是应创造一定条件使其自然消亡。另外，习惯是一种现实存在，有它自己成长发展消失的规律。习惯有好坏之分，有些习惯正走在消亡的路上，是因为其无法适应特定时间和空间环境下的人类需求，需求的出现影响了习惯存续。对于一些中性的习惯，笔者认为可以保存，并向好的方面引导。好的习惯中包含积极意义，那么就应该考虑将其列入立法程序，上升为国家意志。

（2）基于法律社会学角度的考察。法制的多元化和社会化在各国都是普遍存在的，其中法制多元化是法律都具有的基本特征，一要遵守教会的法律，二是顺应世俗。同时，法律自出现之日起就表现出社会性特征。一方面公众在国家立法领域发挥的作用越来越大；另一方面社会上长期存续的习惯的出现，弥补了国家法律在特定领域的缺位，填补了法律体系的空白。这种法具有明显的多元化和社会化特征，对国家权力的崇高地位形成了挑战，法律的社会属性得到彰显，人权主义得到强调。

中国的情况也相类似。目前，社会的法治化进程应当沿着国家法的发展轨道进行，同时也应当建立起社会组织内部的法律规范。社会矛盾纠纷仅仅依靠国家法律难以全部解决。例如，民间纠纷依靠国家法解决，有可能是对国家司法资源的浪费。同时民间长期以来自然形成的社会规范可能与国家法存在冲突，群众有可能不服气，进而影响制定法的权威。此外，还需注意的是，在不违背宪法和法律的前提下，社会规范可以对制定法起到辅助作用，但并不意味着能完全取代国家层面制定的法律。

换言之，从法律渊源的角度出发，习惯的意义和价值也就有所体现。法律的形成经历多个层次，最初表现为习惯的社会规范，在得到国家认可的情况下成为习惯法，最终上升为法律意志，经历了由特殊转变为普遍的过程，这对于维系社会的多元性发挥着积极作用。同时，习惯也分为合理与不合理。例如，清朝初期，留发不留头属于习惯，这种习惯有其不合理性，必须表现出明确的反对态度。再如，土地租赁领域的包产到户符合当时社会发展需要，应当支持。因此对于过去留存下来的不合理习惯应当取缔。可见，习惯作为法律渊源发挥的积极作用是检验、调节与促进社会自身的发展，从而确保社会充满活力，增加习惯的社会适应性。

（3）基于法律人类学角度的考察。我国经历百年变革，作为蕴含人类感情与生活方式的习惯被国际所尊重，并通过立法加以确立。例如，我国将清明、端午和中秋确立为法定假日，表明"现代法治"开始向中国内涵靠拢，是政治意志对中国文明的包容与皈依。

以此观之，从古至今，各地也有些不同的民间风俗习惯。例如，在壮族对于盗窃犯，会根据偷盗物品的不同给予相应处罚。如果偷盗牛马等劳动生产工具，不仅要退还赃物，还要处以罚款，如果多次触犯，则会被终身监禁或判处死刑。如果偷盗物品为谷物，退还赃物并处罚款，但并不会上升到处死问题。如果偷盗的是衣物等一般生活用品，通常要求退还赃物，并当众接受批评。又如，一项关于山东婚约习惯的调查结果显示，对于出现婚约纠纷的情况，谁先提出离婚，彩礼就不归谁，即男方先提，女方不归还彩礼；女方先提，就要归还。再如，"石碑大过于天"是瑶族地区的习惯法观念，主要为金秀瑶人所遵循。广西金秀瑶族自治县沿用了石碑的形式，共同制定《大瑶山团结公约》。只要瑶族参加石碑习惯法的人，就需要遵守石碑规定，因此出现了"石碑大过于天"的说法。流传至今，在绝大部分瑶族村寨制定的"乡规""村规""寨规"依旧可以发现习惯的踪迹。

综上所述，我们实践过程中应该甄别正当性刑事习惯和不正当刑事习惯，进而指导刑事司法，应以社会危害性为标准，排除不正当的习惯。

如果刑事习惯与当地传统文化以及伦理道德相融合，并且相统一，就是具有积极意义的刑事习惯，也可以理解为正当的刑事习惯，立法层面要予以认可和尊重，司法实践中也可以使用。如果该习惯与传统文化、伦理道德相违背，则具有消极作用，被视为不正当刑事习惯。对于此类刑事习惯，司法实践中同样不考虑适用在刑事量刑时，当地习惯的引入应该充分辨别其善恶，不可一刀切，都适用或都不适用，具体案件要具体斟酌考量。结合本案，在当地砍伐树木的过程中，为了确保造林质量、造林苗木成活率以及保障民工的人身安全，林场都会在此后进行的整地炼山打穴造林中将这些零星的阔叶树全部砍光，或将其烤枯烧死，这个习惯不存在对林木生态利用的损害，所以应该是正当的习惯，法律法规在制定时就应该予以尊重，只有损害林木生态利益的习惯才应该在本罪的定罪量刑中予以考量。

4. 习惯对滥伐林木罪犯罪客体和主观罪过的影响

在我国，法院在处理刑事案件时，通常不会公开适用习惯。普遍情况下，是在刑事量刑中考量正当习惯。那么，法院在进行刑事判决时，如果完全依据现有的法律规定，没有充分考虑当地习惯进行判决，很有可能出现法律效果与社会效果相冲突的情形，社会效果将得不到民众的认同，将导致执行难问题的出现，更有进一步可能会引发当地的秩序混乱。习惯作为民间自发形成的秩序和规则，在解决刑事冲突时，有其自身优势，解决所有的刑事纠纷都通过刑事习惯去调控是难以实现的。在刑事司法适用中，关于不同类型的纠纷的适用性，怎样根据具体案件适用刑事习惯，确保刑事纠纷与刑事习惯相辅相成，有效对接，使刑事纠纷得到合理的解决。

（1）习惯对侵害林木生态法益认定的影响。在司法实践中，习惯有时候违反了相关法律法规，但对法律背后保护的利益并无损害，如在南方中标人造林伐区皆伐的习惯虽然违反森林法规，但对林木的生态利益并无实质影响。

在砍伐林木时，由于某些地方的地方性法规矫枉过正、脱离实际，往往会形成特殊的行业习惯。如为了确保人工造林质量、人工造林苗木成活率以及在人工造林过程中保障民工的人身安全，南方的林场一般都会在此后进行的整地炼山打穴造林中将这些零星的阔叶树全部砍光，或将其烤枯烧死；又如在严控阔叶树采伐指标的情况下，无法获得阔叶树采伐指标，便形成了中标针叶林伐区内所有树种皆伐的当地习惯，林场招标时便暗示竞标人配合，竞标人将阔叶树价值计入中标价中，林场工作人员也会默许中标人无证采伐中标针叶林伐区内的阔叶树。

（2）习惯对滥伐林木罪罪过认定的影响。如前述行为人在当地习惯的作用下砍伐林木，无法预见自己的行为是侵犯了国家的林业管理秩序及违反相关法律法规的有关规定，更无法知道自己的行为可能造成森林资源的破坏，行为人主观上只是按照当地习惯砍伐林木，根本无法认识到自己的行为会带来的危害性；意志因素方面，滥伐林木罪行为人对自己砍伐林木的结果的发生应该是抱有希望或者放任的心理态度，但行为人对这一行为的危害性并无认识，因此行为人在实施砍伐行为时并没有滥伐林木罪的犯罪故意。

罪过是故意与过失的心理联系，是对危害行为与实害结果主观上抱有的状态。换句话说就是行为人认识或者应当认识的客观构成要件事实，其中具体包括危害行为、行为对象、危害结果、定罪身份、不存在违法阻却事由等。当地习惯使行为人对自己的砍伐行为主观上没有危害性的认识，故行为人不存在犯罪故意。明知的内容应包括行为人对砍伐行为违法性和危害性的认知，二者缺一不可，在当地习惯的驱使下造成滥伐林木的后果，行为人对行为的实质违法性并无明知，所以不能构罪，只能作为行政处理。

（五）人造针叶林中树种皆伐习惯是否具有正当性？

1. 禁伐阔叶树于法无据、脱离实际

由于江西省的阔叶树比例偏少，2005 年江西省《关于加强森林资源保护和林业生态建设的决议》第 2 条明确规定，从 2006 年 1 月 1 日起，实施天然阔叶林禁伐政策，严格控制阔叶树采伐指标数量。从 2009 年起大力推进森林采伐改革，对"两类林"推行分类管理，严格管理公益林，放活商品林，对部分成熟林和低产低效林进行小片皆伐，但小片皆伐涉及的阔叶树采伐，必须经过设区市林业部门统一核实后，报江西省林业厅批准。正是由于阔叶树砍伐指标控制十分严格，很多县区根本无法获得阔叶树采伐指标。

所谓的全面禁伐并无上位法依据。《森林法》原则上是限额采伐，禁伐区包括：具有特殊用途林的名胜古迹、革命纪念地、自然保护区，国防林、母树林、环境保护林、风景林通常允许抚育和更新性质的采伐；从审批来看，该法规定只需要所在地县级以上林业主管部门审核发放采伐许可，并未提高到省级批准。

这种不顾林木生长情况及采伐作业的实际困难，一概严禁阔叶树采伐的作法，违背了林业发展的客观规律，也违反了我国 1984 年《森林法》第 5 条规定的"以营林为基础，普遍护林，大力造林，采育结合，永续利用"的林业建设方针，不具有正当性，现实中也难以操作，注定会因无法执行而被修改。

2. 人工针叶林伐区内树种皆伐已经成为当地习惯

（1）某县林业局明知且认可当地习惯的正当性。林场的公开销售情况说明和活立木销售合同中虽注明不准采伐阔叶树，但实际上这是某县林业局转移刑事风险的托词而已。因为在严控阔叶树采伐指标的政策下，某县无法获得阔叶树采伐指标，若不允许中标伐区采伐阔叶树，将无人前来竞标，但若不明示禁伐阔叶树的内容，又恐承担罪责。该县林业局明知历年来林木采伐行业的惯例是伐区树种皆伐，并对这一当地习惯予以认可，即同意中标人对伐区阔叶树进行采伐，只是要求中标人竞标时提高标价即可。本案中，就是通过提高标价，变相买下夹杂的阔叶树。

（2）林场工作人员默许行为人采伐阔叶树。本案中，林场知道民工在采伐阔叶树，却没有制止采伐，并且当时还派员在林场现场看着，该林场领导和其他工作人员看到阔叶树被砍伐时也并未制止，只禁止越界采伐。现场监督采伐的林场工作人员证实，总场没有交待阔叶树是否可以采伐，但按照惯例，为了便于清山造林都会全部砍掉，林场工作人员还在一审庭审中出庭作证，证实多年来林场卖出去林木后都会全部砍光，只要不越界砍伐就行，这是惯例；林场的领导也证实，自己在监管时看到阔叶树被采伐，但未制止。采伐民工均证实，林场管理工作人员多次见到他们采伐阔叶树，但没有制止他们采伐，只是监督他们是否越界采伐。这都表明，无论是某县林业局，还是林场，都认可当地习惯的正当性，默许行为人无证采伐中标区内的阔叶树。

人工造林的树种主要是经济价值高的杉树和松树等针叶林，但因自然原因，其中往往生长有零星的阔叶树（约 1 立方米/亩），这些杂乱的阔叶树会妨碍人造树种的顺利砍伐，也不利于后续的整体造林。根据《林业生产安全作业规程》可知，伐木前，必须将伐木周围有碍安全的杂灌木、迎门树等砍掉，并开好安全通道。同时，为了确保造林质量、造林苗木成活率以及保障民工的人身安全，林场都会在此后进行的整地炼山打穴造林中将这些零星的阔叶树全部砍光，或将其烤枯烧死。

于是，在全省严控阔叶树采伐指标的情况下，在无法获得阔叶树采伐指标的某县，便形成了中标针叶林伐区内所有树种皆伐的当地习惯。因此，林场招标时便与竞标人配合，竞标人将阔叶树价值计入中标价中，林场就会默许中标人无证采伐中标针叶林伐区内的阔叶树，人工针叶林伐区内树种皆伐已经成为当地习惯，而且具有其合理性。

（3）人工针叶林伐区内树种皆伐的当地习惯客观上没有社会危害性。滥伐林木罪的犯罪客体为林木资源保护制度，而森林资源保护的内容包括两方面的价值即森林资源的生态价值和财产价值。故滥伐林木罪的犯罪客体要深入分析，不能仅仅考量砍伐林木蓄积量这一形式表现就动辄入罪，因为很多正当的事由可能会消除砍伐行为的社会危害性。

蓄水保土、调节气候、改善环境是森林资源的生态价值主要表现形式。曹某所中标林场伐区均为《森林法》规定的（人工）用材林，不是防护林、特种用途林等生态公益林；他所砍伐的阔叶树并非成片的天然或人工阔叶林，而是夹杂在杉木林和松木林中的零星阔叶树。行为人砍伐的阔叶树是中标范围内零星的杂树。

本案销售合同和采伐许可证中注明的采伐方式为"皆伐"。相关林场都会在此后进行整地炼山打穴造林，为了确保造林质量及造林苗木成活率，必须将这些零星的阔叶树全部砍光，或将其烤枯烧死，不会因为其具有生态价值而留存。因此，即使行为人不采伐案中阔叶树，这些阔叶树也必将被林场砍伐。事实上，从调查函和公函可得知，行为人被举报后，就停止了所中标伐区的阔叶树采伐，但这些阔叶树后来依然被其他主体采伐殆尽。案发后行为人补缴了这些阔叶树的育林基金，伐区内的林木目前长势良好。从客观上考察，阻止行为人采伐伐区内的阔叶树还延缓了伐区生态的修复，故行为人并未侵犯森林资源的生态价值。

（六）本案中曹某是否具有滥伐林木罪的犯罪故意

如前所述，因该县林场没有阔叶树采伐指标，任何中标人都会将中标伐区中零星的阔叶树和薪柴一起采伐，林场不予干预，此为其经营惯例。行为人对该惯例十分熟悉，也正是遵照这一惯例才敢安排民工砍伐中标伐区内的阔叶树，在庭审中行为人进一步明确表示自己是出了砍伐阔叶树的钱的。事实上，行为人在加价 138 多万元中标案发林场后，才组织民工在所中标的 730.5 亩林场中砍伐了蓄积量 586 立方米的零星阔叶树。

至于行为人在第二个林场无证采伐阔叶树一事，行为人因资金紧张，在竞标该林场林木时并没有计入阔叶树的价值，但所采伐的阔叶树是为了顺利采伐中标树种。在该林场采伐时，被相关工作人员要求不准采伐阔叶树后，行为人也曾告诉民工不要采伐，但为了修建简易公路和采伐作业顺利进行，才不得不砍掉了部分阔叶树。该林场领导、工作人员和采伐民工都证实，行为人之所以组织民工采伐该林场的阔叶树，是因为这些阔叶树会妨碍修建简易公路和采伐许可树种，如林场某职工证实，采伐工人是因为阔叶树会影响采伐许可树种才砍掉的；采伐民工按照行为人的交待，只采伐了确实会影响采伐民工生产的阔叶树。人造杉树松树中的阔叶树通常的分布率是阔叶树蓄积量 1 立方米/亩，行为人在该林场的中标面积是 261 亩，如果行为人要采伐林场所中标伐区所有的阔叶树，其砍伐蓄积量至少应为 260 多立方米，但事实上砍伐的蓄积量只有 33 立方米。这充分说明其砍伐的阔叶树确实只是影响生产作业的阔叶树而已。根据《林业生产安全作业规程》可知，伐木前，必须将伐木周围有碍安全的杂灌木、迎门树等砍掉，并开好安全通道。故砍掉影响作业安全的阔叶树实为安全生产作业所必需。

至此，某县林业局主管某县区域内的林业工作，林场为其所属的事业单位，具体负责该林场的养护与管理，它们均认可加价中标伐区树种皆伐的当地习惯的正当性，事实上多年来也一直默许无证采伐其中的零星阔叶树。行为人虽然主观上知道自己是无证采伐阔叶树，但在这一正当当地习惯的支配下，其行为客观危害不大，没有主观罪过。

（七）法定犯前置法溯及力原则如何适用？本案是否侵犯了生态法益？

1. 前置法的界定

在我国二元违法性的前提下，滥伐林木罪作为法定犯，必须同时满足刑事违法和行政违法两个条件，实际行为首先必定违反了行政法规，并且触犯刑法规定。满足法定犯判定的很多是触犯行政法规，行政法规也是前置法律规范的最主要构成。比如，滥伐林木罪就是一个典型的法定犯，其前置法是森林法及其他保护森林的法规。

作为法定犯，它的犯罪行为的违法性具有双重性，首先要有前置违法性行为，然后要具有刑事违法性，二者缺一不可。这也是刑法的谦抑品格所决定的。行为是否要追究刑事责任要以前置违法性的存在为前提，而且前置违法性程度必须要达到需要刑法调整的程度。如果行为不存在前置违法性或前置违法性没有达到刑法制裁的程度，那么就不可能出现刑事违法性即犯罪的可能。所以法定犯是否构成，取决于前置法而并非刑法。

刑法是其他部门法的保障法，不是对部门法原有保护规则的叠加或重复，刑法是其他部门法在保护力不足情况的后盾，是最后一层保护。所以，前置违法性产生的法律责任，并非一定都要刑法规制，只有存在严重破坏前置法构建的法律秩序，并难以用前置法的规定予以制裁，才能让刑法对行为进行最严厉的评价和规制。所以，法定犯必须存在违法行为，出现了违法行为未必能够成立法定犯，这个违法要到需要刑法评价的程度，才成立法定犯。

2. 前置法的溯及力情形

溯及力是法在时间效力方面的体现，是法学需要研究的重要方面，属于基础性问题。溯及力的问题是通过人类血的教训（即法国大革命等）总结出来的法在时间效力上的适用更加合理的规则。因为社会在发展变化，所以法在产生之日起一直跟随着社会的发展而不断发展。因此就会产生新旧法如何适用、如何对接的问题即什么时候适用新法，什么时候适用旧法，新法的效力可否溯及新法生效以前，这就是法的溯及力的问题。法的溯及力问题主要通过立法来解决，司法机关对法律适用只能根据立法机关确定的适用原则和规定进行运用，不解决要不要溯及的问题。作为法律，具备安定性特征，坚持信赖保护原则，这是法律不溯及既往的基础，所以法律适用的一般原则是不溯及既往，例外就是溯及既往。绝对不溯及既往不利于法律对人权的保障，保障人权是法的根本目标。在特殊情况下，溯及既往有利于维护秩序和平等，同时也反映社会的进步。

行政法规是我国法律体系中典型的公法，溯及既往主要应该考虑它的公法特点，协调、调整公权力与私权利之间的相互关系。另外，行政法规是对经济关系的管理，在价值论上关注社会公共利益。从价值取向来看，行政法规首先应当对国家行政权力有所约束，通过正确合理地行使行政权力，确保社会公平。此外，行政法规的目标之一是保障公众利益。但是保障公众利益并不意味着忽视公民个人利益，行政权干预私人领域的情况之一就是溯及既往原则对公民权利造成的影响。当私权利保护不到位，换言之，公民个人权利受到限制或剥夺，就要考察溯及既往的做法是否必要。在行政法规中，是否追溯以往其中公众利益是至关重要的考量因素。

刑法对其他法律部门法起着最后一层保护的作用，而且这一保护是最强力的。如1984年《森林法》第39条规定了，滥伐森林或者其他林木，相关部门给予相应的罚款等行政处罚。行政处罚无效的情况下或超出行政处罚范畴，则又规定了滥伐森林或者其他林木，构成犯罪的，依法追究刑事责任。类似这样规定的行政法规较多，它们和刑法进行对接，属于整个刑法体系的组成部分，也是启动刑法保护行政法规的法律依据，更是法定犯中前置法在行政法规中的内容细化。

当前置法律规范出现变化改动，刑法规范还没有及时作出调整时，追溯力原则的适用势必影响到刑法分则条文的具体适用。就前置法溯及力的具体情形而言，主要有以下几种情形：其一，行为发生时的前置法处罚更轻，或者不认为是违法行为，但在立案、审查起诉、审理案件时（包括一审阶段和二审阶段）被修改，处罚更重，或者认为是违法行为；其二，行为发生时的前置法处罚更重，或者认为是违法行为，但在立案、审查起诉、审理案件时（包括一审阶段和二审阶段）被修改，处罚更轻，或者认为不是违法行为；其三，行为发生时的前置法和立案、审查起诉、审理案件时（包括一审阶段和二审阶段）的前置法虽然规定不同，但两者对行为人产生的结果相同。

3. 前置法溯及力的适用

由于在滥伐林木罪中，前置的行政法规对于该罪是否成立具有相当关键的影响，因此前置行政法规在犯罪行为的刑法追溯力方面发挥着决定作用。换言之，与刑法相同，前置法的行政法规也要考虑溯及力问题。

从狭义层面出发，对刑法的追溯力进行分析，即刑法条文的追溯力，主要指刑法分则条文的追溯力。但如果从广义层面出发，涵盖内容不仅仅限于刑法典本身。我国《刑法》第101条作出了相应的规定，即刑法总则适用于其他有刑罚规定的法律，这样刑法溯及力就扩展到了其他法律，但要排斥刑法总则溯及力的规定，只有其他法律有特别的规定。我国刑法总则就刑法溯及力作出了明确规定。因此溯及力在通常情况下，应当适用于其他任何刑罚规范范畴内的法律。所以，一旦刑法的前置行政法规出现内容调整时，其中包含的刑罚规范条例的溯及力问题就成了需要思考的问题。这些行政法规是判定犯罪构成要素的关键，具有直接影响，因此对其溯及力的判断至关重要。这样就出现了一个问题，在法律适用的时候是应当采用行政法规适用中通常所采取的"新法优于旧法"的一般适用原则，还是采取刑法适用中的"从旧兼从轻"的原则？笔者认为，行政法规适用的前提是接受刑法法条的指引，因此行政法规依然适用"从旧兼从轻"原则。换言之，原则上适用行为时的法律规范，只有满足以下情况才会适用调整后的法律规范：即调整后的法律规范会使得犯罪行为不成立或罪行程度变轻时。

2003年的《工伤保险条例》明确规定了该条例是有条件地溯及既往，这个条件就是职工在该条例实施之前已经申请工伤认定但没有作出结论的情况下，适用该条例。如果条例实施之前没有申报工伤认定，则该条例没有溯及力。对条例实施前已经完成工伤认定的，没有溯及力，适用原先的《工伤保险试行办法》。这些规定反映出我国的行政法规也遵循刑法的"从旧兼从轻"的适用原则。

在法定犯中前置行政法规中也适用"从旧兼从轻"原则。这在我国的司法实践中有前例可循。最高人民法院曾发布指导案例——"于某龙非法经营案"：当事人于某龙违反《金银管理条例》未获得黄金收购许可擅自收购黄金，但在案件审理期间"国发〔2003〕5号文件"取消了黄金收购许可审批，在此背景下该行为应当如何定性。该案件历时12年，原二审、再审二审均被认定无罪。最高人民法院给出的理由是：行政法规的追溯力坚持"从旧兼从轻"原则，非法经营罪属于法定犯范畴，出现前置违法为前提，前置违法性已消失，所以不构罪。前置法中的行政法规的溯及力和刑法的溯及力适用原则相统一。

4. 滥伐林木罪的前置法应"从旧兼从轻"，本案没有侵犯生态法益

（1）本案案发时相关法规机械片面，行为人无法获批采伐许可证。本案中，因上述当地习惯更符合林业发展的实际情况且当地习惯的正当性已为江西省林业厅所认可，客观上可以更好地促进人造林的生态修复和经济利益的最大化，没有社会危害性，反而能够充分利用发挥森林资源的作用，实质上是正当的。因此，江西省林业厅已经改变过去"逼人犯罪"的严控阔叶树采

伐指标的政策，而是将人工针叶林主伐中涉及的阔叶树采伐指标审批权限下放至县（市、区）林业部门。从人民网"地方领导留言板"中"江西省委书记强卫"栏目下江西省林业厅的回复内容中可知：2013 年，江西省林业厅收集到了许多要求放开对阔叶树采伐限制的建议；为了方便群众造林经营，江西省林业厅最终将人工针叶林主伐中涉及的阔叶树采伐权限，下放至县（市、区）林业部门审批。但案件案发时，实施天然阔叶林禁伐政策，严控阔叶树采伐指标，相关法规机械片面，行为人根本无法获批采伐许可证。

（2）本案审理时，行为人依法能够获得采伐许可证。案件审理中，江西省林业厅《关于进一步规范和完善林木采伐管理的通知》第 2 条第 1 项明确规定，全省不再设定阔叶树采伐指标限制，对针叶林主伐中涉及的阔叶树采伐，由县级林业主管部门自行审批。本案采伐许可证上注明的采伐方式是"皆伐"，而非"主伐"，其涉及的阔叶树采伐更易获得县级林业部门的审批，行为人根据当时的实际依法能够获得采伐许可证。根据刑法"从旧兼从轻"的溯及力原则，在本案生效判决前应充分对行为人定罪量刑适用有利的法律法规。滥伐林木罪是法定犯，既然现有的林业法规正式认可了其行为的实质正当性，刑法应基于谦抑的品格，对其予以从宽处罚。

（3）根据"从旧兼从轻"的溯及力原则，本案没有实质违法性。如上所述，中标伐区内所有树种皆伐的当地习惯具有正当性，也正因为如此，才会取消阔叶树采伐指标限制，将审批权下放给县级林业部门。若全面贯彻严控阔叶树指标的政策，不给任何阔叶树采伐指标，要么造成本案中行为人这样的中标人无辜承担滥伐林木罪刑事责任的情形，要么造成无人敢竞标林场林木的情形。只有尊重林业发展的客观规律，放宽特定阔叶树采伐指标，才能推动社会的发展和进步。本案显然是推动当下实事求是的阔叶树采伐政策的事件之一，对其行为进行刑事处罚已无法定犯的前置法根据。法治社会的进步并不要求无谓的惩罚，从实质上考察，该当地习惯并无社会危害性。

行为人遵循中标针叶林伐区内树种皆伐这一正当的当地习惯，并获得了林业管理部门及其所属农场的许可。2015 年江西省林业厅已经认可该行为的正当性，在判决之前该皆伐的违法性已经消失，即新前置法不认为该皆伐行为违法。适用法律时，从有利于被告人原则出发，遵循刑法溯及力的"从旧兼从轻"原则，前置法适用 2015 年江西省林业厅的相关规定，行为人能定滥伐林木罪值得商榷。

（4）本案没有侵害生态法益。曹某所中标的林场均为人工商品林，并非公益生态林；所砍伐的阔叶树并非成片的阔叶林，而是夹杂在杉木林和松木林中的零星阔叶树。此次销售合同和采伐许可证中注明的砍伐方式为"皆伐"。从县林业局出具的公函可知，相关林场都会在此后进行整地炼山打穴造林，为了确保造林质量及造林苗木成活率，必须将这些零星的阔叶树全部砍光，或将其烤枯烧死。因此，即使曹某不砍伐案中阔叶树，这些阔叶树也必将被林场砍伐。故其行为并未侵犯森林资源的生态价值。

综上，本案案发时有不合理的严控阔叶树采伐的林业政策，存在中标针叶林伐区树种皆伐的正当当地习惯，林业管理部门和所属第一个林场均认可该惯例，且该惯例 2015 年已经被江西省林业厅所采纳，行为人在第一个林场无证采伐阔叶树的行为客观上社会危害性不大或没有危害，主观上没有过错，前置法变动时应遵循从旧兼从轻原则适用法律，在多层原因力的情况下，行为人是否成立犯罪需要慎重考虑，宜根据《刑法》第 13 条但书不认定其为犯罪。

三、参考文献

1. 张明楷：《法益初论》，中国政法大学出版社 2003 年版。

2. 张天照：《如何认定破坏森林资源行政案件法律知识问答》，中国民主法制出版社 2004 年版。

3. 蒋兰香：《环境犯罪基本理论研究》，知识产权出版社 2008 年版。

4. 焦艳鹏：《刑法生态法益论》，中国政法大学出版社 2012 年版。

5. 赵秉志主编：《环境犯罪及其立法完善研究——从比较法的角度》，北京师范大学出版社 2011 年版。

6. 刘仁文：《环境资源保护与环境资源犯罪》，中信出版社 2004 年版。

7. 周训芳等：《林业法学》，中国林业出版社 2004 年版。

8. 周珂、厚文："滥伐林木行为承担法律责任的现状及其缺陷分析"，载《现代法学》2004 年第 5 期。

9. 简基松："论生态法益在刑法法益中的独立地位"，载《中国刑事法杂志》2006 年第 5 期。

10. 黄永主编：《中华人民共和国刑法立法背景与条文解读》，中国法制出版社 2021 年版。

第二节 犯罪对象的认定：王某贪污和单位受贿案

一、案例简介[1]

（一）涉嫌贪污罪的案情简介

王某在任某县水土保持局（以下简称"水保局"）局长期间，担心接待领导时喝到假酒，便从自己家里带酒进行招待，每次由司机和办公室人员负责核对记录，陪同的局领导班子对此知情。2012 年，该局监审股股长李某乙则提议做个单把钱冲出来，把返聘人员李某甲的工资和王某之前在接待领导时垫付的酒水钱一起做单冲出来，王某表示同意，并吩咐司机段某 1 将其垫付的酒钱统计出来。段某 1 根据以前记录的酒款便笺计算，当天将价值为58 420 元酒水钱统计出来写在一张便笺上，然后交于李某乙。之后水保局与该局退休职工李某甲签订"岭背水保林整地工程"，"里泗小流域水保林整地工程"两个虚假工程协议，李某甲到县地税局开出了这两个工程的工程款发票，交给李某乙后，经过副局长聂某某审批，从中套取出两个工程的工程款总计90 298.40 元。2012 年 12 月 23 日，李某甲在扣除本人工资和开工程款发票的税款共计 16 298.40 元后，将剩余的 74 000 元钱交给王某，其中 58 420 元抵扣王某的酒水钱，其余款项后来用于单位开支。

认定上述事实的证据有：

书证：

（1）王某的任免文件，证明其在水保局任职情况。

（2）2012 年岭背小流域治理工程决算单、施工协议书、验收申请单、验收完工申报单、单项治理措施验收单、中央补助资金结算表、专用完税证等，证实水保局与李某甲签订两个虚假工程协议，套取工程款共计 90 298.40 元。

（3）户名为李某甲的中国银行存折来往明细，证实两个虚假工程所套取的工程款共计 90 298.40 元转入李某甲账户。

（4）从水保局李某乙处提取的段某整理的酒水清单、李某乙记录的两个虚假工程所套取的 90 298.40 元工程款的具体使用清单，证实套取工程款的具

---

[1] 具体参见［2013］于刑初字第 110 号刑事判决书。

体用途。

（5）所属市财政局赣市财农字［2012］28号、所属市水保局赣市水保字［2012］33号文件，证实市财政局、市水保局在2012年6月份下拨20 000元水土保持资金给水保局。

证人证言：

（1）证人李某乙的证言证实：2012年上半年，李某乙建议做个单，把王某所垫付的酒水钱和返聘人员李某甲的工资一起支付，王某表示同意；2012年12月底，李某甲把钱取出来后，与李某乙进行了结算，李某甲把扣除工资与纳税后剩余的74 000元（其中王某的酒钱58 420元、用于水保局开支钱15 580元）拿给了王某，当时李某乙也在现场。通过签订两个虚假工程协议套取工程款是为了支付李某甲的工资、王某垫付的酒钱。

（2）证人聂某某的证言证实："岭背水保林整地工程"和"里泗小流域水保林整地工程"是伪造的工程；他在2012年12月14日签发票时，李某乙说以李某甲名义套取90 000余元工程款是经王某同意，主要用于李某甲的工资、返还20 000元给市水保局领导以及结算王某的酒水钱。

（3）证人段某1（水保局办公室副主任兼局长王某的司机）证言证实：2012年年底王某叫他将这几年王某拿来招待的酒的数量统计出来交到监审股李某乙处，当天他将酒的数量及金额58 420元计算出来写了张单据交给了李某乙。段某1证言证实并在法庭上表示，在2012年11月接待中科院李院士一行前来该县考察水保工作时，他亲自看到王某从车里面拿出一个包上楼。

（4）证人李某甲证言证实：2012年12月的一天，李某乙说李某甲的工资局里无法出账，只有通过工程合同的正式发票出账来支付，叫李某甲想办法弄到发票来，同时还交待了发票的具体金额为90 298.4元，其中李某甲的工资是10 800元，开发票的税是5498.4元，剩余的74 000元要付给王某。之后在李某甲从银行领取到这笔款后与李某乙将74 000元钱给了王某。

（5）证人王某某、杨某某（中科院专家）出庭作证证实：2012年11月一行前来该县考察水保工作时收到一包礼品，包括茶叶、牛奶等土特产，且每人一份；开始不知道是谁送的，但对口接待单位是该县水保局，该局局长王某事后打电话予以明确告知。

王某的供述：①套取工程款的情况在2012年底交待李某乙去办理过，套取的资金都是为了处理不好在账面上处理的账目；拿到手上的套取的工程款都是用于王某垫付的酒款；②以李某甲的名义同水保局签订虚假工程项目所套取工程款是为了解决李某甲的工资等支出、王某个人在公务接待的过程中所提供的一些酒水钱，具体哪些开支王某记不清楚了，以李某乙说的为准；③王某拿到了以虚假工程套取的部分工程款 74 000 元，其中 58 420 元用于支付王某垫付的酒水钱，剩余的 15 580 元钱用于何处，王某跟李某乙说过，要以李某乙说的为准；④剩余的 15 580 元钱用于联系、汇报、看望领导，具体什么领导记不清楚了；一般出县看望领导会叫司机段某 1 一起去，司机段某 1 有事的时候也会叫青绿蓝公司法定代表人段某 2 去，在县里一般也是叫司机段某 1 一起去；后又多次供述将剩余的 15 580 元用于接待上级领导，用于购买茶叶等土特产礼品馈赠，该笔 15 580 元款项用于 2012 年 11 月中科院李院士一行前来该县考察水保工作的礼品馈赠。

（二）涉嫌单位受贿罪的案情简介

该县水保局很多员工的工资不是国家财政负担，需要水保局自己解决，2012 年经该县财政局核实，水保局实有在职人数为 128 人，但预算内在职人数只有 83 人，剩余的 45 人是财政未负担人数，需要水保局自己创收安排，且财政对水保局没有预算"车辆经费""专项业务经费"等开支。某县水保局为创收经费对建设项目水土保持方案自编自审，并收取费用。2011 年 8 月 15 日该县监察局作出的《关于对水保局违纪问题的处理决定》和该县水保局 2011 年 8 月 30 日的局长办公会记录证实，2011 年下半年该县水保局因违规收取方案编制费被该县监察局查处，罚款 5 万元，同时处分了方案编制办主任袁某某，随后水保局取消了方案编制室，不再收取水保方案编制费。

2011 年 9 月 9 日，该局局长王某的好友段某 2（2013 年 4 月病故）、管某某设立了青绿蓝公司，登记股东段某 2、管某某，法定代表人为段某 2，但管某某并没有实际参与公司任何事项。因青绿蓝公司不具有做水土保持编制方案的资格，便使用水保局下属单位某县水土保持技术推广站的水土保持编制方案资格证书开展水土保持编制方案业务。随后在水保局的关照下，青绿蓝公司承接了某县大部分的水土保持编制方案业务。青绿蓝公司职工中廖某某负责水保方案编制及出纳，慕某某负责水保方案校核，李某乙负责公司的财务。其中李某乙、慕某某系水保局的在编正式职工，廖某某去青绿蓝公司之前系水保局的临时工；水保局、青绿蓝公司的办公场所均在水保局的同一栋家属楼，青绿蓝公司编制方案的资质是水保局技术推广站的水土保持编制方案资格证书；青绿蓝公司银行账户开通的对公业务短信通知绑定手机号码系王某的手机号码。

2011 年年底，青绿蓝公司向被告单位支付现金 110 000 元用于走访送礼；2012 年春节期间支付 173 730 元用于水保局发放职工年终福利、补贴等；2012 年 11 月份支付 41 100 元用于水保局发放 2011 年部分职工因工作未休带薪年假补助；2012 年 11 月份汇给市水保局原局长邱某某 10 000 元；2013 年春节期间支付 300 000 元用于水保局发放职工年终福利和重点项目治理验收、走访送礼等；2013 年 3 月、4 月分别支付 20 000 元、30 000 元用于水保局项目评审开支。综上，自 2011 年底至 2013 年 4 月份，青绿蓝公司共向被告单位支付现金 672 510 元，分别用于支付职工福利、补助、项目评审以及其他开支。段某 2 每月工资 1800 元，职员廖某某 1600 元，公司从成立到段某 2 病故期间未有分红记录，水保局在年终将段某和管某纳入年终奖金发放对象。

认定上述事实的证据有：

书证：

（1）王某的身份证复印件，某县人民政府于府干字［2010］6 号、［2013］9 号关于王某任免职务的文件，水保局的组织机构代码证，《关于印发水保局主要职责内设机构和人员编制规定的通知》（某县人民政府办公室于府办发［2010］154 号文件），水保局法定代表人证明，证明王某于 2010 年 7 月至 2013 年 7 月任被告单位水保局局长职务，现任局长为谢某某以及水保局的内设机构、人员编制等情况。

（2）水保局于水保字［2012］23、24、25 号、［2013］13 号批复，某房地产开发有限公司水土保持方案报告表，县粮食收储公司水土保持方案报告表，证明水土保持方案报告表（书）系由青绿蓝公司委托某县水保技术推广站及其他设计单位编制的，同时证实水土保持方案报告表（书）都必须经水保局的审批。

（3）青绿蓝公司的企业法人营业执照、税务登记证、组织机构代码证、收费许可证、企业信息、会计报表、存款交易明细对账单，证明青绿蓝公司的基本情况，从成立至 2013 年 2 月，向水保局支付 672 510 元，公司账户余额 179 546.06 元。

（4）从青绿蓝公司提取的相关财务凭证证实公司法人段某 2 每月工资 1800 元，职员廖某某 1600 元，公司从成立到段某 2 病故期间未有分红记录。

（5）中国银行股份有限公司单位客户国内结算产品开办/撤销申请表等书证，办理对公短信的相关材料以及中国移动股份有限公司开具的证明，证明王某的手机号与青绿蓝公司银行账户进行了短信通知绑定。

（6）水保局2011年7月份至2012年12月份会议记录——李某丙、聂某某个人所记的会议记录。证明被告单位在相关会议上讨论过单位因编审水保方案受到处罚，单位经费不足、青绿蓝公司人员安排等相关事项。

证人证言：

（1）证人李某乙（水保局监审股股长）的证言证实，段某2叫李某乙兼任青绿蓝公司的会计，同时承诺每个月付800元劳务费给李某乙；水保局因收取编制费，在2011年上半年受到纪检部门的处罚，纪检部门界定水土保持方案编制系服务行业，应该推向社会，于是王某决定成立青绿蓝公司，虽然公司法人系段某2，但实际上公司与水保局存在一种依附关系；第一次的财务报表给水保局副局长聂某某看过，因为聂某某分管青绿蓝公司；王某在职工大会上说过要办好青绿蓝公司。

（2）证人聂某某（水保局副局长）的证言证实，青绿蓝公司是个独立的法人，有独立的账户和财务人员，水保局不能干涉；廖某某提出要加工资，水保局几个局领导讨论临时工的工资不能随便加，她又学习过方案编制这块技术，所以将她介绍到青绿蓝公司去；某县水保局局务会或者局长办公会有讨论过聘请段某2为青绿蓝公司的法人代表；水保局开会讨论过青绿蓝公司是水保局创收公司的问题，由聂某某分管青绿蓝公司，段某2是水保局聘请的临时工但工资由青绿蓝公司负责。

（3）证人段某乙（水保局副局长）的证言证实，在局长办公会议上，王某提出要把做水土保持编制方案的业务推向市场与水保局脱钩，并将局里的水土保持编制方案资格证书给青绿蓝公司使用，他当时提出如果这块业务推向市场的话，水保局就会少很多收入，王某表示会向青绿蓝公司要钱过来给水保局使用，以弥补局里的损失；青绿蓝公司给水保局钱用于发福利的原因为水保局的水土保持编制方案资格证书给该公司使用，在办理水土保持编制方案业务的过程中，水保局会向申请人推荐青绿蓝公司。

王某的供述和辩解：

王某于2013年12月12日前的供述和辩解：①2013年6月6日供述：2011年时，王某建议段某2开个建设工程水保方案编制公司，后来段某2就在某县工商局注册了青绿蓝公司，法定代表人系段某2。李某乙不是王某派去青绿蓝公司兼职的，李某乙具体怎么去的王某不清楚，王某发现李某乙在青绿蓝公司上班后，还批评了李某乙，并不让他去；②2013年6月8日供述：青绿蓝公司是私营企业，法人代表是段某2，与水保局存在业务往来，制作的水保方案需要水保局审批；③2013年7月9日供述：青绿蓝公司是一个中介公司，该公司所做的方案要拿到水保局审批；④2013年6月6日、6月7日、6月8日、7月2日、7月9日的供述：水保局将局里水土技术推广站的水保编制方案资质和公章免费借给青绿蓝公司用，青绿蓝公司所编制的水保方案需经过水保局审批，水保局给青绿蓝公司介绍了编制方案业务，水保局无偿提供办公场所给青绿蓝公司；⑤2013年6月7日供述：青绿蓝公司的办公地点在水保局家属楼第二层，当时说是要收房租，但该公司年底给每位职工赞助了一些福利，所以就没有收房租；⑥2013年6月11日供述：当时青绿蓝公司建立初期没有技术人员，段某2和王某商量，王某就答应派出技术人员并出借了水保技术推广站的公章和资质证书给青绿蓝公司；⑦2013年7月9日供述：段某2成立公司的时候曾经说过水保局不好开支的支出都由该公司来支出，所以水保局需要用钱的时候王某都会事先主动跟他沟通，然后由财务去办理；⑧2013年8月30日供述：因为段某2没有事做，王某又跟他熟悉，所以就叫他去开一个水保科技公司，水保局为他提供帮助的话，段某2的公司会提供钱给水保局使用。

王某于2013年12月12日提交的书面陈述材料及在法庭上的供述均否定了其在侦查阶段的上述供述，其辩解称在侦查机关之所以作出上述供述，其认为水保局办实体创收，本身也属违规，当时是为了撇清与青绿蓝公司的关系才作出那些供述；证实青绿蓝公司就是水保局创设的公司，实际上是从事变相创收的载体。

二、本案的法律问题思考

（一）王某同意利用职务便利套取工程款是否就具有侵吞公款的犯罪目的？

在本案中，王某同意利用职务便利套取工程款的方式是违法违纪的行为，水保局的工程款也是单位的公款，未经过水保局财务审核，不是通过正常手续办理，而是由王某个人决定套取工程款。但是，仅此不足以认定其主观上具有非法占有的犯罪目的，还应当结合具体的行为动机和公款去向进行认定，不能因为套取公款的方式非法，套取的公款大部分直接为其所有，就直接认定其侵吞了公款。

在本案中，王某之所以同意套取工程款，是为了支付返聘人员工资和自己之前垫付的酒水款，这是王某套取工程款的目的所在。如果返聘人员的工资和王某垫付的酒水款属实，则不能认定其主观上具有非法占有的犯罪目的。质言之，不能无视王某在套取工程款时所具有的目的内容，更不能单独对其套取工程款的行为进行封闭评价，将明知是用虚假发票套取的工程款还据为己有的行为直接视为贪污罪的实行行为。

（二）如何区分套取公款支付单位开支的违纪行为和贪腐犯罪的赃款处置
　　　行为？

很多单位的财务制度都较为严格，导致为了单位利益的违纪违规等开支无法通过财务部门正常报销，于是催生了利用职务便利套取单位款项以支付单位的违规违纪开支的现象，该现象固然是违纪违法行为的继续，相关款项也应该予以追回，但在刑法的实质违法性判断中，不宜将这些套取单位款项支付违规违纪开支的行为认定为贪污罪或职务侵占罪，因为其在套取单位款项时在主观上没有非法占有单位款项的犯罪目的，因为他们垫付开支在前，或者该款项最后支付给了其他消费提供方（如饭馆、酒店等）。

与此不同的是，有的贪腐分子在贪污罪、受贿罪、职务侵占罪等贪腐犯罪完成后，基于其他动机产生了处置犯罪所得的行为故意，并实施了处置犯罪所得的行为，如将赃款捐赠给希望工程，或捐建寺庙、修桥补路等。这样的行为是在贪腐犯罪完成之后，另行实施的行为，尽管这样的行为是向上、向善的行为，但并不能否定其在前述贪腐犯罪中的非法占有单位款项的犯罪目的和犯罪故意，不影响其贪腐犯罪的成立和既遂。但需要注意的是，如果行为人本身是单位的负责人，将自己控制的财物用于单位开支的，则不能认定为贪腐犯罪后的赃款去向问题，因为自己控制着单位的财物，又是为单位开支，从常识常理出发，行为人不可能用自己的贪腐犯罪所得为单位开支，只能将行为人控制的用于单位开支的财物视为单位的财产，在现实中往往为单位领导控制的"小金库"（很多单位不止一个"小金库"），尽管不符合单位的财经纪律，但这并不是该负责人的犯罪所得，只有当其以个人的名义挪用或侵占小金库的财物时，才构成贪腐犯罪。

质言之，如果行为人在套取款项时就知道该款项是自己曾经垫付的款项，或者是支付给其他主体的欠款，其主观上就不存在所谓的非法占有的犯罪目的；如果行为人在获得单位款项后，基于该款项的所有人身份对该款项进行处理，无论后续的处理行为是否正当，都不影响贪腐犯罪的成立。

（三）本案能否认定王某垫付酒水款和买礼品送专家的事实？王某主观上是否具有非法占有的犯罪目的？

指控王某构成贪污罪，需要公诉机关证明王某主观上存在侵吞公款的犯罪目的，必须达到证据确实、充分的证明程度，即需要排除合理怀疑，如果辩护人证明存在合理怀疑，就不应认定其主观上具有侵吞公款的犯罪目的，而不是需要达到确实不存在侵吞公款的犯罪目的才否定该犯罪目的，因为证明责任在公诉机关，真伪不明的证明责任应当由公诉机关承担。

在本案中王某关于垫付 58 420 元酒款的事实不但有自己的供述，还有李某乙的证言、聂某某的证言、证人段某 1 的证言、李某甲的证言以及酒水消费记录的便笺等证据都可以证实，足以认定在套取工程款时，王某早就垫付了酒钱，其主观上只是要回单位欠自己的酒钱，而非非法侵吞单位公款。

对于剩余的 15 580 元用于何处，王某开始供述跟李某乙说过，要以李某乙说的为准，但李某乙提及的返还市局领导的证言与后续的证据不符，后来王某又供述用于 2012 年 11 月中科院李院士一行前来该县考察水保工作的礼品馈赠，段某 1 证言证实并在法庭上表示，在 2012 年 11 月接待中科院李院士一行前来该县考察水保工作时，他亲自看到王某从车里面拿出一个包上楼，证人王某某、杨某某（中科院专家）出庭作证也证实，2012 年 11 月一行前来该县考察水保工作时收到一包礼品，包括茶叶、牛奶等土特产，且每人一份；开始不知道是谁送的，但对口接待单位是该县水保局，该局局长王某事后打电话予以明确告知。这些证据之间可以证明很可能剩余的 15 580 元钱用于 2012 年 11 月中科院李院士一行前来该县考察水保工作的礼品馈赠，尽管不能形成完全闭合的证据链条，但足以达到合理怀疑的程度，从有利于被告人的原则出发，应当认定王某将该笔款项用于了此次单位开支。

至此，王某及其同事套取工程款 74 000 元，58 420 元用于偿还王某之前垫付的酒款，剩余的 15 580 元用于 2012 年 11 月中科院李院士一行前来该县考察水保工作的礼品馈赠，王某对该次套取的工程款并无非法占有的目的。质言之，58 420 元是用于偿还单位之前的欠款，15 580 元则以"小金库"资金的方式用于单位的后续开支。

（四）如果王某构成贪污罪，李某乙、李某甲、聂某某、段某1是否构成共同犯罪？

本案中如果认定王某具有非法占有单位公款的犯罪目的，虽然主要利用了王某的职务便利，但同时也利用了李某乙、聂某某的职务便利，从客观方面判断，王某、李某乙和聂某某的行为共同构成了贪污罪的客观方面内容，根据共犯的定罪身份共用原理，李某甲的行为则既可以评价为贪污罪客观行为的一部分，也可以评价为诈骗罪的实行行为。从主观上进行考察，如果无视垫付酒款和拖欠工资的前提事实，李某乙、李某甲、聂某某、段某1均明知是套取单位的工程款，只是这些套取的款项最后会给王某和李某甲，李某乙和聂某某并未获得任何款项，但非法占有的犯罪目的既包括为了自己占有，也包括为了他人占有，故都符合贪污罪的犯罪故意和犯罪目的。

因此，如果王某构成贪污罪，则李某乙、聂某某和段某1都构成了贪污罪的共犯，而李某甲则构成了贪污罪的共犯和诈骗罪的竞合犯。只是根据常识考量，为了获得单位拖欠自己的款项（如酒水款、饭钱、工资、工程款等），在单位明知的情况下，配合套取单位的款项，虽然违反了财政纪律，但主观上基于前提事实的存在，行为人并无非法占有单位款项的犯罪目的，不能认定为贪污罪、职务侵占罪或诈骗罪。

（五）供述或证人证言前后不一致时，如何认定案件事实？

在司法实践中，基于种种原因，往往会出现翻供或证人证言前后不一致的情形，除了从程序上考察具体原因之外，更应该从常识常理常情出发，核实每一次笔录内容的发生可能性及其相互之间的关系，只有符合客观规律且与其他证据一致时，才作为定案的事实依据。

我们不能简单地从入罪或出罪的目的出发，有意识地选择符合证明目的的证据，置客观规律和证据之间的矛盾于不顾，这样会离案件真相越来越远，也不利于在司法个案中实现公平和正义。如本案中王某为了保住水保局的创收经费，避免被再次罚款，自作聪明地将创收经费说成是赞助费，反而成了单位受贿罪的犯罪嫌疑人。

（六）形式认定本案中水保局与青绿蓝公司的关系，还是进行实质考察？

从形式上看，青绿蓝公司是独立的法人，水保局是政府的职能部门，二者之间存在业务关系，王某和相关证人在前期的笔录中均证实青绿蓝公司与水保局没有隶属关系，水保局从该公司获得的672 510元为青绿蓝公司的赞助费，但这明显与青绿蓝公司一直没有分红、账面只剩 179 546.06 元等情形矛盾，仅从形式上考察，似乎水保局收取了青绿蓝公司的费用为单位受贿罪。

但本案的案发背景特殊，王某等人为了避免被再次处罚，故意做了虚假供述或陈述，从其他证据的真实性和相关性上进行实质考察，可以得出青绿蓝公司实为水保局变相创收的载体的结论，具体依据如下：

1. 青绿蓝公司是该县水保局为收取方案编制费设立的公司

（1）特殊背景下该县水保局决定成立青绿蓝公司变相创收。王某为单位变相创收有着特殊的背景，该县水保局很多员工的工资不是由国家财政负担，需要水保局自己解决，2011 年下半年该县水保局因违规收取方案编制费被该县监察局查处，随后水保局取消了方案编制室，不再收取水保方案编制费。但该县水保局不能收取编制费用，就意味着失去了创收能力，工作人员的工资和福利都没有了保障，难以提高工作的积极性，甚至造成工作停滞，甚至多个乡镇水保站出现了财政赤字和停发工资的情况，水保局的创收压力很大。

为使方案编制这一业务能够合法收取费用，水保局便决定组建一个名义上的中介机构——该县青绿蓝公司，具体而言，以王某的朋友段某 2、管某某的名义注册公司，申请银行账号，使水保方案编制业务继续开展起来。段某 2 虽然已经去世，但在段某 2 与青绿蓝公司的实质关系这一事实上，根据常识常理常情，相关证人的证言是一致的。

（2）该县水保局成立了青绿蓝公司，并办理了收费报批事项。王某借资 3 万元安排工作人员以段某 2、管某某的名义注册成立该县青绿蓝公司，并由李某乙等人负责雕刻该县青绿蓝公司印章，聂某某负责办理该公司方案编制收费事项。青绿蓝公司成立后，水保局在局长碰头会上回顾的前期工作就包括"办理水保方案编制事项"，同时专门部署了当前几个工作："1. 该县青绿蓝公司已注册，抓紧做好收费报批……"这说明为该公司办理注册等事项是水保局的重点工作。

（3）该县水保局为青绿蓝公司装修了工作场所。为了顺利实现创收，水保局不但安排自己的工作人员以段某 2、管某某的名义成立了青绿蓝公司，还安排青绿蓝公司与水保局在一起办公。同时，水保局还专门装修了该办公场所，该装修工程费用为 10 万余元，支付该笔费用的单位是水保局，而非使用该场地的青绿蓝公司。青绿蓝公司事后既没有偿还该笔费用，也没有支付任何租金，甚至连水电费都没有支付。

（4）单位内部都知道水保局成立了青绿蓝公司。水保局局长王某曾经多次在该局职工大会上宣布：该局成立了青绿蓝公司，请大家支持有关业务；并且，该县水保局的人都知道年终福利由青绿蓝公司创收经费中支出。该县水保局还会以"某县青绿蓝公司领款明细表"为抬头制作人均2000元的年终福利发放表，青绿蓝公司的股东段某2和管某某也赫然在列。这也充分表明，该公司就是水保局为变相创收而设立的公司，否则不会如此明目张胆地向职工发放单位的受贿款项。同时，该局职工廖某某被单位安排在该县水保局所拥有的青绿蓝公司里面工作，但其经常到该县水保局领取加班费。

2. 该县水保局实际控制着青绿蓝公司

（1）水保局组建了青绿蓝公司的所有人员。为了让青绿蓝公司尽快运转起来创收，水保局专门安排自己的工作人员到青绿蓝公司兼职会计和出纳，如水保局监审股股长李某乙兼任青绿蓝公司的会计，负责为青绿蓝公司做账。水保局办公室打字员温某某则兼任青绿蓝公司的出纳，派他们去的目的是让局里了解青绿蓝公司的收入。并且，该县水保局在局务会议上明确讨论了青绿蓝公司的组成人员，连段某2、管某某都是该县水保局安排的。这都说明该县水保局实际控制着青绿蓝公司，否则，无法解释一个政府职能部门为何在自己的办公会议上讨论如何加强对其他公司的内部管理和人员安排。

需要说明的是，这时不能拘泥于正常招聘程序认定该局是否招聘了段某2和管某某，是否存在书面的文件来认定该局是否安排了李某乙、温某某、廖某某等人到青绿蓝公司工作。应该结合本案的特殊背景来认定，该县水保局之所以成立青绿蓝公司，就是为了实现形式上的编审分离，旨在规避处罚，也就不可能公开招聘公司法人、书面派送员工，故不能以不符合正常的人事隶属形式来否定本案暗含的人事隶属关系。

（2）水保局工作人员负责青绿蓝公司的工作。在整个青绿蓝公司中，除了段某2出面掩盖水保局控制之实、清洁员打扫卫生以外，其余员工全部都是水保局的工作人员，尤其是进行方案编制的人员都是水保局的工作人员。虽然在水土保持方案报告表中显示的编制单位是该县水土保持推广站，但没有收取其任何费用，实则是因为该公司就是水保局自己的公司，这些人员的工资由水保局进行发放，无需支付编制费用。该公司表面上有段某2和清洁员两个专门的工作人员，但这两个人根本无法承担编制方案工作。事实上，连段某 2 和清洁员这两个工作人员也是水保局聘请的临时工作人员，只是每月按时领取工资而已。

（3）王某掌握着青绿蓝公司的财务动态。根据银行出具的查询材料可以证实，青绿蓝公司的账户签约明细信息动户通知（即对公业务短信通知服务）的手机号码为该局局长王某的手机号码。这就意味着王某知悉青绿蓝公司的每一笔财务信息，即王某一直掌握着该公司的财务动态。这也充分说明，青绿蓝公司就是该县水保局变相设立的公司，否则，根本无法解释政府职能部门领导缘何开通对公财务短信通知业务，掌握其他公司的财务状况。

正是因为该县水保局从办公场地、人事安排、财务信息等多方面对青绿蓝公司进行了全面掌控，防止了出现段某 2 以假乱真将该公司财产据为己有的情况。段某 2 和管某某自公司成立以来，从来没有分红，完全在为水保局挣钱，该公司如果是独立的法人，明显与常理相悖。因此，结合常识常理常情，应当认定青绿蓝公司实为水保局变相创收的载体。

（七）本案中水保局收取青绿蓝公司费用是否利用了职务便利？

如前所述，虽然水保局在收取场地租借、出借编制资质、收取水电费等方面给予了青绿蓝公司极大的支持，但这些事项并不是水保局的公务内容，不能据此认定该县水保局利用了职务之便，这是对职务便利的错误理解。

1. 关于"利用职务上的便利"的理解

"利用职务上的便利"在不同的犯罪中含义不同，就受贿类犯罪而言，1999 年 9 月 16 日最高人民检察院发布的《关于人民检察院直接受理立案侦查案件立案标准的规定（试行）》首先对此进行了解释："利用职务上的便利"，是指利用本人职务范围内的权力，即自己职务上主管、负责或者承办某项公共事务的职权及其所形成的便利条件。2003 年 11 月 13 日发布的《全国法院审理经济犯罪案件工作座谈会纪要》再次规定："利用职务上的便利"是指利用职务上主管、负责、承办某项公共事务的职权。至于"公共事务"（即公务）的概念，该座谈会纪要也明确指出："从事公务，是指代表国家机关、国有公司、企业、事业单位、人民团体等履行组织、领导、监督、管理等职责。公务主要表现为与职权相联系的公共事务以及监督、管理国有财产的职务活动。……那些不具备职权内容的劳务活动、技术服务工作，如售货员、售票员等所从事的工作，一般不认为是公务。"

在本案中，水保局从事公共事务的职权主要表现在水土资源法律法规的实施和监督检查、小流域综合治理开发、水土流失的勘测和普查、水保项目立项和实施的监察、审计、监督、水保经费的计划和使用、水土保持方案的审批和监督、水保案件的查处、水土流失防治纠纷的处理和调解、水土保持防治费和补偿费的收缴和管理等方面。但该县水保局为青绿蓝公司谋取利益的内容均与这些职权无关。

2. 水保局没有"利用职务上的便利"为青绿蓝公司谋取利益

上述水保局的职权中与青绿蓝公司最相关的是审批其作出的编制方案，但水保局和王某在审批水土保持方案过程中都没有给予青绿蓝公司特殊照顾，水保局为青绿蓝公司所作的是编制水土保持方案、介绍方案编制业务而已。

水保局的介绍或推荐只是为相关当事人提供一种信息，不是水保局从事的公务活动。本案中的方案编制业务是具体的技术服务工作，而非行政主体的行政职权；而所盖印章并非水保局的公章，而是水土技术推广站的印章，该印章的使用并非从事公务的职权行为，其目的是表明方案编制资质的主体资格，因为水土技术推广站是方案编制资质的拥有者，以该资质出具的方案必须盖有其印章才具有法律效力。因此，方案编制工作不是水保局的公务事项，更不是水保局的职权行为，这是典型的技术服务工作。

（八）本案中水保局收取的费用是否符合单位受贿罪的犯罪对象？是否构成了单位受贿罪？

根据《刑法》第 387 条的规定，单位受贿罪是指国家机关、国有公司、企业、事业单位、人民团体索取、非法收受他人财物，并利用职权为他人谋取利益，情节严重的行为。因此，本罪的犯罪对象只能是他人的财物，即索取他人财物或者非法收受他人财物，不包括本单位创收的财物；同时还必须具备利用职权为他人谋取利益的条件。

在本案中，水保局在被纪检监察部门查处不能做水保编制方案后，停止了自编自审自行收费的违规行为，设立创收实体——青绿蓝公司，以解决单位经费不足的实际需要，本案中的 672 510 元都是水保局从正常经费难以走账的具体开支项目，水保局根据具体开支情况要求李某乙或廖某某从青绿蓝公司收益中直接拨付，表面上需要段某 2 同意，但实际上段某 2 并没有决定权，事实上段某 2 也从来没有拒绝过该县水保局的开支需求。这是常见的创收经费开支情形，并非索取或收受他人财物的行为。水保局收受的钱款实际上是该单位的变相创收经费，该单位也没有利用职权为青绿蓝公司谋取利益，没有侵犯国有单位职务行为的廉洁性，故不构成单位受贿罪。

三、参考文献

1. 李珍珠、罗健编著：《贪污贿赂罪裁判中的法理》，中南大学出版社2016年版。

2. 刘宪权、谢杰：《贿赂犯罪刑法理论与实务》，上海人民出版社2012年版。

3. 肖中华：《贪污贿赂罪疑难解析》，上海人民出版社2006年版。

4. 韩成军："单位受贿罪若干疑难问题研究"，载《郑州大学学报（哲学社会科学版）》2012年第3期。

5. 尹明灿："单位受贿罪的司法实践考察"，载《中国刑事法杂志》2012年第5期。

6. 《刑法学》编写组编：《刑法学》，高等教育出版社2019年版。

第三节　危害结果的认定：张某某滥伐林木案

一、案例简介[1]

某县阳埠乡供销社将其所有的位于阳埠乡大龙村"豪猪面""猪栏背"山场承包给荫掌山林场经营，2001年被划为国家生态公益林，该年就获得了72 800元森林生态效益补助资金。1990年种植油桐失败，1991年补种杉木和松木，但由于疏于管理，人为破坏严重，油桐树已老化枯死，山场只剩零星油桐树。因地处偏僻，立地条件和交通条件都很差，难于管理，导致经营失败，该县林业局2015年3月25日经局党组会讨论同意将该林地退还给某县阳埠供销合作社。荫掌山林场从未将案涉山场的公益林补助资金分配给阳埠乡供销社，阳埠乡供销社不知案涉山场为国家生态公益林。为发挥该山场最大效益，阳埠乡供销社准备清山，重新种植油茶。张某某于2016年向阳埠乡供销社承包该山场，随后以阳埠乡供销社的名义向某县林业局申报了该山场23、

---

[1] 参见［2020］赣0721刑初209号刑事附带民事判决书、［2021］赣07刑终604号刑事附带民事裁定书。

24、25、26、27 小班林木采伐手续，某县林业局批准了该山场 23、24、27 小班的林木采伐许可，该县林业局任林政股股长严某某因为 25、26 小班的毛竹和阔叶树占比较大，且申请采伐面积过大，未批准 25、26 小班的林木采伐许可。25、26 小班森林类型为商品林，林种为一般用材林，起源为 20 年的人工林。2016 年底到 2017 年初，张某某采伐了 23、24、27 小班的林木，还采伐了 25 小班和 26 小班下部的毛竹和林木，但 26 小班中部的毛竹、林木和上部的硬阔林尚在。案涉山场的林地经过整地、打条带、全铲、抚育等人为工序，林地面貌发生了相当大的变化，以现有林地状况很难推断出原有林分状况。司法鉴定意见书在测定 25、26 小班的砍伐面积后，直接根据该县林业局提供的案涉山场"2016 年度森林资源年度变更小班数据库因子查询情况"加以计算，得出鉴定结论：25 小班砍伐林木蓄积量 150 立方米（杉木 30 立方米、阔叶树 120 立方米），26 小班砍伐林木蓄积量 142 立方米（杉木 29 立方米、阔叶树 113 立方米）。《退化防护林修复作业设计说明书》根据公益林的标准计算，本案 25 小班的修复费用需要 259 117 元，26 小班的修复费用需要 226 818 元。

本案主要证据如下：

1. 书证：

（1）某县林业局出具的关于阳埠乡供销社大龙村"豪猪面""猪栏背"山场采伐林木情况调查说明，证明该山场未办理林木采伐手续的采伐蓄积量为 17.8 立方米。除 23 小班和 27 小班已采伐外，其余小班均为 2017 年以后采伐。25 小班 1 细班每亩蓄积是参照相邻 24 小班 1 细班推算，26 小班 2 细班查阅 2013 年林地年度更新数据库成果资料为油桐林，乔木经济林树种不计蓄积；25 小班 1、3 细班和 26 小班 1、3 细班根据现场伐根分析确认采伐前为竹林地等。

（2）某县阳埠乡供销社委托书、营业执照，巫某某、肖某某身份证复印件，证明阳埠乡供销社法人代表巫某某委托肖某某去某县林业局办理某县阳埠乡大龙村林地砍伐审批手续。

（3）某县林证字［2015］第 2006020018 号林权证，证明坐落在荫掌山林场大龙分场塘坑口林站"豪猪面""猪栏背"山场森林、林木、林地所有权权利人为某县阳埠乡供销社，林种为用材林。

（4）林木采伐许可证，某县林木采伐申请前置审批表，某县阳埠乡供销社证明、申请、林木采伐作业设计书、某县阳埠乡供销社营业执照、委托书等，证明本案所涉 23、24、27 小班均已批准采伐，采伐方式：皆伐。本案所涉 25、26 小班未获批准采伐。森林类型均为商品林，林种为一般用材林，申请更新树种为油茶。25 小班总蓄积为 244.45 立方米，每亩平均蓄积为 0.782 立方米，郁闭度为 0.6；26 小班总蓄积为 233.620 立方米，每亩平均蓄积为 0.75 立方米，郁闭度为 0.6。

（5）某县公益林管护情况统计表、关于要求调整生态公益林的报告、阳埠乡大龙村 2001 年国家级公益林界定区划图、公益林小班因子表，证明本案所涉 23、24、25、26、27 小班林地于 2001 年列为公益林，地类系有林地。

（6）某县林业局证明，证明某县林证字〔2015〕第 2006020018 号《林权证》的 1 号小班林种为公益林，公益林属性为国家二级公益林。

（7）某人造板厂 2017 年收购张某某木材清单，证明该厂于 2017 年在张某某处（"豪猪面""猪栏背"山场）共收购了 15 车杂木枝桠柴，共 143.59 吨。

（8）关于折算活立木蓄积的函、关于杂木制成的枝桠材重量折算杂木木材材积和折算杂木活立木蓄积的说明，证明张某某出售杂木枝桠材 143.59 吨折合杂木蓄积为 184.08 立方米。

（9）江西省林业厅《关于进一步规范和完善林木采伐管理的通知》（赣林资字〔2015〕124 号），证明 2015 年 7 月江西省林业厅发文通知各市、县（区）林业局取消毛竹采伐限额管理，对公益林以外的毛竹暂不实行凭证采伐，由经营者自主采伐和销售。

（10）2016 年度松材线虫病除治承包合同，证明某县阳埠乡人民政府、张某某、某县林业局三方签订松材线虫病除治承包合同。除治地点在阳埠乡大龙村"猪栏背"，除治面积 58 亩。

（11）林业行政处罚决定书、缴纳罚款的票据，证明 2016 年 12 月肖某某雇人擅自在"顶子背"山场内砍伐杂树 56 株，立木蓄积为 7.766 立方米。某县森林公安局责令肖某某补种滥伐树木 280 株并处罚款 1 万元。

（12）某县阳埠乡大龙村"豪猪面""猪栏背"山场卫星图片信息等资料，证明从 2016 年 2 月 18 日与 2017 年 2 月 16 日案涉山场的卫星图片信息对比图上看，25、26 小班森林资源遭到破坏。

（13）阳埠乡供销社滥伐林木案涉及 2001 年以来森林资源变更情况查询说明，该县案涉山场 2009 年度、2013 年度、2016 年度森林资源年度变更小班数据库因子查询情况,证明本案所涉荫掌山大龙分场森林资源情况。但是,2009 年度与 2013 年度的小班数据库因子中"平均年龄""龄组""平均胸径""平均树高""郁闭度""杉类占%""松类占%""硬阔类占%""软阔类占%""亩平均株数"等栏目的数据完全一样;同时,与 2013 年度的小班数据库因子相比,案涉山场 2016 年度森林资源年度变更小班数据库因子中的"龄组"不变,但"平均胸径"变小,"平均树高"变矮,"郁闭度"变低,"杉类占%"翻倍,"松类占%"完全消失,"亩平均株数"不足一半,"亩平均蓄积"突然增加。其中 2016 年度森林资源年度变更小班数据库因子查询情况中"杉类占%"为 20%、"硬阔占%"为 10%、"软阔占%"为 70%、"亩平均蓄积"为 1.08。

(14)赣益林字〔2020〕第 0702001 号某县退化防护林修复作业设计说明书,证明本案所涉 23、24、25、26、27 小班,生态修复总投资 125.3426 万元。其中 25 小班 1 号细班面积 138.1 亩,修复费用需要 259 117 元;26 小班面积 139.1 亩,修复费用需要 226 818 元。

(15)某县荫掌山生态公益林场 2015 年 12 月 20 日出具的荫公林〔2015〕8 号关于要求调整生态公益林的报告、某县公益林管护情况统计表、界定区划图,证明该县荫掌山生态公益林场要求将本案所涉及林地的公益林进行调整。

(16)补充侦查说明,证明涉案山场被划定为生态公益林后,荫掌山林场未告知阳埠乡供销社,也未树牌告示;2006 年之后,荫掌山林场本应将补助资金分配给阳埠乡供销社,但未支付;对公益林以外的毛竹暂不实行凭证采伐,由经营者自主采伐和销售。

(17)《森林资源核查报告》证实,受聘的江西某某建设集团有限公司于 2020 年 8 月 8 日至 2020 年 9 月 2 日对案涉山场 25、26 小班实地核查的情况,现场拍摄的林地照片显示,砍伐的范围均在山下,山腰为茂密的毛竹林,山顶才有树林,山腰的毛竹林和山顶的树林均为天然状态,于 2016 年以前即已成林,一直处于自然状态,这两种林分的蓄积量为 713 立方米,资源蓄积量比 2016 小班因子数据查询情况中的 26 号小班多 71.9 立方米。其中杉木蓄积 13 立方米、松木蓄积 28 立方米,该天然林的"杉类占%"为 1.82%.

2. 证人证言:

(1)证人刘某某的证言:证明 2012 年 3 月至 2017 年 3 月底,他是阳埠乡林业工作站站长。2016 年 9 月份,阳埠乡供销社委托肖某某向他们林业工作站申请办理采伐林木的手续，区林业局派作业设计队到现场做作业设计，某县林业局共批准采伐"豪猪面"山场四百多亩林地，共计 275.7 立方米。山场内以毛竹、杂灌为主，还有少量的油桐树、松树、杉树。2017 年元月份，某县林业局发现案涉山场是公益林后，他和严某某、钟某某、付某某去了现场，一起口头告知了肖某某这块地是公益林要停止采伐，但没有书面通知。他还去村里告诉了村组长陈某某这块地是公益林，书记朱某某 2 月份也知道了。

（2）证人严某某的证言，证明 2002 年至 2017 年 3 月底，她在该县林业局任林政股股长。2016 年 7 月 20 日，某县阳埠乡供销社巫某某向林业局申请采伐 23、24、25、26、27 号小班的林木。她在审核五份作业设计及其附件的过程中发现 25 小班和 26 小班毛竹和阔叶树占比较大，并且申请采伐面积过大，因此只办理了这三块小班的《林木采伐许可证》。2017 年 1 月 16 日，某县荫掌山林场曾某某在核对变化图班时，突然发现该山场属于荫掌山林场，是公益林，他和钟某某、王某某、付某某、刘某某立即赶到现场。26 小班从山脚看，没有看见砍伐的痕迹，25 小班还在进行，他们没有进去看。现场告知肖某某，说要立即停止采伐，并要收回采伐证，肖某某说采伐证在张某某那里，第二天付某某就把采伐证收回来了。

（3）证人王某某的证言：证明他是该县林业局林业公司职工，由区林业局林政股通知他们林业调查设计队去案涉山场实地勘察，他们去勘察的时候，林地属性就是用材林，山场还留有供销社种植的油桐树、油茶树。山场资源以毛竹、杂灌为主，还有一些杉树、松树、油桐树、油茶树。

（4）证人巫某某的证言：证明他是某县大埠乡、阳埠乡供销社的负责人。案涉山场是属于他们供销社的。山场面积是 1038.1 亩，他代表阳埠乡供销社和张某某签订了《合作开发林地合同书》，合作开发期限是 2016 年 1 月 1 日至 2050 年 12 月 30 日，合作开发利润分配，案涉山场的林权证上写的是用材林。

（5）证人华某某的证言，证明他在荫掌山林场担任副场长，分管林政资源管理，案涉山场被划为生态公益林的时候，没有设立标识，也可能没有告知阳埠乡供销社，公益林管护费也没有给阳埠乡供销社。他不清楚山场是否有盗伐行为，如果有盗伐，只会盗伐杉树，因为杉树轻，也更值钱，松树和阔叶树又重又不值钱。

（6）证人曾某某的证言，证明他为该县林业局林政股副股长，负责查询并签名出具"某县区2009年度、2013年度、2016年度森林资源年度变更小班数据库因子查询情况"表格，他指出，2009年的因子库数据是在该县范围布设了750个样地来控制全县的蓄积量，再小班调查落实到山头地块做的数据，但2013年和2016年的因子库数据没有采取样地调查来控制，而是采取小班补充调查（变化了的要实地调查，没有变化的按全省的年生长量来调整）来确定的。

（7）证人曹某某的证言，是阳埠乡大龙村竹栏组的组长。阳埠乡供销社和荫掌山林场联营的时候种了千亩油桐，因为交通不便、管理不善，油桐全部荒废，后来阳埠乡供销社把山场的经营权拿回来了。2016年，阳埠乡供销社把山场租给张某某种植脐橙、杉树。在张某某承包山场之前，有少部分本地村民会上山偷砍杉树，本地村民一般都是隔一段时间上山捡柴的时候，顺便砍一两根杉树带回家，邻县村民一般也是隔一段时间就来偷砍。2016年10月份（农历），张某某雇请了江西省某县的"老表"来清山，一个月左右山场的树木基本砍掉。

（8）证人肖某的证言，张某某雇请他帮忙开挖机，将山场内的竹子菀、杂灌菀及其他植被清理掉，一边在山场开挖条带，25小班的东南处和26小班的西南处原先种植过油茶树，但都荒废了。25小班有部分荒废的油茶树，还有部分竹子；26小班山坳处大多是油桐树，山上以竹子和杂灌为主，山顶有少量的松树。

3. 张某某的供述和辩解：

2016年7月20日，他向区林业局申请采伐案涉山场的林木，申请面积1038.1亩，申请目的是开发经济林。审批通过的是23、24、27小班。山场底部没有什么树木，树木都在山场中上地段，主要以松树、毛竹为主，毛竹占70%，有少量杉树，还有很多幼树、灌木，原先山场很多林木资源会被当地村民偷砍下自己使用或销售。办理好采伐手续后，肖某某负责监管山场，村民私自砍伐、偷卖的情况得到了控制，但还有附近的农户到山场来捡柴。2016年10月至2017年1月，由他负责雇请工人砍伐、肖某某负责管理，将山场成材的松树、杉树、柴火、油桐树砍下。2017年至2018年冬，他雇请了工人在山场清杂灌和砍竹子，采伐了毛竹，并种植脐橙和杉树。他在5个小班共采伐了松原木80立方米左右、柴火150吨左右、杂木5立方米左右、竹子 35 车、杉原木 4 立方米左右。当时荫掌山林业派出所以他砍了山场的阔叶树为由对他处行政罚款 10 000 元。砍伐时他不知道山场是公益林，2018 年底，他在阳埠乡林业工作站玩时，才听说案涉山场是公益林，之前没有人叫他停止采伐。《林木采伐许可证》是付某某从他手上收回去的，当时付某某说不要多问，不要复印。2017 年快过年的时候，某县林业局林政股叫他去林业局，在一张《松材线虫处置合同》上签字。案涉山场 25 小班 95% 都是竹子，剩下的都是小灌木，还有少量的杂木没砍；26 小班山半腰以下全部都是竹子，山顶以杂木为主，没砍。

4. 鉴定意见：

（1）余正司鉴〔2019〕林鉴字第 59 号司法鉴定意见书，在现场确定了 25、26 小班被砍伐面积为 280.7 亩的基础上，直接根据该县林业局提供的案涉山场"2016 年度森林资源年度变更小班数据库因子查询情况"表中的"杉类占%""松类占%""硬阔类占%""软阔类占%""亩平均蓄积"计算得出鉴定结论：张某某在 25、26 小班采伐林木蓄积量 292 立方米，其中杉木蓄积量 58 立方米，阔叶树（含油桐）蓄积量 234 立方米。

（2）余正司鉴〔2020〕林鉴字第 01 号补充司法鉴定意见书，继续根据前述森林档案资料计算，证明 25 小班砍伐林木蓄积量 150 立方米（杉木 30 立方米、阔叶树 120 立方米），26 小班砍伐林木蓄积量 142 立方米（杉木 29 立方米、阔叶树 113 立方米）。

（3）《关于阳埠乡供销社在大龙村砍伐林木案鉴定中有关问题的说明》，证明从案涉山场的档案资料中可以将砍伐的阔叶树种类细分为硬阔和软阔（含油桐），25、26 小班合计砍伐的硬阔类树木蓄积量 29 立方米。

二、本案的法律问题

（一）张某某主观上对案涉山场的公益林性质明知？是否要对 23、24、27 小班承担滥伐林木罪的刑事责任？

案涉山场原属荫掌山林场与阳埠乡供销社联营，并由荫掌山林场负责管理。2001 年，案涉山场被划定为生态公益林，荫掌山林场并未将该情况告知阳埠乡供销社，也没有树立告示牌，生态公益林的补助资金也没有分配给阳埠乡供销社，阳埠乡供销社对该案涉山场被划定为生态公益林并不知情。案涉山场的《林权证》显示该山场的林种为用材林，且在申请采伐许可证时，该县林业工作总站在某县林木采伐申请前置审批表中，对案涉山场不属于补偿生态公益林进行了确认。2017年1月份，某县林业局发现案涉山场是公益林后，刘某某、严某某、钟某某、付某某一起去了采伐现场口头告知肖某某这块地是公益林要停止采伐，并没有书面通知，刘某某、严某某、钟某某、付某某、肖某某的证言也均没有证实把案涉山场属公益林的事告知张某某，故不能认定张某某在砍伐树木时明知案涉山场属生态公益林。

据此，张某某对已经获得采伐许可的23、24、27小班不具有滥伐林木罪的犯罪故意，不应当因为林业审批人员的疏忽对此承担刑事责任。

（二）张某某砍伐的毛竹是否需要计入砍伐林木的蓄积量？

江西省林业厅《关于进一步规范和完善林木采伐管理的通知》（赣林资字〔2015〕124号），证明2015年7月江西省林业厅发文通知各市、县（区）林业局取消毛竹采伐限额管理，对公益林以外的毛竹暂不实行凭证采伐，由经营者自主采伐和销售。而张某某在本案中对25、26小班的公益林性质并不知情，根据公益林之外的毛竹由经营者自主采伐和销售的规定，故对张某某采砍毛竹的蓄积量不应计算在内。

（三）滥伐林木罪中的林木蓄积量有哪些计算方法？

就常规方法计算被毁林木的立木蓄积的方法而言，林业部《关于确定盗伐滥伐林木、毁坏幼树数量计算方法的意见》（林检法〔1989〕1号）首次进行了明确规定：林业公检法机关在办理森林案件中，由于对盗伐滥伐林木数量和毁坏幼树数量计算方法不一致，影响了林业公安机关立案、林业检法机关量刑，特根据林业部《关于颁布〈森林资源调查主要技术规定〉的通知》（〔82〕林资字第10号）要求和测树学的原理，提出如下意见：①立木材积的计算。立木材积即为立木蓄积，计算方法是：原木材积除以该树种的出材率。如：某地区、某树种的出材率为60%。即：立木材积（立木蓄积）＝原木材积÷60%。②幼树的概念和幼树数量计算。幼树是指生长在幼龄阶段的树木。在森林资源调查中，树木胸径在5厘米以下的视为幼树，以"株"为单位进行统计。据此，立木材积只计算5厘米以上的林木。此后最高人民法院、最高人民检察院《关于盗伐、滥伐林木案件几个问题的解答》（已失效）以附件的形式对此内容进行了再次强调。

虽然林业部《关于确定盗伐滥伐林木、毁坏幼树数量计算方法的意见》被《关于规范性文件清理结果的公告》（国家林业局公告2012年第9号）废止，最高人民法院、最高人民检察院《关于盗伐、滥伐林木案件几个问题的解答》被最高人民法院、最高人民检察院《关于废止 1980 年 1 月 1 日至 1997 年 6 月 30 日期间制发的部分司法解释和司法解释性质文件的决定》所废止，但最高人民法院《关于审理破坏森林资源刑事案件具体应用法律若干问题的解释》第 17 条规定对此予以了承继："本解释规定的林木数量以立木蓄积计算，计算方法为：原木材积除以该树种的出材率。本解释所称'幼树'，是指胸径五厘米以下的树木。滥伐林木的数量，应在伐区调查设计允许的误差额以上计算。"最高人民检察院、公安部《关于公安机关管辖的刑事案件立案追诉标准的规定（一）》第 72 条第 3 款也再次对此进行强调："本条和本规定第七十三条、第七十四条规定的林木数量以立木蓄积计算，计算方法为：原木材积除以该树种的出材率；'幼树'，是指胸径五厘米以下的树木。"

此外，需要注意的是，原国家林业局《关于毁林案件中被毁坏林木及其伐桩灭失的立木蓄积测算有关问题的复函》规定，在依法查处毁林案件中，如果被毁坏的林木及其伐桩灭失，致使不能按照常规方法计算被毁林木的立木蓄积的，可以根据相应的森林资源清查资料、森林资源档案资料等计算确定；没有森林资源清查或者森林资源档案资料的，可以采取选择与被毁坏林木相同起源、立地条件和林分生长状况相近似的其他林分样地，按照国家有关技术规程测量计算蓄积量的方式确定。

据此，对滥伐林木案件可以采取确定林木蓄积量的方法有三：（1）根据被毁坏的林木及其伐桩，按照常规方法计算，即原木材积除以该树种的出材率；（2）根据相应的森林资源清查资料、森林资源档案资料等进行计算；（3）根据相近似的其他林分样地测量计算。但需要说明的是，原国家林业局《关于毁林案件中被毁坏林木及其伐桩灭失的立木蓄积测算有关问题的复函》虽规定了可以计算被毁林木立木蓄积的"相应的森林资源清查资料、森林资源档案资料"，但不能将任何相关的材料都视为此处的相应材料。"相关"的含义是"彼此关联"，而"相应"的含义则是"互相呼应或照应；相适应"。据此，"相关"的关系并不要求二者是一致的关系，也可以是部分联系，甚至相反的关系，而"相应"则要求二者之间的关系具有一致性，能够作为证明材料使用，这也符合刑事诉讼中"确实充分"的证明标准。

（四）本案可用哪些方法确定张某某砍伐 25、26 小班的林木蓄积量？

本案刑事立案时，张某某砍伐的原木已经运离现场，收购的厂商也已进行加工，林木伐桩和林木伐根亦不复存在，现场遗留物只有毛竹的伐根。因此，无法按照林木材积的常规方法计算。

但本案中存在案涉山场的森林资源清查资料、森林资源档案资料：案涉山场 2009 年度、2013 年度、2016 年度森林资源年度变更小班数据库因子查询情况。小班因子数据属江西省森林资源二类调查数据，在省林业厅备案。二类调查是为满足编制森林经营方案、总体设计、林业区划与规划设计需要，客观反映调查区域森林经营管理状况而进行的森林资源调查。该数据对当时的资源状况有比较详细的调查和记录，记载有林木的平均年龄、平均胸径、平均树高、郁闭度、每亩平均蓄积和小班的蓄积量，是能够比较准确反映当时林木资源状况的档案资料。需要指出的是，根据相应的森林资源清查资料、森林资源档案资料等进行计算，应以森林资源清查资料、森林资源档案资料的内容具有真实性为前提，即这些资料应与案件的其他证据相一致，否则就达不到《刑事诉讼法》规定的"案件事实清楚，证据确实、充分"的证明标准。

此外，靠近 26 小班已经砍伐部分的毛竹林与被毁坏林木的相同起源、立地条件和林分生长状况最相近似，可以选取作为相近似的其他林分样地，通过对其进行测量计算作为本案砍伐林木的蓄积量。

（五）本案中的"2016 年度森林资源年度变更小班数据库因子"能否作为计算本案林木蓄积量的森林资源资料？

仅仅从名称上判断，该县"2016 年度森林资源年度变更小班数据库因子"包括了案涉山场的林分情况，似乎可以视为与案涉山场相应的森林资源清查资料或森林资源档案资料，但也需要与其他相关证据核对，不能忽略其与客观事实之间相应关系的证明过程。

负责查询并签名出具"某县区 2009 年度、2013 年度、2016 年度森林资源年度变更小班数据库因子查询情况"表格的该县林业局林政股副股长曾某某证实，2009 年的因子库数据是在该县的范围布设了 750 个样地来控制全县的蓄积量，再小班调查落实到山头地块做的数据，但 2013 年和 2016 年的因子库数据没有采取样地调查，而是采取小班补充调查来确定的。但是，根据 2009 年度的抽样数据而来的 2013 年度的相关数据存在严重问题：2009 年度、2013 年度的小班数据库因子中"平均年龄""龄组""平均胸径""平均树高""郁闭度""杉类占%""松类占%""硬阔类占%""软阔类占%""亩平均株数"等栏目的数据完全一样，四年时间完全在案涉山场停滞了。与 2013 年度森林资源年度变更小班数据库因子相比，案涉山场 2016 年度森林资源年度变更小班数据库因子中的"龄组"不变，依然处于冻龄状态，但"平均胸径"变小，"平均树高"变矮，"郁闭度"变低，"杉类占%"翻倍，"松类占%"完全消失，"亩平均株数"不足一半，"亩平均蓄积"突然增加。

从结果上分析，如果 2009 年填写的资料数据为真，根据现有的资料数据对张某某有利，似乎从有利于被告人的原则可以据此认定本案的林木蓄积量。但是，如此荒诞的因子数据无法排除 2009 年数据同样失真的合理怀疑，不能将其作为本案计算林木蓄积量的森林档案材料，其省级二类数据的地位和内容详尽的形式无法证成其数据真实可靠。根据案发后对紧邻 26 小班的天然毛竹林和山顶树林调查情况分析，也与表格数据相去甚远，无法证明其与案件事实的相应关系。此外，本案中多人证实，案涉山场原来人工种植油桐、杉树、松树，由于疏于管理，人为破坏严重，油桐树近几年几乎老化枯死，山场只剩零星油桐树。后因案涉山场地处偏僻，立地条件和交通条件都很差，难于管理，导致经营失败，2015 年已处荒芜状态，还有人经常偷盗林木，与该森林档案资料相去更远。

（六）能否因为鉴定机构认定了森林档案资料，就采信其鉴定结论？

如果鉴定机构依据的该县 2016 年度森林资源年度变更小班数据库因子查询情况是真实的，由于此类资料属于江西省森林资源二类调查数据，在省林业厅备案，属于原国家林业局复函中的森林资源档案资料，符合前述原国家林业局《关于毁林案件中被毁坏林木及其伐桩灭失的立木蓄积测算有关问题的复函》的规定，鉴定机构和鉴定人员如果有相应资质，其鉴定结论应当采纳。

但如前所述，该县 2016 年森林资源年度变更小班数据库因子查询情况与 2009 年和 2013 年的相关资料的数据明显不符，说明数据的填写十分随意，整个案件中也没有任何证据对此进行补充说明，这就意味着该资料中的数据是不真实的，尽管其形式上具有江西省森林资源二类调查数据的地位和较为全面的具体内容，依然不能作为鉴定所依据的材料。鉴定机构的专业性并不能改变鉴定所依据材料的真实性，在其依据的材料明显与其他材料矛盾，且与后续的其他证据相冲突的情况下，不能因为鉴定机构对该材料的认可就将其作为案件的定罪量刑的依据，而应对鉴定结论进行实质审查。

（七）本案能否根据枝桠柴的重量计算本案的林木蓄积量？

尽管某人造板厂在张某某处的案涉山场共收购了 15 车杂木枝桠柴，共 143.59 吨。根据关于折算活立木蓄积的函、关于杂木制成的枝桠材重量折算杂木木材材积和折算杂木活立木蓄积的说明，张某某出售杂木枝桠材 143.59 吨可以折合杂木蓄积为 184.08 立方米，但杂木蓄积不等于滥伐林木罪中的林木蓄积量。

枝桠柴是林木的枝旁，而非林业部门规定计算蓄积量的阔叶林木，现有证据也无法证实这些枝桠柴是已批采伐许可证的 23、24、27 小班的枝桠柴，还是未批采伐许可证砍伐的 25、26 小班的枝桠柴。并且，这些枝桠柴的胸径不明，既可能包括胸径 5 厘米以上可计入蓄积量的枝桠，也可能包括胸径达不到 5 厘米不计入蓄积量的枝桠。相关公司主要收购枝桠柴，要求枝桠柴的直径要在 6 厘米以下，高于 6 厘米的不收，而前述规范要求 5 厘米以上的林木才计入蓄积量，这说明绝大部分的枝桠柴是不计入蓄积量的林木及其枝桠。因此，根据枝桠柴的重量或体积根本无法计算出案涉林木的蓄积量。

（八）本案鉴定意见中的软阔类树木（含油桐）蓄积量 204 立方米能否采纳？

除了前述不能采纳该鉴定意见的理由外，本案中多个证据证实，案涉山场原来人工种植油桐、杉树、松树，由于疏于管理，人为破坏严重，油桐树近几年已老化枯死，山场只剩下零星油桐树，与鉴定意见中软阔类树木占林地资源 70% 的情况不一致。根据有利于被告人的原则，其他证据与小班因子数据存在较大分歧，现有证据无法证实案涉山场油桐树的准确蓄积量，不能认定该鉴定意见中的油桐树（软阔类）蓄积量。

（九）本案鉴定意见中的杉木和硬阔蓄积量 88 立方米能否采纳？

除了前述不能采纳该鉴定意见的理由外，虽然本案中多个证据证实，在案涉山场确实有一定量的杉木和硬阔，张某某采伐的硬阔类树木占有一定蓄积，但与后续的《森林资源核查报告》矛盾，"杉类占%"仅占比 1.82%，远低于该县 2016 年度森林资源年度变更小班数据库因子查询情况中的 20%，根据有利于被告人的原则，其他证据与小班因子数据存在较大分歧，现有证据也无法证实案涉山场油桐树的准确蓄积量，据此也不能认定该鉴定意见中的杉木和硬阔蓄积量。

（十）本案的林木蓄积量能否采纳该县林业局出具的情况调查说明？

该县林业局 2019 年 1 月出具的"关于阳埠乡供销社大龙'豪猪面''猪栏背'山场采伐林木情况调查说明"，该证据表明，案涉山场未办理林木采伐手续的采伐蓄积量为 17.8 立方米；25 小班 1 细班每亩蓄积是参照相邻 24 小班 1 细班推算，26 小班 2 细班查阅 2013 年林地年度更新数据库成果资料为油桐林，乔木经济林树种不计蓄积；25 小班 1、3 细班和 26 小班 1、3 细班根据现场伐根分析确认采伐前为竹林地。但该现场调查发生在 2019 年 1 月，而案涉山场的 24 小班 1 细班早在 2018 年已经为张某某清山后种植了脐橙，其清山前的林分情况亦不明确，事后推测的相似林分蓄积量不足以作为被毁林木蓄积量的计算依据。且此次调查过程系林业局的林业工程技术人员自行调查，并没有张某某或相关工人指认犯罪现场和具体边界，也不能保证其调查范围的准确性。

（十一）本案是否可以根据公益林标准要求缴纳政府替代性履行补植复绿费用？

本案中多个证据证实 2015 年案涉山场还是荒芜之地，根本达不到公益林的水平，还面临时常发生偷砍林木的情形，且张某某主观上对其公益林性质并不知情。《某县退回防护栏修复作业设计说明书》却从最佳生态修复目的出发，按照公益林的生态标准设计种植树种，且亩均补植株数也大大超过了 2016 年小班数据库的因子。张某某在此清山造林后，短短三年时间，将毛竹、油桐和杂灌清掉，种植了脐橙和松林，而且现有蓄积量不但达到了 2016 年的推测水平，而且现有的资源蓄积量比 2016 小班数据因子查询情况表多 71.9 立方米，其清山造林行为在一定程度上将荒芜之地变为了生态效益地，在已有效进行生态修复的前提下，没必要铲除现有林木，再进行补植复绿，这实际上是对生态利益的另一种损害。如果张某某可以自行进行补植复绿，可以要求其继续履行补植复绿义务，不一定非要缴纳替代性的补植复绿费用。

（十二）刑事案件的证明责任如何分配？证明标准是什么？在本案中如何适用？

《人民检察院刑事诉讼规则》（高检发释字〔2019〕4 号，以下简称《2019 年规则》）第 61 条第 2 款规定："公诉案件中有罪的举证责任由人民检察院承担。人民检察院在提起公诉指控犯罪时，应当提出确实、充分的证据，并运用证据加以证明。"《2019 年规则》第 63 条更是指出了"证据确实、充分"的标准：①定罪量刑的事实都有证据证明；②据以定案的证据均经法定程序查证属实；③综合全案证据，对所认定事实已排除合理怀疑。《刑事诉讼法》第53条第2款也规定，所谓证据确实、充分，是指定罪量刑的事实都有查证属实的证据证明，且对所认定事实已排除合理怀疑。

《2019年规则》第368条特别规定了"证据不足"的表现：①犯罪构成要件事实缺乏必要的证据予以证明的；②据以定罪的证据存在疑问，无法查证属实的；③据以定罪的证据之间、证据与案件事实之间的矛盾不能合理排除的；④根据证据得出的结论具有其他可能性，不能排除合理怀疑的；⑤根据证据认定案件事实不符合逻辑和经验法则，得出的结论明显不符合常理的。

根据最高人民法院《关于适用〈中华人民共和国刑事诉讼法〉的解释》（法释〔2012〕21号）第64条第1款之规定，需要证据证明的定罪量刑事实包括有无犯罪以及从重、从轻、减轻、免除处罚情节；但该条第2款特别规定：只有认定有罪和对从重处罚，才适用证据确实、充分的证明标准。换言之，认定不构成特定犯罪以及从轻、减轻、免除处罚情节，不需要达到确实、充分的证明标准，只要达到合理怀疑指控的程度即可。

就本案而言，尽管多人（包括张某某本人）证实，案涉山场确实存在一定数量的林木，但各种方法都无法准确测定张某某无证砍伐的林木蓄积量，尤其是鉴定意见，虽然是具有鉴定资质的主体依照相关规范计算了相应的蓄积量，但所依据的森林档案材料中的数据明显失真，完全违反了客观规律，得出的结论明显与常理不符，也与其他证据之间矛盾，故不能因为鉴定结论的专业性，就放弃对其真实性的审查，不能直接作为定罪量刑的证据。现有证据只能证明张某某无证采伐了一定量的林木，但不能证明达到了15立方米的入罪标准，只能作出不予以起诉的决定，或者作出无罪的判决。换言之，不需要张某某提出新的证据证明自己没有达到滥伐林木罪的入罪标准，才认定其无罪，因为张某某不是该罪有罪或无罪的证明责任主体，公诉机关应当承担举证不能的证明责任。

（十三）如果你是本案的检察官，应该如何处理本案？

由于案涉山场的林地已经被开挖，原木已经销售消耗，大部分林地已开挖成水平条带并种植了脐橙，山脊沿线等小部分林地则开挖后种植了松木，林地内已经没有了采伐林木所遗留的伐兜，不能根据被毁坏的林木及其伐桩按照常规方法计算。该县林业局出具的情况调查说明系推测而来，也不能作为确定林木蓄积量的依据使用。同时，由于 2009 年度、2013 年度、2016 年度森林资源年度变更小班数据库因子查询情况中的数据互相矛盾，不能作为相应的森林资源清查资料、森林资源档案资料计算林木蓄积量。枝桠柴的重量或体积根本无法计算出案涉林木的蓄积量。但是，案涉林地现场发现 25、26 小班被采伐的林地范围都在下部，中上部的林地没有进行采伐，还是天然林状态，可以根据相近似的其他林分样地测量计算，应重新委托鉴定机构进行鉴定。

同时，在已有效进行生态修复的前提下，没必要铲除现有林木再进行补植复绿，可以要求张某某在现有基础上继续履行补植复绿义务，并分期进行检查验收，若张某某拒绝或不具备补植复绿的条件，可以要求其缴纳替代性的补植复绿费用。

三、参考文献

1. 张明楷：《刑法学》（第 6 版），法律出版社 2021 年版。

2. 崔庆林：《环境刑法规范适用论》，中国政法大学出版社 2018 年版。

3. 刘彩灵、李亚红：《环境刑法的理论与实践》，中国环境科学出版社 2012 年版。

4. 陈兴良主编：《刑法学关键问题》，高等教育出版社 2007 年版。

5. 孙国祥：《刑法基本问题》，法律出版社 2007 年版。

6. 赵秉志主编：《中国刑法案例与学理研究》（第 4 卷），法律出版社 2004 年版。

7. 中国社会科学院语言研究所词典编辑室编：《现代汉语词典》（第 7 版），商务印书馆 2016 年版。

8. 姚贝："论森林资源的刑法保护"，载《扬州大学学报（人文社会科学版）》2011 年第 1 期。

第四节　实行行为的地位：协警钟某帅等人"抓嫖"案

一、案例简介[1]

钟某帅、刘某柳、谢某及刘某、郭某均系某县公安局协警，不能单独查

---

[1] 参见［2016］赣 07 刑终 66 号二审刑事判决书。

办案件。钟某帅与刘某柳在案发前曾两次商议以"抓嫖"的方式搞钱。2015年5月16日下午，钟某帅与刘某柳约好晚上实施，钟某帅称其会先踩好点。当晚7时许，钟某帅分别告知刘某、郭某当晚去"抓嫖"，并叫二人带上执法记录仪、警用电筒等工具，还特意交代二人保密。钟某帅带着刘某踩完点后，打电话通知刘某柳汇合。钟某帅觉得人手不够，又打电话给谢某，要他准备车辆一起"抓嫖"。当晚9时许，刘某柳身穿便服并带了一副手铐到约定地点，谢某驾车随后到达，并商量好由钟某帅、刘某柳、谢某三人先去，刘某、郭某则等候增援。钟某帅等三人携带三副手铐开车前往，并具体商量作案步骤。

三人进入"美甲护理"按摩店称要嫖娼。谈好价钱后，三人各同一名卖淫女进入房间。在温某芳等人脱掉衣服后，三人随即表明"警察"身份，并将卖淫女温某芳等三人铐住，并集中带到刘某柳所在的房间进行看管。钟某帅等人还将邱某红铐住带到二楼该房间，店主刘某娇出去打电话通知其小叔子朱某亮后，也被铐住。钟某帅打电话给刘某、郭某过来增援，刘某、郭某到达后，钟某帅叫二人守住店门，并对现场相关情况进行录像。期间，刘某娇等人提出在现场处理，遭到钟某帅等人的拒绝。钟某帅等人将刘某娇等五人押至谢某的轿车内，将五人带离现场，并叫刘某柳、刘某、郭某先返回县公安局。途中，刘某娇等人再次提出现场处理，钟某帅同意对"妈咪"（指刘某娇）罚款10 000元，"小姐"（指温某芳等人）每人罚款3000元，交钱后立即放人。之后，温某芳提出要去银行取钱，钟某帅、谢某二人押送温某芳等人到某宾馆旁边的农村信用社，钟某帅和温某芳到ATM机取款2700元，取到钱后钟某帅和温某芳回到车内，温某芳将2700元交给钟某帅，钟某帅拿出100元给温某芳作为路费并将其放走。钟某帅押着邱某群去拿钱，没有跟着那么近，邱某群乘机逃跑。钟某帅返回车内后觉得人手不够，就叫谢某开车去某县公安局接刘某柳一起押送刘某娇等人去取钱，接到刘某柳后，刘某娇说去另一宾馆拿钱。当车行至途中时，钟某帅等人感觉不对劲，欲返回某县公安局。当车至某县公安局门口时，被朱某亮等人拦下。朱某亮要求钟某帅等人出示警官证，钟某帅等人无法出示，朱某亮等人与钟某帅发生拉扯。后朱某亮报警，公安局民警将钟某帅等五人抓获。

本案主要证据有立案决定书，受案登记表及归案说明材料，被害人温某芳、刘某娇、邱某群、邱某红的陈述，证人朱某亮、杨某刚、刘某、郭某的证言，辨认笔录，现场指认笔录，扣押清单、扣押物品照片，涉案财物集中保管收据、领条、基本情况表、常住人口信息表，江西省农村信用社取款凭证、手机号码的机主信息及通话记录，刘某柳的县公安局协警员工作证件，某县公安局证明材料，县公安局某派出所证明材料，县公安局行政处罚决定书，以及钟某帅、刘某柳、谢某的供述与辩解等证据。

在本案办理过程中，形成了以下三种不同的观点：

（1）钟某帅等人的行为构成抢劫罪。司法机关审判人员赞成钟某帅等人的行为构成抢劫罪是根据最高人民法院《关于审理抢劫、抢夺刑事案件适用法律若干问题的意见》，本案中，钟某帅等人当场使用手铐将卖淫女铐住的行为属于暴力行为，卖淫女温某芳被迫交罚款 3000 元，是因为钟某帅等人实施了暴力行为，并且非法获取了卖淫女温某财物的行为。主观上，钟某帅等人非法占有他人财物，客观上当场使用暴力迫使被害人温某芳交出财物，所以认为钟某帅的行为构成抢劫罪，并且是冒充军警抢劫，应适用加重法定刑。

（2）钟某帅等人的行为构成招摇撞骗罪。支持钟某帅等人的行为构成招摇撞骗罪的人认为，钟某帅等人作为公安机关聘用的协警，不具有独立的行政执法权。钟某帅等人冒充警察骗取被害人钱财，当场使用手铐铐住被害人的行为，不属于暴力行为，手铐是警察工作所需。被害人被钟某帅等人的警察身份所欺骗，相信钟某帅等人的抓嫖行为是属于其职务行为，才交出财物。所以认定钟某帅等人的行为为招摇撞骗罪。

（3）钟某帅等人的行为构成敲诈勒索罪。赞成钟某帅等人的行为应认定为敲诈勒索罪的人认为，协警钟某帅等人冒充警察非法获得被害人财物过程中，使用手铐的行为已属于使用暴力的行为，因为用手铐铐住被害人，一定程度上限制了被害人的人身自由。用手铐铐住被害人的方式所达到的暴力程度显然是属于抢劫罪中的当场使用暴力，但是在抢劫罪中，犯罪嫌疑人所实施的暴力行为，其暴力程度与敲诈勒索罪相比，涉嫌抢劫罪犯罪的行为人采取暴力手段的暴力程度明显更强，抢劫罪完全达到迫使被害人无法抵抗的地步。本案中，对于钟某帅等人的行为，被害人温某芳等人还是可以反抗的；另一方面，卖淫女并非出于对钟某帅等人身份的相信而自愿处分钱财，被害人是由于出现内心害怕被抓的恐惧心理才缴纳罚款，所以应当定性为敲诈勒索罪。

二、本案的法律问题思考

事实上，本案的所有争议焦点主要围绕以下三个方面展开：

第一，钟某帅等人带好执法记录仪、警用电筒等工具一同去"抓嫖"，这一行为是否属于冒充警察的行为？在"抓嫖"过程中，仅带有执法设备或是着装是否属于能否执行职务？如果钟某帅等人使用警用装备的行为是冒充警察以骗取钱财的行为，则涉嫌构成招摇撞骗罪；如果其行为不是冒充警察的行为，将其视为行使警察职权的行为，则涉嫌构成滥用职权罪和受贿罪，如果将协警钟某帅等人的行为看成是普通的暴力行为或者是获取把柄的行为，那么钟某帅等人就涉嫌构成抢劫罪或敲诈勒索罪。

第二，以手铐铐住被害人的方式，是否属于暴力行为？结合最高人民法院《关于审理抢劫、抢夺刑事案件适用法律若干问题的意见》，本案中钟某帅等人在各同一名卖淫女进入房间，待卖淫女脱掉衣服后，将这三名卖淫女用手铐铐住，钟某帅等人将三名卖淫女押至谢某的私家车内，要求给钱放人。那么本案中，钟某帅等人用手铐铐住被害人的方式能否视为当场使用暴力的行为？如果该行为是属于暴力行为，那么是否会对被害人带来重大伤害？

第三，被害人交付罚款的心理是自愿还是被迫？被害人温某芳将3000元交给钟某帅，究竟是基于何种心理状态？是自愿交付，还是基于恐惧交钱？如果被害人是自愿交付财物给钟某帅等人，则钟某帅等人涉嫌构成招摇撞骗罪或诈骗罪；倘若是基于恐惧交付财物，则钟某帅等人涉嫌构成抢劫罪或敲诈勒索罪。

本案的具体法律问题如下：

（一）抢劫罪的概念和基本特征是什么？

1. 抢劫罪是如何演进的？其概念是什么？

抢劫罪是一种传统的侵财犯罪，不仅侵犯公私财产权利，还危及被害人人身安全，历来是刑法打击的重点，如明、清法律规定，凡强盗已经实行抢劫而未抢得财物的，杖一百、流三千里；抢得财物的，不论数额，不分首从，都处斩刑。1979年《刑法》第150条规定："以暴力、胁迫或者其他方法抢劫公私财物的，处三年以上十年以下有期徒刑。犯前款罪，情节严重的或者致人重伤、死亡的，处十年以上有期徒刑、无期徒刑或者死刑，可以并处没收财产。"但基本犯没有罚金刑，加重犯的情节严重过于笼统，不具有明确性。1997年修订《刑法》时对本条作了进一步的修改：一是，对原"情节严重的或者致人重伤、死亡的"情形进行了细化，列举了八项具体情节，均适用10年以上有期徒刑、无期徒刑或者死刑；二是，增加和修改了罚金刑，在第一档法定刑中增加了"并处罚金"的规定，在第二档法定刑中，将"可以并处没收财产"修改为"并处罚金或者没收财产"。

抢劫罪是指行为人主观上以非法占有为目的，非法劫取他人私有财物，并在劫取他人私有财物的同时，使用了暴力手段，使得被害人不得不交付钱财的危害行为。有人认为，抢劫罪行为人主观上需要有非法占有他人财物的目的，客观上又采用了暴力手段或是胁迫行为，非法获取他人的财物。也有人认为，抢劫罪是内心恶意侵占公共或私人的财物，并且在侵占公共或是私人财物的过程中，还采取了逼迫、暴力等非法手段，从而达到侵占他人私有财产的目的。就抢劫罪的实行行为特征而言，准确区别抢劫罪与我国其他财产犯罪，主要看行为人的手段行为通过侵犯他人的人身权利压制反抗，目的行为是否旨在损害被害人的财产权利。

2. 抢劫罪有哪些基本特征？

（1）犯罪客体特征。刑法通说认为抢劫罪侵犯的客体是双重客体，行为人实施的犯罪行为既损害了对方的人身权益，又损害了对方的财产权益。抢劫罪的行为人一定是采用了暴力、胁迫或者其他侵害人身权利的方法夺取财物。行为人利用被害人对自身的安全和财产遭到侵害的恐惧心理，目的在于劫取财物，其使用暴力的方式侵犯他人人身安全只是作为一种手段，以被害人的财产权和人身安全作为其侵犯的对象。

（2）犯罪客观方面特征。抢劫罪的客观方面指的是在采取暴力、胁迫或其他方法侵害他人人身安全过程中，非法获取公共财物或他人公私财物的行为。我们在分析抢劫罪客观方面的表现形式时，应对的犯罪特征加以分析，以便认定其是否构成抢劫罪，这将有益于今后司法审判工作。所以我们需要准确地理解抢劫罪的客观方面构成要件，厘清抢劫罪中的"胁迫"行为和"暴力"行为。

第一，抢劫罪中"胁迫"的行为。《辞海》把"胁迫"这个词语解释成逼迫他人、强迫他人，通过言语威胁手段，或是通过暴力手段威胁他人。在抢劫罪犯罪中，行为人通常采用"胁迫"的行为。胁迫，指的是行为人通过暴力的手段，并且该暴力程度使得被害人无法抵抗，行为人通过暴力手段对被害人相威胁，来迫使被害人当场交出财物或者当场夺走其财物的行为。这些暴力的方式都体现了的行为侵犯了被害人人身权利的性质。但是，在抢劫罪犯罪中，我们应如何去理解面对行为人的暴力行为相威胁，被害人敢不敢反抗的问题，应当由群众去作出客观评价。首先应当更多考虑的是被害人自身的素质、年龄、体型、被害人人数等。同时也要结合行为人的作案时间、地点等因素以及行为人在使用胁迫时，是否持有凶器。不管是行为人在实施抢劫的过程中，对被害人采取了什么样的胁迫行为，该胁迫行为一定存在暴力的特征在里面，并且被害人无法抵抗也是因为该暴力行为的存在。

本案中，钟某帅等人未使用殴打、伤害、捆绑等抢劫罪中的暴力行为，只是用手铐将被害人铐住。手铐是属于管制刀具，是最常用的警具。不可否认，使用手铐铐住被害人的行为性质属于暴力，一定程度上限制了被害人的人身自由。但是本案中，行为人使用手铐将被害人铐住的行为是其冒充警察的必要程序，体现的是行为人的"执法"活动，而非暴力。

第二，抢劫罪中的"暴力"行为。通常在抢劫罪中，行为人在实施犯罪前或是实施抢劫罪犯罪过程中，都会对被害人施加"暴力"行为。那么对于这种"暴力"行为的程度是否要达到一定的标准？世界各个国家刑法的规定并不一致。俄罗斯刑法将行为人实施暴力的行为定为强盗罪，并规定在强盗罪中，行为人采用的"暴力"行为一定会对人们的生命安全或健康产生危害。日本刑法规定"暴力"行为必须是行为人实施的，行为人实施的暴力行为并没有规定一定要对被害人人身安全产生危害或者说并没有规定一定是对被害人的人身安全实施的。如果行为人采取的暴力行为对相对人或物施加了有形力，该有形力要是能够抑制被害人的思想意识、限制被害人的人身自由和行为，对该行为人的行为就可以认定为抢劫罪中的暴力手段。根据日本的判例，我们可以发现，行为人在实施抢劫过程中，采取的"暴力"行为程度达到了足以压制相对人反抗的地步。

我国刑法没有明确规定抢劫罪中行为人采取的暴力程度要达到什么样的程度，但是该行为人采取的"暴力"行为应当危及他人的生命财产安全，并且该"暴力"行为具有高度危险性。高度危险性就是说在某种情况下，行为人的暴力行为会对被害人产生一定程度的人身伤害或是导致被害人死亡。在抢劫罪中，行为人通常使用暴力的时间一般都是在劫取到被害人财物之前。被害人当场遭到行为人实施的"暴力"行为的胁迫后，不得已向行为人交出钱财。

第三，两个"当场"与"强取财物"的理解。"当场"的概念是指事情发生的时间和地点一致，即指事情都是发生在某个具体、特定时间和空间，并且这个时间和空间都是一致的。一个完整的抢劫罪犯罪既包括犯罪预谋，即确定抢劫的时间、行为发生的地点、抢劫的对象等，也包括行为人实施的强制行为和实行的取财行为这三个主要的阶段。所以强制行为时空范围的参照系应当充分结合行为人在实施犯罪前，先行考虑的犯罪时间、犯罪地点以及非法获取被害人财物行为的时间、地点。

抢劫罪是指行为人在实施犯罪的过程中，当场实施了暴力的手段、胁迫的行为或其他方法当场劫取被害人财物的行为。区别抢劫罪与其他财产性犯罪的其中一个重要因素是考虑两个"当场"。第一个"当场"指的是在抢劫罪中，行为人在犯罪现场就实施了暴力手段和胁迫行为。也就是说，在抢劫罪中，行为人实施的犯罪手段一定是发生在案发现场的。第二个"当场"指的是行为人在现场非法获取被害人财物，即行为人实施犯罪行为是为了在现场非法取得被害人的财物。两个当场也是我国学者界分抢劫罪和敲诈勒索罪的重要方式之一。"强行取财"，指的是犯罪嫌疑人违背了被害人的意志，将被害人的私有财产通过非法手段占为己有。抢劫罪是否构成的关键因素还应充分考虑行为人取得财物的非法手段是否属于强行取得他人财物的性质。第一，行为人在犯罪期间，强行获取他人财物，是其实施暴力方式、胁迫行为的延续。

在抢劫罪中，行为人实施的暴力手段、胁迫行为完全足以压制被害人的抵抗。行为人使用暴力手段，强行获取被害人的财物，使得被害人失去财产，被害人失去的财产与行为人实施的暴力手段之间存在因果联系。如果是行为人采取的极其残暴的手段造成被害人失去个人钱财，那么我们就应以抢劫既遂认定。与此同时，倘若行为人在实施犯罪的过程中，所采用的暴力行为与被害人失去财物的行为不存在因果关系，那么就不能视为行为人强行取财的行为。那么，我们也就不能对行为人的此种行为以抢劫罪既遂定罪。行为人根据个人意识，强行取得他人钱财是一种结果行为。司法机关审判人员认定抢劫罪犯罪行为发生可以根据行为人非法获取他人私有财物与事先实施的暴力手段、胁迫行为是否存在因果关系加以判断。

我国刑法规定行为人在实施犯罪的期间，当场取得对方钱财的行为是成立抢劫罪的客观方面之一。对于"当场"的理解，笔者认为，它是指行为人实施暴力行为与非法获取被害人财物在时间、空间上一致。但是也有行为人在实施抢劫行为过程中，所实施的暴力手段、胁迫方式与非法获取被害人钱财之间在时间上和空间上不一致。比如说，在抢劫罪当中，行为人在现场通过暴力的手段对被害人实施抢劫，但是此时被害人的身上没有钱，那么行为人就提出被害人立马回家去拿钱并与被害人一起回家拿钱。那么，此时对于行为人该种行为的认定，也应以抢劫罪论处。

（3）犯罪主观方面特征。在抢劫罪中，行为人实施犯罪的主观方面表现为直接故意。行为人内心是迫切希望给被害人财产造成损失的，同时，行为人完全放任被害人人身权遭受到侵犯这种结果的发生。与此同时，抢劫罪中，主观上还要求行为人必须是以非法占有他人财物为目的。行为人非法获取被害人财物后，其在实施抢劫行为之前，对于不属于自己所有的财物，属于被害人的财物是抱着什么样的心态？——行为人把被害人的财物所有权变为自己所有后，还会对该物加以利用和处分。

我国法律虽然没有明确规定涉嫌抢劫罪的犯罪嫌疑人思想上需以非法占有他人财产或者公私财产为目的，但是在学理和法官审理案件中，对成立抢劫罪的要件分析，主观上都是以"非法占有为目的"对该行为加以分析。对于非法占有他人财物的目的的理解，是指内心明知道某财物是他人的或是公共的，还是积极追求占为己有，并且希望该物今后一直归自己所有，将自己作为该财产的所有权人对该财产进行处分。

（二）招摇撞骗罪的概念及基本特征是什么？

1. 何为招摇撞骗罪？招摇撞骗罪是如何演进的？

1979 年《刑法》第 166 条规定："冒充国家工作人员招摇撞骗的，处三年以下有期徒刑、拘役、管制或者剥夺政治权利；情节严重的，处三年以上十年以下有期徒刑。"国家工作人员是指在国家机关、国有公司、企业、事业单位、人民团体和其他依照法律从事公务的人员。国家工作人员依法享有一定的职权，而这种职权是国家和人民赋予的，冒充国家工作人员招摇撞骗的行为，是利用人民群众对国家工作人员的信任而实施的犯罪行为，严重损害国家的威信，影响和破坏国家机关的正常活动，必须予以惩处。

1997 年修订《刑法》时，对本条作了修改：一是，将"国家工作人员"修改为"国家机关工作人员"，限制了冒充对象的范围，这样规定主要考虑到，随着经济社会的发展，社会分工更加规范完善，行使国家管理职权主要由国家机关承担，而国有公司、企业、事业单位、人民团体等单位基本不再从事国家管理职责，冒充国有公司、企业、事业单位、人民团体等单位工作人员的危害性与冒充国家机关工作人员明显不同，单纯地冒充国有公司、企业、事业单位、人民团体等单位人员招摇撞骗行为，不再作为本罪处理，而是根据其具体犯罪行为，适用刑法的相应罪名惩处，对构成违反治安管理的，可以依照治安管理处罚法的规定予以处罚。二是，增加了冒充人民警察招摇撞骗的，从重处罚的规定。主要是考虑到人民警察肩负着维护国家安全，维护社会治安秩序，保护公民的人身和财产安全，保护公共财产，预防、制止和惩治违法犯罪活动的职责，享有国家法律赋予其维护社会治安的权利和义务，他们与人民群众的生活有着特别密切的关系，有必要对人民警察的声誉和威信给予特别维护，冒充人民警察招摇撞骗的行为，必须予以严厉惩处。招摇撞骗罪是指行为人冒充国家机关工作人员，损害了国家机关在公民心中的威信，影响了国家机关管理秩序的危害行为。

招摇撞骗罪是指行为人冒充国家机关工作人员，利用国家机关及其工作人员在公民心中的威信，获取非法利益，影响了国家机关管理秩序的危害行为。

2. 招摇撞骗罪的基本特征是什么？

（1）犯罪客体特征。关于招摇撞骗罪侵犯客体有很多种表述。如有人认为，招摇撞骗罪侵犯客体是国家机关的威严和国家的信誉，冒充国家机关工作人员在社会上招摇撞骗的行为一方面损害公共利益，另一方面也会有损公民的合法权益；还有人认为，招摇撞骗罪除了侵犯国家的威严以外，还包括政府单位的形象和社会公共秩序；也有人认为招摇撞骗罪侵犯客体还应包括人民警察的正常活动。公安警察隶属于我国公职人员，所以没必要将其单独列出。有学者只是认为该罪侵犯的只是国家对社会的管理秩序和政府公职人员的威信；更有学者将以上所有的观点相结合，认为招摇撞骗罪侵犯客体不仅应包括国家对社会的管理活动和国家机关工作人员的威信，还应包括公共利益和公民、法人及其他组织的合法权益。

以上说法中都包含了"国家的公共利益""国家对社会的管理活动""公民、法人及其他组织的合法权益"与"国家机关工作人员、人民警察的正常活动"等内容。结合以上观点，以上说法有的属于范围过于宽泛，有的对于招摇撞骗罪侵犯客体没有作出清楚的表达。以上学者的表述都没有真正体现出招摇撞骗罪所带来的巨大的社会危害性及该罪的本质特征，即严重影响了国家机关及其工作人员在群众心中的威严，因为政府机关与其工作人员两个互为一体，缺一不可。

（2）犯罪客观方面特征。招摇撞骗罪客观方面更多是体现在行为人冒充了国家机关工作人员身份，并实施了招摇撞骗的危害行为。

第一，行为人冒充了国家机关工作人员身份的行为。在司法实践中，冒充国家机关工作人员的方式可以是以口头告诉被害人其是国家机关工作人员，也可以是行为人制作带有国家机关工作人员身份的标签或是通过外在的穿着打扮向被害人表明其是国家机关工作人员。这些行为方式，都表明了行为人主观上具有冒充国家机关工作人员的意图，客观上又采取了冒充国家机关工作人员的某种方式，并使得被害人因为行为人的身份而作出错误的认识。在招摇撞骗罪中，行为人有些时候会提到自己没有宣称自己是政府公职人员，所以不构成招摇撞骗罪。虽然其没有对外称呼自己是政府公职人员，但是其穿着政府机关工作人员独有的制式服装或佩戴他们才有的徽章，也可以认定其主观具有招摇撞骗的意图。但是我们不能认为言语上不向对方宣称自己是政府公职人员，身上穿着政府机关工作人员独有的制式服装或佩戴公职人员应有的肩章或徽章，就认定行为人成立招摇撞骗罪，因为他可能没有实施欺骗行为。涉及此类罪名的案件，应从不同的角度去分析。例如，行为人虽然穿着制式服装、佩戴国家公职人员的徽章，但只要其主观上没有欺骗他人的故意，其冒充国家公职人员的身份只是为了炫耀，图慕虚荣，并给人产生一种错误的认识，就像与之结婚这种情况，那么我们就不能认为该行为是招摇撞骗罪；但是倘若行为人外在形式上，穿着国家公职人员的制式服装、身上配有徽章，主观上也存在欺骗他人的故意，同时又实施了欺骗他人的行为，则可以招摇撞骗罪论处。

在这个单位工作的正式公职人员假冒另外一个单位的公职人员的身份或是职称，其给社会带来的危害行为，本质上与非国家公职人员冒充国家公职人员一致。因此，无论国家公职人员假冒比自己级别高的人员还是级别低的，冒充本机关的或是其他机关的，都是属于假冒公职人员的行为。

第二，行为人必须实施了招摇撞骗的行为。所谓招摇撞骗，就是行为人为了谋取非法利益，利用群众对国家机关及其工作人员的信任，假冒国家机关工作人员的身份或职称，利用该身份的威信使他人陷入错误的处分认识，并进行相关利益的处分，进而获得非法利益的诈骗活动。骗取非法的利益，既包括骗取他人财物，也包括骗取他人的信任、职位、政治荣誉及待遇等等。招摇撞骗罪中，一定具有"骗取"行为，"骗取"手段通常是假冒在社会上享有的崇高声誉的国家公职人员来欺骗百姓，来达到骗取各种非法财物或是情感的目的。一方面，行为人不仅要冒充国家公职人员的表现，还需要实施招摇撞骗的行为；另一方面，被害人交出钱财的心理必须是没有受到恐惧，内心是被行为人的身份所蒙蔽，对行为人持有信任的态度，从而自愿交付财物。那么此时，即构成招摇撞骗罪。倘若行为人仅仅只是通过假冒政府公职人员的身份或职称，而没有欺骗被害人，或者只是对相对人实施了招摇撞骗的活动，没有假冒政府公职人员，被害人交付财物并不是基于对行为人身份的信任，那么对于该行为人的行为不应以招摇撞骗罪定性。

（3）招摇撞骗罪的主观方面特征。招摇撞骗罪的主观方面是行为人在实施招摇撞骗的过程中，主观上具有冒充国家工作人员身份或职称的故意，故意让他人基于对国家工作人员的威信陷入错误的认识，作出错误的利益处分，进而非法获取他人利益的行为。行为人明知道自己冒充国家机关及其工作人员的行为会损害国家机关及其工作人员的威信和公信力，还是希望或是放任这种结果的发生。

（三）敲诈勒索罪的概念及基本特征是什么？

1. 何为敲诈勒索罪？敲诈勒索罪是如何演进的？

1979 年《刑法》第 154 条规定："敲诈勒索公私财物的，处三年以下有期徒刑或者拘役；情节严重的，处三年以上七年以下有期徒刑。"1997 年修订《刑法》时，在总结以往立法与司法实践经验的基础上，为更有效地同敲诈勒索犯罪作斗争，惩治情节严重的敲诈勒索行为，对本条作了进一步的修改：一是，增加"数额较大"规定，作为敲诈勒索罪的入罪门槛；二是，增设了管制刑；三是，将第二档法定刑，由"情节严重的，处三年以上七年以下有期徒刑"修改为"数额巨大或者有其他严重情节的，处三年以上十年以下有期徒刑"。

因为一些地方的黑社会性质组织和恶势力团伙，把敲诈勒索行为作为他们称霸一方，欺压、残害群众的经常性手段。有的犯罪分子频繁实施敲诈勒索行为，被害群众敢怒不敢言。他们敲诈勒索的具体方法也多是以明确的暴力相威胁。这些犯罪行为严重侵犯了人民群众的人身财产权益，破坏了社会稳定。1997年《刑法》第274条的规定在一定程度上已不能完全适应打击现实中敲诈勒索犯罪的需要。一是单纯以数额为依据的入罪门槛不够科学；二是未规定财产刑，不能在经济上打击犯罪分子；三是对于敲诈勒索数额特别巨大或者情节特别严重的，最高10年有期徒刑的法定刑偏轻。有关部门和专家学者多次提出修改完善敲诈勒索罪规定的建议。2011年《刑法修正案（八）》对该条作了修改，增加了多次敲诈勒索构成犯罪的规定，增设了第三个量刑档次，增加规定了财产刑。

敲诈勒索罪是指以非法占有他人财产为目的，对他人实行要挟或恐吓，使对方基于恐惧心理处分财产，进而索取公私财物的数额较大或多次敲诈勒索的危害行为。

2. 敲诈勒索罪的基本特征是什么？

（1）敲诈勒索罪的客观特征

敲诈勒索罪的行为人对被害人实施敲诈勒索行为的手段是通过要挟的手段或胁迫方法，其目的在于强行向被害人索取数额较大的公私财物，并将该公私财物占为己有。通常来说，敲诈勒索罪的客观方面主要包括两个方面：一是在实施犯罪过程中，采取了轻微的暴力或是胁迫手段；二是被害人交出钱财是因为受到的暴力手段或胁迫方式恐吓。主要表现为：

第一，对被害人实施轻微暴力、威胁或要挟的行为。行为人实施的轻微暴力，其暴力程度完全不能与抢劫罪的暴力程度相提并论。敲诈勒索罪中，行为人的暴力程度还不能够压制被害人，也就是说被害人在面对行为人的暴力行为时，还可以反抗或是能够反抗，这里所说的轻微暴力，是不会给被害人产生重大的人身安全的伤害。行为人采取的轻微暴力手段或是要挟、威胁行为只是给被害者带来更多的精神压力。与抢劫罪中的暴力程度相比，被害人还是可以选择是否交付财物，抢劫罪中，被害人根本没有机会去选择是否交付财物，必须得交付财物。实施恐吓或要挟行为，可以是抓住了被害人的把柄，迫使被害人交付财物。日常中常见的抓住被害人的把柄有：揭发贪污受贿行为的违法犯罪事实或是官员自身由于生活作风腐败而遭到行为人威胁或要挟。威胁、要挟内容的实现可以是事后实现的，这些都给被害者带来了精神上的痛苦。但敲诈勒索罪中的行为人非法取得财物的行为在时间和空间上是可以相一致的，也可以是行为人规定的时间、地点发生。然而，倘若行为人当场通过暴力的手段迫使被害人日后在某个时间、地点交付财物，其实施的暴力程度完全跟日后行为人交付财物的行为有因果关系，我们也不能认定行为人的行为构成抢劫罪。因为行为人当场通过暴力的方式并没有使其当场获取财物，不符合抢劫罪的特征。行为人实施胁迫与要挟，可以表现为对被害人及其家属以杀、伤相胁迫的形式，也能够通过检举被害人的隐私为由对对方要挟，或是通过毁坏对方的私有财产相威胁，也有抓住被害人的某些违法乃至犯罪行为的把柄要挟的。

第二，迫使被害人基于恐惧交付数额较大的公私财物的行为。敲诈勒索罪的行为人以非法占有为目的，占有他人数额较大的公私财物，客观上实施了轻微的暴力、胁迫或是要挟行为，迫使被害人交出财物。被害人交付财物与行为人实施轻微暴力、胁迫或是要挟行为密不可分，都是敲诈勒索罪的表现形式。

（2）敲诈勒索罪的主观方面特征。敲诈勒索罪的主观方面体现在行为人主观上的直接故意和非法索取他人私有财物犯罪目的的存在。

第一，主观方面表现为直接故意。通常情况下，敲诈勒索罪的主观方面表现为行为人主观上为直接故意，并且以非法占有他人财物或公共财物为目的。行为人倘若不是为了非法占有公共财产或是他人公私财物，而是依法行使其权利，如债权人以将要向法院起诉为前提要求债务人尽快还债，则不构成敲诈勒索罪，因为债权人获取的财物是属于合法的，主观上并不存在直接故意。

第二，非法占有他人财物的犯罪目的。敲诈勒索罪的犯罪目的必须是行为人具有非法占有他人私有财物的目的。如果行为人不具有这种目的，或者索取他人私有财物的目的并不违法，那么就不构成敲诈勒索罪。如债权人向债务人追债，债务人一直不还，那么债权人在讨还债务的过程中，使用了一些带有一定威胁成分的语言，催促债务人加快偿还。这种情况下，债权人追债过程中，使用的威胁成分的语言就不构成敲诈勒索罪。因为债权人为索取合法债务，胁迫债务人处分其财产行为，债权人主观上并没有非法占有的目的，所以，这种情况不符合敲诈勒索罪的构成要件。我国有学者提到犯罪目的分成两类，一是主观上的直接故意，即行为人主观上具有实施犯罪行为的故意，并且希望这种危害结果的发生。例如，行为人主观上表现为直接故意杀人。行为人明知道自己实施的犯罪行为会导致他人死亡的结果的发生，还是放任或是希望这种结果的发生。希望他人死亡，是行为人的犯罪目的。二是故意犯罪，就像在大多数刑法规定的罪名中，主观上都离不开非法占有目的、牟利目的、营利目的等故意犯罪。

敲诈勒索罪中，行为人主观上"以非法占有他人财物为目的"与敲诈勒索罪中主观方面体现在行为人主观上的直接故意一致，都是敲诈勒索罪的构成要素。倘若行为人主观上不以非法占有为目的索要他人财物，就不构成敲诈勒索罪。行为人实施的敲诈勒索行为如果只是为追回自己的合法财物，而对财物的持有人实施威胁或要挟的手段。这种情况下，被害人被迫归还财物，那么我们就不能对行为人的此种行为以敲诈勒索罪论处。

（四）抢劫罪、敲诈勒索罪及招摇撞骗罪之间如何妥当区分？

最高人民法院《关于审理抢劫、抢夺刑事案件适用法律若干问题的意见》第9条第1款规定："……行为人冒充正在执行公务的人民警察'抓赌'、'抓嫖'，没收赌资或者罚款的行为，构成犯罪的，以招摇撞骗罪从重处罚；在实施上述行为中使用暴力或者暴力威胁的，以抢劫罪定罪处罚。行为人冒充治安联防队员'抓赌'、'抓嫖'，没收赌资或者罚款的行为，构成犯罪的，以敲诈勒索罪定罪处罚；在实施上述行为中使用暴力或者暴力威胁的，以抢劫罪定罪处罚。"

虽然该意见只是具体的结论性规定，但蕴含了丰富的法理：在冒充警察身份"抓赌""抓嫖"的过程中，因为警察的执法行为包括没收赌资或者罚款，故只要让被害人相信自己是警察，被害人就会基于对警察身份的信任而自愿交付赌资或罚款，这就符合了招摇撞骗罪的构成特征；因为治安联防队员没有没收赌资或者罚款的执法权，如果实施没收赌资或者罚款的行为，就蕴含着被害人一旦不配合就进行报警抓人的要挟，被害人基于治安联防队员与警察的密切关系（警察会倾向采纳治安联防队员的陈述），产生了害怕被警察抓获的恐惧，最终被迫交付赌资或者罚款的，就符合了敲诈勒索罪的构成特征；但无论是冒充何种身份，只要使用暴力或者暴力威胁，就说明前述冒充警察的身份未获得信任或者冒充治安联防队员进行要挟没有奏效，转而通过暴力或暴力威胁的方式压制被害人的反抗来获取财物，就符合了抢劫罪的构成特征。

1. 抢劫罪与敲诈勒索罪如何区分

抢劫罪与敲诈勒索罪都是属于侵犯财产型的犯罪，两罪在侵犯的客体上有部分相同，均侵犯了公民的财产安全。从两罪的定义分析，二罪主观方面都是以非法占有为目的。一般情况下，抢劫罪与敲诈勒索罪比较容易区分。司法实践中，胁迫型抢劫罪与敲诈勒索罪比较容易混淆，因为对"胁迫"与"威胁"的理解比较困难，很难对"胁迫"和"威胁"加以区分。

（1）行为人实施威胁手段上的区分。一般而言，行为人在敲诈勒索中对被害人实施的威胁行为，仅仅让被害人产生恐惧心理，在还有相当程度的意思自由的情况下，决定交出公私财物。而在胁迫型抢劫中，行为人对被害人实施的威胁行为，已经达到压制被害人反抗的程度。由此分析，抢劫罪特别是胁迫型抢劫罪同敲诈勒索罪的关键区别主要表现在以下三个方面：其一，抢劫罪必须具备两个"当场"的特征，即行为人实施暴力的时间与被害人交付财物的时间必须同步，且两个行为具有逻辑上的因果关系。而敲诈勒索罪特别是胁迫型敲诈勒索罪，行为人实施的暴力行为的时间与被害人交付财物的时间必须有一定的时间差，要么是当场以暴力威胁，等待日后取财，要么是当场取财，但威胁日后对被害人实施暴力。其二，胁迫型抢劫罪的暴力侵害是紧迫的、当场的，一旦被害人不当场交付财物，这种将来的暴力就会变为现实的暴力。而在敲诈勒索罪中，行为人实施的暴力胁迫只允许将来的某个时间点出现。其三，两罪的暴力程度不一样。抢劫罪的暴力程度明显高于敲诈勒索罪的暴力程度。抢劫罪的暴力程度已经达到了压制被害人的反抗，被害人没有选择的余地，而敲诈勒索罪的暴力程度只是使其心生恐惧，尚未达到完全压制被害人的反抗，被害人还有回旋的余地。

（2）被害人交付财物的意志上的区分。抢劫罪中，被害人交付财物，是由于主观上丧失了意志自由，也就是说被害人交付财物是基于行为人严重的暴力行为相威胁，使得被害人不能反抗，从而交付财物；而敲诈勒索罪中，被害人面对行为人的轻微暴力行为，能够反抗，但是出于惧怕的心理而自愿交出财物。

2. 抢劫罪与招摇撞骗罪如何区分？

抢劫罪与招摇撞骗罪分属刑法分则的不同章节，侵犯的客体有很大区别，即抢劫罪属于典型的侵犯财产型犯罪，而招摇撞骗罪属于典型的扰乱公共秩序类别的犯罪。但在假冒警察"抓赌"或"抓嫖"劫财和假冒警察招摇撞骗问题上，二者的区分就不那么容易，尤其是最高人民法院 2005 年《关于审理抢劫、抢夺刑事案件适用法律若干问题的意见》出台后。

（1）犯罪客体不同。抢劫罪侵犯的客体是复杂客体，包括公私财物的所有权和公民的人身权利。抢劫罪侵犯的对象是国家、集体、个人所有的各种财物和他人的人身。刑法分则之所以把抢劫罪放在第五章，也是基于抢劫罪中，行为人实施行为的根本目的在于非法占有他人财物，而侵犯他人人身权利仅仅是劫取财物的一种手段。抢劫罪侵犯的两个客体存在手段与目的的关系。招摇撞骗罪也许会侵犯财产权，但该罪的客体是国家机关的威信及其对社会的正常管理活动，并不包括财产权。

（2）行为方式不同。在抢劫罪中，行为人采取了暴力行为，并当场取得财物；而在招摇撞骗罪中，行为人并未采用暴力，而是通过冒充国家机关工作人员的身份骗取被害人的信任，被害人基于对行为人的身份认识错误，而交出财物；而抢劫罪是被害人基于行为人的暴力而不敢反抗，不能反抗，才交付财物。

在抢劫罪中，在抢劫过程中使用了暴力行为方式，并且所使用的暴力行为的程度足以压制被害人，使其不敢反抗或是不能反抗，以便当场劫取钱财。为了非法取得他人财物，通过暴力的手段威胁被害人，或是采用胁迫之外的其他办法，使得被害人无法反抗或不知如何反抗，如用酒灌醉、用药物麻醉等。而在招摇撞骗罪中，行为人是没有使用任何暴力手段的，在现实生活中表现形态各异：有的是以非国家机关工作人员的身份冒充国家机关工作人员的身份，有的是以此种机关工作人员身份冒充彼种国家机关工作人员身份，有的是职务低的工作人员冒充职务高的工作人员。总而言之，行为人对自己的身份进行隐藏，用假冒的身份进行欺骗被害人。招摇撞骗罪的主观方面是故意，行为人明知这种行为会有损国家机关及国家机关工作人员的形象，为了达到非法占有他人财物等目的，故意或放任公民对国家机关的信赖。

（3）被害人交付财物的心理不同。在抢劫罪中，被害人交付财物是基于行为人以严重的暴力行为相威胁，行为人的暴力程度使得被害人不敢反抗，不能反抗，所以被害人才交付财物，被害人交付财物的心理是被迫的；而在招摇撞骗罪中，实施犯罪的行为人通常都是未使用任何暴力，行为人仅仅是通过冒充国家机关工作人员这一欺骗的手段，取得被害人的信任，使被害人完全被行为人的欺骗所蒙蔽，对行为人的身份认识错误。那么这种情况下，被害人内心就是自愿交付财物的。在大部分涉嫌抢劫罪的犯罪中，行为人在实施暴力行为相威胁后，被害人面对行为人的暴力行为，不能反抗，也不敢反抗，内心被迫交付财物；而在涉嫌招摇撞骗罪的犯罪中，行为人是没有实施任何对被害人带有暴力的行为，被害人内心自愿交付财物，完全是对行为人的身份产生了错误的认识。

3. 招摇撞骗罪与敲诈勒索罪的界分

冒充警察招摇撞骗的行为与冒充警察敲诈勒索的界分一直争议很大。行为人在冒充国家机关工作人员招摇撞骗的过程中，行为人以冒充的身份骗取被害人的信任，进而获取非法利益，这种非法利益包括骗取爱情、地位、荣誉等等，也可以包括骗取财物，但此时构成了与诈骗罪的法条竞合，应择一重罪处罚。而敲诈勒索罪是指以非法占有财物为目的，对被害人实施威胁或要挟的方法，使对方基于恐惧交付公私财物的行为。

（1）侵犯的客体不同。招摇撞骗罪侵犯的客体是国家机关的威信和社会管理秩序。在我国，国家机关工作人员依法享有职务范围内的行政职权，而这种行政职权是国家和人民赋予的。在骗财型招摇撞骗罪中，行为人通过冒充国家机关工作人员的手段，骗取被害人的信任，进而获取财物，并不会侵犯被害人的人身权。而敲诈勒索罪侵犯的客体是公民公私财物的所有权和公民的人身权，不但被害人的财产受到侵犯，人身权利也受到侵害。

（2）犯罪的行为方式不同。在招摇撞骗罪中，行为人冒充国家机关工作人员，通过欺骗的方式，也就是通过制造假象来欺骗被害人，让被害人错误地相信行为人的国家机关工作人员身份。而在敲诈勒索罪中，威胁或是要挟的方式只是行为人在非法获取被害人钱财的过程中所采用的一种手段行为，但要挟的内容可能有真有假，其目的是使被害人基于恐惧交付公私财物，从而实现非法占有他人财物的犯罪目的。

（3）被害人交付财物的心理不同。在招摇撞骗罪中，被害人完全是被行为人所欺骗，内心是相信行为人国家工作人员的身份，基于国家工作人员身份的认识错误产生信任，进而自愿交付财物。而敲诈勒索罪是指被害人交付财物完全是在因为遭到行为人的威胁或是要挟，内心是基于惧怕而交付财物，交付财物并非因为被行为人的身份所蒙蔽而自愿交付。

（五）本案钟某帅等人的行为是否构成抢劫罪？

本案中钟某帅等人的行为不构成抢劫罪。

1. 本案中暴力的程度未达到压制反抗的程度

抢劫罪中的暴力行为更多情况下表现在行为人侵犯他人的人身权。从内容上来说，暴力主要是指对被害人身体和精神上的打击和强制，如常见的行为人殴打他人身体等行为，使得被害人无法反抗或是无力反抗，被迫当场交出财物或行为人抢劫被害人的财物。"胁迫"指的是犯罪分子在当场实施暴力行为过程中，对被害人进行威胁，对被害人实施精神上的强制，迫使被害人不敢反抗，从而劫走被害人的财物。在抢劫罪中，行为人使用暴力、胁迫等手段迫使被害人处于不能反抗、不敢反抗和不知反抗的状态。而在敲诈勒索罪中，行为人迫使被害人交付财物，行为人与被害人的心理有一定的博弈，有时出于一种"交易"。敲诈勒索罪中所采用的威胁或是要挟等暴力手段的内容，主要是损害他人的生命健康权、毁坏被害人的财产诋毁被害人的名誉、揭发被害人的隐私等。也可以是以被害人密切相关的亲属等第三人的生命健康、财产利益以及名誉利益等相威胁。

本案中，钟某帅等人在非法获取被害人财物过程中，使用了手铐这一行为，虽然手铐作为管制工具，属于暴力工具，但是结合本案中行为人的身份还是可以看出其使用手铐的行为不属于暴力行为。因为本案中的整个过程都是在平静的"执法"过程中完成的。在抢劫罪中，行为人实施犯罪行为的暴力程度，完全可以压制被害人的反抗，被害人无法反抗或是不得反抗；而本案中，行为人用手铐铐住被害人的方式，不应认定为暴力行为。在本案中，钟某帅等人使用手铐，如同穿警服、带执法记录仪一样，只是为了体现其为"人民警察"的表现形式，暴力程度远远未达到压制被害人反抗的程度。

2. 被害人交付财物的行为不是基于对暴力或胁迫的臣服而当场交付

在抢劫罪中，行为人需是当场实施了暴力行为，并对被害人加以威胁，被害人无法反抗，只能被迫交出财物。而在本案中，钟某帅等人通过手铐将被害人铐住，这种暴力程度并没有达到压制被害人反抗的地步，因为被害人相信他们是人民警察，对于被害人来说，胁迫被害人交付出钱财的原因，并非因为行为人使用手铐，而是因为被害人自己做了违法的事，要受到拘留或者罚款的处罚，被害人相信她们是安全的，她们只是想通过名为交罚款、实为行贿的方式逃避行政处罚，故被害人交付财物的行为不是行为人当场使用手铐造成的。

（六）本案中钟某帅等人的行为是否构成敲诈勒索罪？

本案中钟某帅等人的行为也不构成敲诈勒索罪。

1. 钟某帅等人冒充警察的行为不是要挟行为

通常来说，手铐作为警察类工作人员使用的警具，属于管制器械。手铐仅限于国家机关工作人员使用，也就是警察那一类人员使用，手铐是用来抓捕犯罪嫌疑人的。如果非正式人民警察持有手铐并胡乱使用，必定会对社会的稳定产生重大影响。本案中，钟某帅等人作为协警，没有独立的行政执法权，不能单独去抓获违法的犯罪分子或者犯罪重大的嫌疑人。行为人钟某帅等人本身就没有单独执法权，而私自去执法并使用手铐，虽然一定程度上限制了被害人的人身自由，但在本案中只是协警冒充正式人民警察的方式，并不会对被害人造成人身权的侵犯，不宜认定为暴力行为。

尽管在本案中，钟某帅告知三名卖淫女每人罚款 3000 元、店主罚款 10 000 元，交钱后可以立马放人，不交钱就送到公安局，看起来似乎是行为人要挟了被害人，但如前所述，所谓送到公安局的危害结果并不是钟某帅等人因为不交钱就额外附加的恶害，而是其违法行为所必然造成的当然结果，而依据钟某帅等人假冒的警察身份，这么做只是警察的职责所在，这本身也并非制造恐惧的要挟行为。

2. 被害人没有基于恐惧交付财物

在招摇撞骗罪中，被害人交付财物是因为其意志上没有受到胁迫，内心完全信任行为人的身份，行为人非法取得被害人财物的方式完全是凭借冒充国家机关工作人员的身份而获得的；而在敲诈勒索罪中，被害人交付财物是基于受到行为人的威胁，产生了恐惧心理，而非"自愿"交付财物。

在本案中，钟某帅等人曾两次商议搞钱，但在冒充警察"抓嫖"的过程中，却从未提出要钱，甚至还拒绝了一次被害人主动私了交罚款的请求，这是因为钟某帅等人知道，只要被害人相信了他们的警察身份，收取罚款是水到渠成的事。刘某娇之所以两次提出私了，也是基于对钟某帅等人冒充的"警察"身份深信不疑。因此，行为人冒充公安机关正式警察进行"抓嫖"的行为，被害人主动提出缴纳罚款就是因为被害人心里完全相信行为人的"警察"身份和其"执行任务"的合法性。在本案中，钟某帅等人作为公安局招聘的协警，虽然不具有独立的行政执法权，但钟某帅等人通过执法记录仪、警用电筒、手铐等道具冒充了公安机关正式的人民警察，完全符合招摇撞骗罪的特征。

（七）本案钟某帅等人的行为是否构成招摇撞骗罪？

根据最高人民法院《关于审理抢劫、抢夺刑事案件适用法律若干问题的意见》第9条第1款的规定，行为人冒充正在执行公务的人民警察"抓嫖"，进行罚款的行为，构成犯罪的，以招摇撞骗罪从重处罚。据此，本案中钟某帅等人的行为构成了招摇撞骗罪。

1. 钟某帅的行为主观具有冒充警察取财的意图

本案中，钟某帅等人作为公安机关的协警，不属于经过公务员局或人事厅公开招考、严格考核等程序录用的人民警察，仅属于公安局聘用的协警，但他们知道警察具有执法权，利用抓嫖时卖淫人员经常出现的要求私了的情形，便决定冒充警察抓嫖，借机收取所谓的罚款，实际上是卖淫人员的行贿款。质言之，钟某帅等人知道警察具有抓嫖的行政执法权，也可以收取罚款，还可以借机私了受贿，只要卖淫人员相信他们是警察。

2. 被害人温某芳为避免行政处罚，自愿交付财物

虽然卖淫人员不愿意因为卖淫行为被抓起来拘留，心理受到了一定程度的强制，但这是警察执法行为的当然效果，也是依法办案的应有过程，卖淫人员并不会产生人身权利遭受了侵害的恐惧感，除非他知道了钟某帅等人是冒充警察的不法之徒。尽管店主刘某娇被控制前已经向其小叔子朱某亮告知了被抓的情况，朱某亮后来证实钟某帅等人是冒充的警察，并在公安局门口拦住钟某帅等人要警官证并报警，但在刘某娇提出私了的时候，她并不知道钟某帅等人是冒充的警察，只是希望通过私了或有人打招呼来逃避打击，谋取的是不正当利益。事实上，也正是基于对警察身份的相信，温某芳才会自愿到ATM机取款2700元交付给钟某帅等人，以避免自己因为卖淫的违法行为被行政处罚。质言之，在温某芳的主观心态中，她用2700元换取的不是人身权利免遭侵害，而是逃避法律的打击，尽管在客观上她的人身权利和财产权利遭受了不法侵害；故温某芳是自愿交付财物，而非基于恐惧交付财物。因此，钟某帅等人的行为构成了招摇撞骗罪。

三、参考文献

1. 黄永主编：《中华人民共和国刑法立法背景与条文解读》，中国法制出版社2021年版。

2. 张明楷：《刑法学》（第 6 版），法律出版社 2021 年版。

3. 金泽刚、张正新：《抢劫罪详论》，知识产权出版社 2013 年版。

4. 张应立："辅协警违法犯罪问题及对策分析"，载《净月学刊》2013 年第 3 期。

5. 金雅蓉、周崇文："试论抢劫罪与强奸罪客观行为的异同"，载《黑龙江省政法管理干部学院学报》2014 年第 2 期。

6. 张永红："抢劫罪行为结构检讨"，载《中国刑事法杂志》2008 年第 6 期。

7. 饶明党、王大江："招摇撞骗罪的法定刑分析"，载《中国检察官》2013 年第 14 期。

第五节　主观罪过与因果关系：卢某聚众扰乱交通秩序案

一、案例简介[1]

某市城郊有较多采砂场，砂场老板都会要求运砂货车超载装砂，超载司机运砂进城都要经过 105 国道，该市治超站就设在 105 国道上，查实车辆超载会处以 2000 元罚款、并扣司机驾照 6 分。为避免被处罚，超载司机们会在晚上或者治超站工作人员中午离岗吃饭时通过治超站。随后该段国道修路，通行路面减少一半，对向车道借道行驶，容易造成拥堵。卢某也在附近承包了一个采砂场，每天像附近其他砂场老板一样，安排六位货车司机超载装砂运给客户。

2018 年 3 月 31 日中午，因有人不服治超站工作人员前一天的不公平执法，前来拍摄治超站执法现场，要求对每一辆超载车都要处罚，治超站工作人员不敢离岗吃饭。像往常一样按时到达的超载车辆见治超站有人值班，便拐弯把车辆停放到附近的工业园区。卢某担心自己的司机前行会被罚款扣分，便在自己的车队名为"一路平安"的微信群指挥自己聘请的货车司机黄某（已治拘）、卢某 1（已治拘）、张某 1（已治拘）、林某某（已治拘）、谢某某（已治拘）、张某 2（已治拘），语音留言叫六位司机"不要跑，跟着走。不要

怕，让它堵死掉。"卢某的六位司机跟随前面的超载货车前行，但发现工业园区的超载车辆已经停放满了，便将6辆超载货车开到离治超站几十米远的金路饭店门口的院坝里，该饭店在105国道旁，6辆超载货车停下后没有占用105国道。但后面的车辆无法后退，没有其他停放点，又不敢前行通过治超站，就停在这六辆车后的国道上，很快造成交通拥堵。时长达6个小时之久，200余辆货车无法通行。

随后交通警察前来疏通交通堵塞，六位司机担心被罚，不肯带头通过治超站，以停在饭店门口吃饭为由，不愿意开车离开。交通警察以不罚款、不扣分为前提，说服后面停在105国道上的超载车辆前行通过治超站。卢某的6位货车司机见不会罚款、不会扣分，也发动货车准备离开，但被治安警察以登记为由，锁上6辆超载货车，将六位司机带离现场，卢某随后主动到案，被公安机关以聚众扰乱交通秩序罪予以刑事拘留。4月6日开锁后，6辆超载货车才驶离案发现场。

本案主要证据有卢某的讯问笔录，黄某、卢某1、张某1、林某某、谢某某、张某2等人的询问笔录及辨认笔录，付某等证人的询问笔录，现场勘察图，公路管理局证明，交警支队情况说明，手机提取的电子物证，105国道通天岩路段当时堵路的现场照片、录像等证据。

二、本案的法律问题思考

（一）聚众扰乱公共场所秩序、交通秩序罪是如何演进的？何为聚众扰乱
　　　交通秩序罪？

车站码头、商场、公园、影剧院、运动场等公共场所，人员密集、人员流动性大，能否安全、稳健运行，关系着公共安全和社会生产、生活的正常进行。为了维护公共安全，1979年《刑法》第159条规定了聚众扰乱公共场所秩序或者交通秩序罪，对聚众扰乱公共场所秩序、交通秩序的犯罪行为规定了相应的刑罚。1979年《刑法》第159条规定："聚众扰乱车站、码头、民用航空站、商场、公园、影剧院、展览会、运动场或者其他公共场所秩序，聚众堵塞交通或者破坏交通秩序，抗拒、阻碍国家治安管理工作人员依法执行职务，情节严重的，对首要分子处五年以下有期徒刑、拘役、管制或者剥夺政治权利。"1997年修订《刑法》时，对该条规定进行了适当修改，删去了单处剥夺政治权利的规定。2019年6月20日最高人民法院第三巡回法庭发

布《〈关于办理恶势力刑事案件若干问题的意见〉的理解与适用》指出，聚众扰乱交通秩序罪虽是恶势力案件中伴随实施的违法犯罪活动，但本罪往往事出有因，故在通常情况下，仅有聚众扰乱交通秩序罪还不足以体现恶势力"为非作恶、欺压百姓"的特征，如果犯罪嫌疑人、仅仅是共同实施了聚众扰乱交通秩序的违法犯罪活动，一般不应认定为恶势力。

聚众扰乱交通秩序罪，是指聚众堵塞交通或者破坏交通秩序，抗拒、阻碍国家治安管理工作人员依法执行职务，情节严重的危害行为。

（二）卢某主观上有没有堵塞交通的犯罪动机和犯罪目的？

1. 卢某没有堵塞交通的犯罪动机

从与本罪相关的《关于公安机关处置信访活动中违法犯罪行为适用法律的指导意见》《人民法院落实〈保护司法人员依法履行法定职责规定〉的实施办法》两个司法解释可以看出，聚众扰乱交通秩序罪的犯罪动机通常是集中表达特定诉求、引发社会集中注意，以达到实现特定诉求的最终目的。

在本案中，卢某事先根本不知道会发生交通堵塞的情况，他是在交通堵塞发生以后，担心自己超载的车队司机贸然前行会被罚款扣分，才提醒他们"不要跑""跟着走"，主观上没有需要特别表达的诉求，也没想过要通过堵塞交通或破坏交通的方式引起公众的注意。因此，卢某主观上不存在聚众扰乱交通秩序的犯罪动机。

2. 卢某也没有堵塞交通的犯罪目的

聚众扰乱交通秩序罪的犯罪目的是积极追求交通秩序的堵塞和破坏的心理态度。本案中，虽然卢某认识到后面超载车停在路面会造成交通堵塞时表达过"让它堵死掉""交警来了也不要怕"，但这是卢某同时认识到交通堵塞与自己车队无关为前提下说的，即不愿意付出罚款扣分的代价去主动疏通交通堵塞。实际上卢某在微信群通知货车司机不要跑到前面去被罚款扣分，叫他们把车停到国道边的饭店门口，而非停在国道上。

据此，卢某预知后面的超载货车都不敢过去，只会停在国道上等待放行，很容易造成交通堵塞，故不能因为卢某没有指挥六位司机主动疏通交通，就简单推定卢某具有堵塞交通的犯罪故意。事实上，本案中多人证实，运输行业的超载较为多见，治超站注重罚款扣分的方式治标不治本，所有的超载车辆都是在治超人员吃饭、睡觉的时候抓紧时间通行。但治超人员事发当天中午因为有人摄像监督不敢去吃饭，超载司机的通行预期落空，前面超载的货车纷纷去旁边的工业园区停放，但很快就停满了，就造成卢某的 6 辆超载货车走在了前面。卢某为了避免 6 位超载司机扣分被罚，同时又要避免 6 辆车堵住路口，才通知他们把车停到国道边金路饭店宽阔的坝子上。如果卢某的目的是堵塞国道交通，6 辆超载货车完全可以制造剐蹭等事故，轻松堵住路面，而不会远离国道，停在路边的饭店门口。

(三) 如何理解聚众扰乱交通秩序罪中的"抗拒、阻碍国家治安管理工作人员依法执行职务"？

根据刑法理论界的罪状分类标准，《刑法》第 291 条规定的聚众扰乱交通秩序罪是叙明罪状，规定得比较详细。我国《刑法》第 291 条所规定的罪名是可以根据现实情况选择使用的，该条款实际上包含三个罪名。"阻止、抗拒国家治安管理工作人员依法执行职务"，是指抗拒、阻碍治安民警、交通民警等执行治安管理职务的工作人员依法维护公共场所秩序或者交通秩序的行为，它的理解涉及本罪的罪刑圈的设定，需要深入分析。

第一种观点是"入罪的条件说"，陈兴良教授认为本罪中的抗拒、阻碍行为是犯罪构成要件之一，与后面规定的"情节严重"并列。也就是说，在聚集人员的过程中，必须有抗拒和阻碍国家治安管理人员依法履行职责的行为，才能充分构成本罪实行犯罪的行为。该观点认为，本罪实行行为的表现形式为：聚众阻塞交通且情节严重，扰乱交通秩序，并抗拒国家执法人员的正常秩序维护。

第二种观点是"独立行为理论"。张明楷教授认为，抗拒、阻碍行为不需要与之前聚集多数人的行为结合才能构成这种犯罪，该行为是本罪实行行为的一种，可以独立构成本罪。该观点认为，本罪的表现形式如下：第一种形式，聚众闹事，聚众阻塞交通或破坏交通秩序，一般来说情节往往比较严重；第二种形式，只以抗拒和阻碍国家执法人员依法行政的方法，破坏交通和公共秩序，同样情节严重。

本罪是众多聚众型犯罪的其中一种类型，如果将这种犯罪的罪行理解为两种相互独立的行为，那么当犯罪者不实施"聚众"的行为或不存在聚众情势时，直接和单独实施抵制和阻碍国家治安管理人员依法履行职责的行为，将其入罪则会导致该行为与本罪的"聚众"特征相违背以及造成无法对行为人进行处的严重后果，而部分学者认为抗拒行为中已经包含"聚合"特征的想法显然是一种不合理的解释，这种解释偏离了刑法文本的字面意义。本罪属于选择性罪名，后一部分仅是对人员扰乱交通秩序罪的描述。否则，也没必要在后罪中出现一次"聚众"的术语。

"入罪条件说"的观点更符合立法原意。首先，立法者在刑法条文之后专门限定了情节严重的量化标准，情节严重与先前的"抗拒，阻碍"行为是平行关系。如果采取"入罪条件说"，则"抗拒，阻碍"行为被用来作为先前聚集人群堵塞交通或扰乱交通秩序的补充条件，旨在限缩本罪的罪刑圈。其次，在实际生活中，经常会发生人民群众因对当地政策的不满意或者对自己的维权结果不满意，因此，进行了聚集和扰乱交通秩序的行为，但依法履行职责的国家治安管理人员开始维持秩序后，遵守指令，恢复了交通秩序。如果他们不采取任何行动来抵抗或阻碍，则不构成此罪行，也不属于刑法管辖范围。这体现了刑法的谦抑性，应予坚守。

因此，根据《刑法》第 291 条之规定，构成聚众扰乱交通秩序罪，还必须同时具备"抗拒、阻碍国家治安管理工作人员依法执行职务"的条件，否则无法与本法条选择性罪名中的"聚众"相一致。更为重要的是，如果将"抗拒、阻碍国家治安管理工作人员依法执行职务"理解为聚众扰乱交通秩序罪的第三种行为会与《刑法》第 277 条规定的妨害公务罪不协调，因为妨害公务罪要求"以暴力、威胁方法阻碍国家机关工作人员依法执行职务"，单就行为的危害性而言，显然比聚众扰乱交通秩序罪中的"抗拒、阻碍国家治安管理工作人员依法执行职务"更严重，但妨害公务罪的法定最高刑是 3 年有期徒刑，聚众扰乱交通秩序罪的最高刑却是 5 年有期徒刑。

（四）卢某客观上是否实施了聚众扰乱交通秩序的行为？

1. 卢某没有实施聚众的行为

本案中 6 位司机只是按照日常工作流程装砂出车，卢某事先并没有对他们有任何的特殊要求或精心安排。在交通堵塞以后，卢某才发语音通知他们跟着前车走，不要超车贸然前行，最后由于前面超载车辆都把工业园区停满了，才不得不硬着头皮叫他们停在金路饭店门口，没有占 105 国道的路面，此时虽然车辆离治超站很近，但治超站不会流动执法，所以这些车辆还不会遭到处罚。至于其他停在国道路面的众多超载货车司机，卢某根本就不认识他们，遑论聚集他们去堵塞交通。

2. 卢某没有实施堵塞交通的行为

卢某叫 6 位超载司机把车停在国道边的金路饭店门口，虽然 6 辆货车较大，但该饭店门口十分宽阔（这也是国道边饭店方便停车吃饭的通常情况），六辆车分两列有序紧靠停放，无论是前方、后方，还是左方、右方，既没有堵住饭店门口，更没有堵住国道车辆通行，不属于在交通要道长时间停留的堵塞交通要道行为。

事实上，这六辆超载货车从案发当天被卢某通知停下来以后，当天下午严重的交通堵塞后来在治超办同意不处罚放行后顺利被疏通，这就说明这 6 辆车根本就没有堵住国道，否则不可能停在那里 7 天且没有发生堵塞。

3. 卢某有没有实施抗拒、阻碍国家治安管理工作人员依法执行职务的
  行为？

卢某或者卢某通知的六位司机期盼的是尽快通过治超点，在案发现场没有配合前来执行职务的治安管理工作人员，是因为他们害怕被罚款和扣分，且他们将车辆停在饭店门口，没有占用 105 国道路面，没有义务接受交通疏通。当然，如果他们带头离开，后面的车辆就会以为不会被罚款和扣分，就会跟着离开。由于停放车辆的地点不在国道路面，6 位司机到饭店吃饭，等到其他车辆疏通可以通行后，等 6 位司机都上车发动货车准备离开时，被要求关掉引擎下车，先去登记情况才能离开，6 辆货车来不及移动就被锁上了。

（五）卢某的行为与交通堵塞有没有刑法上的因果关系？

1. 刑法上的因果关系

原因与结果是哲学上的一对范畴。在辩证唯物主义因果论看来，引起一定现象发生的现象是原因；被一定现象引起的现象是结果。这种现象与结果之间的引起与被引起的联系，就是因果关系。但"因果关系"本身并不包括原因与结果，只包含二者之间的引起与被引起的关系。辩证唯物主义因果关系的理论同刑法学因果关系的理论，是一般与个别、普遍与特殊的关系。因此，刑法学因果关系理论要以辩证唯物主义因果关系理论为指导。但是，指导不等于代替，刑法学因果关系理论的研究的目的、对象、范围有其特殊性。只有把辩证唯物主义因果关系的基本原理与刑法学所研究的犯罪现象有机地结合起来，才能科学地解决刑法中的因果关系问题。

2. 刑法上的因果关系的特点

以辩证唯物主义因果关系理论为指导来解决刑法因果关系问题，应掌握因果关系的以下特点。

（1）因果关系的客观性。因果关系作为客观现象引起与被引起的关系，

是客观存在的，并不以人们主观是否认识到为前提。因此，在刑事案件中查明因果关系，就要求司法工作人员从实际出发，客观地加以判断和认定。实践中，有些司法工作人员常常把犯罪的动机、起因与犯罪的行为、结果之间的关系，叫作案件的因果关系。当然，任何犯罪案件的发生都是有一定原因的，但是，这是把案件作为整体来谈案件发生的原因与案件本身的因果关系。而在刑法理论上通常所说的刑法因果关系，则是指危害行为与危害结果之间客观的联系，并不涉及行为人的主观内容。

（2）因果关系的相对性。在整个客观世界中，各种现象普遍联系，相互制约，形成了无数的因果链条。在某一对现象中作为原因的，其本身又可以是另一种现象的结果；其中作为结果的，其本身也可以是另一现象的原因。即原因与结果的区别在现象普遍联系的整个链条中只是相对的，而不是绝对的。所以，在认定因果关系时，一方面要善于从无数因果链条中抽出行为与结果这对现象；另一方面又要防止割断事物之间的联系。因此，要确定哪个是原因哪个是结果，必须把其中的一对现象从客观现象普遍联系的整个链条中抽出来研究，这时才能显现出一个是原因，另一个是结果。研究的目的和对象，决定了需要抽出哪个环节即哪一对现象来研究的问题。刑法中研究因果关系的目的，是要解决行为人对所发生的危害结果应否负刑事责任的问题。因此，这里所研究的因果关系，只能是人的危害行为与危害结果之间的因果联系，这就是刑法因果关系的特定性。

应该从以下两点加深对上述刑法因果关系特定含义的理解：其一，作为因果关系中的结果，是指法律所要求的已经造成的有形的、可被具体测量确定的危害结果。只有这样的结果才能被查明和确定，才能作为由危害行为引起的现象来具体把握，才能据此确定因果关系是否存在。因此，犯罪构成中不包含、不要求物质性危害结果的犯罪，一般不存在解决因果关系的问题。其二，刑法因果关系中的原因，是指危害社会的行为。因此，如果查明某人的行为是正当、合法的行为而不具有危害社会的性质，那么即使其行为与危害结果之间有着某种联系，也不能认为其具有刑法意义上的因果关系。

（3）因果关系的时间序列性。所谓时间序列性，就是从发生时间上看，原因必定在先，结果只能在后，二者的时间顺序不能颠倒。因此，在刑事案件中，只能从危害结果发生以前的危害行为中去找原因。如果查明某人的行为是在危害结果发生之后实施的，那就可以肯定，这个行为与这一危害结果之间没有因果关系。当然，先于危害结果出现的危害行为，也不一定就是该结果的原因。因果关系并非只是上述时间上的先后顺序关系，认定因果关系还需要考察其他特征。只有在结果之前的行为起了引起和决定结果发生的作用，才能证明是结果发生的原因。

（4）因果关系的特定性。刑法上的因果关系是一个特定的发展过程，而不是一种简单的引起与被引起的关系。任何刑事案件的因果关系都是具体的、有条件的，一种行为能引起什么样的结果，没有一个固定不变的模式。因此，查明因果关系时，一定要从危害行为实施时的时间、地点、条件等具体情况出发来考虑。

（5）因果关系的复杂性。因果关系的复杂性，具体表现为"一果多因"或"一因多果"。"一果多因"是指某一危害结果是由多个原因造成的。它最明显地表现在两种情况下：一是在责任事故类过失犯罪案件中。事故的发生往往涉及许多人的过失，而且往往还是主客观原因交织在一起，情况非常复杂。确定这类案件的因果关系，就必须分清主要原因和次要原因、主观原因和客观原因等情况，这样才能正确解决刑事责任问题。二是在共同犯罪案件中。共同犯罪中各个共犯危害行为的总和作为造成危害结果的总原因而与之有因果关系，但是根据我国刑法的规定，在分析案件时应该分清主次原因，即分清每个共犯在共同犯罪中所起作用的大小，并进而确定各个共犯刑事责任的大小。"一因多果"是指一个危害行为可以同时引起多种结果的情况。例如，甲开枪射杀乙，不但杀死了乙，还打伤了无辜的丙。在一行为引起的多种结果中，要分析主要结果与次要结果、直接结果与间接结果，这对于定罪量刑是有意义的。

3. 卢某的行为不可能直接造成交通堵塞

如前所述，卢某通知 6 位司机将车辆停在国道边金路饭店的门口，而非金路饭店门口的国道路面，根本没有妨碍其他车辆的正常通行。事实上，案发当天直到 4 月 6 日，这些车辆都没有移动，但无论当天交通堵塞的疏通，还是后来数天的车辆通行，都没有受到这 6 辆车的任何影响。

（六）造成了本案交通堵塞的原因是什么？

本案的交通堵塞之所以会发生，是因为超载运输几成常态，已经形成在治超人员吃饭、睡觉的空档时间通行的惯例。案发当天由于有人拍摄治超人员公平执法，治超人员不敢下班吃饭，超载车辆的通行预期没有实现，纷纷四处停车等待放行。

走在前面的超载货车首选工业园区进行停放，但很快工业园区停满了，卢某的车辆就停在了金路饭店门口，后面的其他超载车辆除了国道路面已经无处停放了，而国道本来就在修路，路面变窄，很快造成拥堵。从整个过程来看，没有哪个超载货车司机或老板愿意造成堵塞，都尽量停放在不影响通行的位置。本案不能因为卢某的车辆停放在离治超点最近的饭店门口，就认定其造成了交通堵塞，卢某的车辆既不是最先躲避治超停放的车辆，也不是停放路面直接造成交通堵塞的车辆，其车辆的停放与本案的交通堵塞并无刑法上的因果关系。

三、参考文献

1. 黄永主编：《中华人民共和国刑法立法背景与条文解读》，中国法制出版社 2021 年版。

2. 刘志伟："聚众犯罪若干实务问题研讨"，载《国家检察官学院学报》2013 年第 6 期。

3. 葛立刚："聚众扰乱交通秩序罪中的'情节严重'如何认定"，载《中国检察官》2013 年第 7 期。

4. 金翠燕："聚众扰乱社会秩序情节严重的认定"，载《人民司法》2007 年第 16 期。

5. 张成法："扰乱法庭秩序罪与聚众扰乱社会秩序罪异同的剖析"，载《理论界》1999 年第 2 期。

6. 李文凯："聚众犯罪的构成特征及司法认定"，载《河南政法干部管理学院学报》2008 年第 4 期。

第六节 特殊犯罪主体的认定：邓某某贪污案

一、案例简介[1]

赣州银行股份有限公司（以下简称"赣州银行"）成立于 2001 年 12 月，

---

[1] 参见 [2019] 赣 0723 刑初 32 号一审刑事判决书、[2019] 赣 07 刑终 992 号二审刑事裁定书。

截至 2018 年 12 月，总股份为 196 784.7492 万股，其中赣州银行国有股权共占总股本的 41.98%。2011 年 11 月，邓某某经赣州银行宜春分行（以下简称"宜春分行"）行长办公会研究，并报赣州银行党委和银监部门资格审查同意，被聘任为赣州银行丰城支行行长（以下简称"丰城支行"）；2014 年 8 月，经赣州银行委员会研究，并报银监部门资格审查同意，被聘任为宜春分行副行长；2016 年 6 月，经赣州银行委员会研究，并报银监部门资格审查同意，被聘任为宜春分行行长。

2008 年，赣州银行《关于印发〈该市商业银行财务顾问业务操作指引〉的通知》，各分行、支行可以遵循客户自愿原则对信贷业务收取财务顾问费。2011 年 11 月至 2014 年 6 月，邓某某在担任丰城支行行长期间，该行开始收取贷款客户的财务顾问费。赣州银行收取贷款客户的财务顾问费是典型的以贷收费、变相提高利率的乱收费行为。2014 年 5 月 12 日至 16 日江西省发改委价格监督检查局至赣州银行收费现场进行专项检查发现该问题后，赣州银行随即发出了紧急通知：严禁向贷款客户收取财务顾问费。赣州银行丰城支行也停止了财务顾问费的收取。

邓某某利用职务便利，安排营业部经理董某闽收取下列财务顾问费不入单位公账：2011 年 12 月，某公司在丰城支行贷款 170 万元，该公司法定代表人金某刚缴纳财务顾问费 5.1 万元；2011 年 12 月邹某星在丰城支行贷款 500 万元邹某星缴纳财务顾问费 10 万元；2011 年 12 月周某松在丰城支行贷款 500 万元，缴纳财务顾问费 11.48 万元；2012 年 1 月，某公司在丰城支行贷款 670 万元，该公司实际控制熊某辉缴纳财务顾问费 29.1992 万元；2012 年 1 月熊某辉在丰城支行贷款 500 万元，缴纳财务顾问费 9.31 万元；2012 年 6 月，某公司在丰城支行贷款 800 万元，该公司财务人员揭某斌缴纳财务顾问费 12.703 万元；2012 年 7 月，某公司在丰城支行贷款 1000 万元，该公司财务人员郑某仙缴纳财务顾问费 17.35 万元；2012 年 9 月，某公司在丰城支行贷款 510 万元，该公司监事王某强缴纳财务顾问费 10.71 万元；2012 年 12 月，某公司在丰城支行贷款 320 万元，该公司法定代表人周某鹏缴纳财务顾问费 6.6 万元；2012 年 12 月 18 日，邹某华因在丰城支行贷款，缴纳财务顾问费 4.4 万元。以上财务顾问费共计 116.8522 万元，加上之后该费用产生的利息 0.835 372 万元，扣除 2013 年 10 月底支付丰城支行员工的营销费用 11.303 237 万元，余款 106.384 335 万元由董某闽存入邓某某指定的银行账户，后被邓某某用于偿还其个人借款和日常开支。2012年4月，某公司在丰城支行贷款1000万元。同年4月9日该公司法定代表人徐某军在丰城支行业务部经理罗某军的陪同下，将18.5万元财务顾问费以现金的方式交董某闽，后董某闽交给邓某某。邓某某将该款用于个人日常开支。综上，邓某某共侵吞财务顾问费及利息合计125.758 21万元。

2014年8月19日赣州银行印发了《赣州银行总行会议会务工作制度》，党委（扩大）会议的主要内容包括：①传达学习党中央、国务院、省、市党委、政府的重要决定、指示，研究贯彻落实措施；②研究讨论向市委、市政府，省、市监管部门上报的重要文件；③研究决定本行工作方针、政策；④研究决定人事任免；⑤讨论研究全行系统党风党纪、廉政建设等问题；⑥审查通过以总行名义表彰及授予荣誉称号的先进单位、个人名单；⑦讨论研究本行改革及机构设置、调整问题；⑧审定本行年度财务决算报告；⑨审定本行重要规章制度；⑩研究决定1000万元以上重大财务事项；⑪审计通过重大立项项目；⑫会议认为需要审议的其他事项。

2018年8月30日中共赣州银行委员会印发了《赣州银行党委会议议事规则（试行）》，党委会研究制定本行方向性、战略性、全局性的重大政策及研究决定有关重大问题、重大事项。主要任务和议事内容包括：①传达贯彻党的路线方针政策、国家法律法规和上级指示、决定，研究制定贯彻落实的措施；②研究全行党的建设、党风党纪、廉政建设等重要问题；③企业发展战略、发展规划、经营发展方针政策和重大项目安排；④企业资产处置、产权转让、资本运作、大额投资中的原则性、方向性问题；⑤企业重要改革方案、重要管理制度的制定、修改，人事、薪酬基本制度的制定、修改，以及机构的设置与调整；⑥中层及以上管理人员的选聘、任免、考核、薪酬福利、管理和监督等方面事宜；⑦企业在重大经营发展、维护稳定等方面的重要措施；⑧涉及职工切身利益的重大事项，定期听取工会、团工委、妇委会工作情况，研究加强和改进党的群团工作有关措施；⑨审定本行年度财务预、决算报告；⑩研究决定1000万元以上重大财务事项；⑪审查通过以总行名义表彰及授予荣誉称号的先进单位、个人名单；⑫其他应由党组织参与决策的事项；⑬会议认为需要审议的其他事项。

江西省高级人民法院依法改判的《赵某彬、刘某强受贿二审刑事判决书》（案号：[2016]赣刑终298号）认为，赣州银行新余分行行长赵某彬、赣州银行渝水支行行长刘某强虽然经过了赣州银行党委讨论，但赣州银行党委并不负有监督管理赣州银行内国有资产的职责，且聘任通知或任命书加盖的是赣州银行的行政公章；《赣州银行公司章程》第75条规定，全员职工实行劳动合同制。因此，该判决认定赣州银行的分行行长或支行行长的职务并非由赣州银行内监督管理国有资产的组织提名、推荐或任命，其与赣州银行只是劳动合同关系，依法改判二人的身份为非国家工作人员。

本案主要证据如下：

（1）营业执照、赣州银行股权结构，证明赣州银行的性质及股权结构。2014年8月19日赣州银行印发了《赣州银行总行会议会务工作制度》，2018年8月30日中共赣州银行委员会印发了《赣州银行党委会议议事规则（试行）》，证实赣州银行党委会议的工作职责。

（2）该市委员会通知，证明2011年1月，赣州银行由该市国资委监管调整为该市市委、市政府直接管理。

（3）常住人口信息、劳务合同、干部任免审批表、职务聘任通知、赣州银行文件、宜春分行文件、赣州银行委员会文件，证明邓某某的自然身份信息、工作简历、任职情况及分管工作内容。

（4）该市商业银行财务顾问业务操作指引、赣州银行服务项目收费标准、紧急通知，证明赣州银行收取财务顾问费的相关规定。

（5）证人邹某星、周某松、熊某辉等人的证言及公司的授信业务资料，证明因公司或个人贷款向赣州银行交纳财务顾问费的情况，该行信贷人员告诉他们，该行在放贷时收取的款项是该支行规定的上交款项或上浮利率部分，而非以自愿为前提的财务顾问费，未签订财务顾问协议书，也未出具收款凭证。

（6）证人董某闽的证言，证明赣州银行有咨询费的收费科目，2011年她从宜春分行调去丰城支行负责营业部，丰城支行会收取这个费用。该项费用入大账的项目名称是"其他手续费"，会给客户收费凭证；不入账的咨询顾问费，不会开单据，放在她这里保管。2012年至2014年，支行收取财务顾问费，邓某某会通知她将部分财务顾问费入账，部分不入账。最初邓某某让她以自己的名义在赣州银行开了一个账户，后来邓某某说该账户不方便，将其朋友熊某平的存折和卡给她，用于保管不入账的财务顾问费，用于邓某某个人支配使用。这些在她的笔记本也做了记载，与熊某平的赣州银行账户一一对应。2013 年 12 月 18 日,从账外的财务顾问费中拿出 113 032.37 元用于支付员工的营销费,这笔营销费没有在银行财务上报账。邓某某曾特别交代她不要告诉其他人,包括家人。2014 年 2 月,她调回宜春分行时,邓某某让她把这个账户注销掉,于是她通过转账或者现取的方式将账户中的余额给了邓某某。

(7)丰城支行收取财务顾问费明细及凭证,证明邓某某授意董某闽保管的财务顾问费未入丰城支行财务账。

(8)赣州银行 2019 年 8 月 2 日作出的《关于对"邓某某案"相关责任人问责的通报》,将邓某某和董某闽收取财务顾问费不入账的行为认定为私设小金库的行为。

(9)邓某某的供述,他在丰城支行任行长时收取的财务顾问费有的入了支行财务账,有的没有入财务账,没有入账的财务顾问费交给财务负责人董某闽管理。为了规避分行、支行的监管和方便操作,2013 年 12 月,叫打篮球时认识的熊某平用他的身份证在丰城支行开了一个账户,这个账户交给董某闽管理,需要用钱时董某闽再根据他的指示转到指定的账户。"这些钱被我个人用掉了,因我当时资金困难,用这块资金填补我的资金缺口。其中,15 万元还款给罗某荣,10 万元转给了张某萍,20 万元转给罗某荣之子,50 万元归还邓某宁的借支;14.7 万元左右转给吴某霞账户,被我个人用掉;还有一些零散的支出我已记不清楚用途。"该账户的财务顾问费只有邓某某和董某闽知道,邓某某命令董某闽不要告诉他人。

二、本案的法律问题思考

(一)国家出资企业有哪些类型?

根据 2010 年最高人民法院、最高人民检察院《关于办理国家出资企业中职务犯罪案件具体应用法律若干问题的意见》(以下简称《2010 年意见》)的规定,"国家出资企业"包括国家出资的国有独资公司、国有独资企业、国有资本控股公司、国有资本参股公司。

(二)《2010 年意见》出台的背景是什么?其内容是否可以适用于所有国家出资企业?

《2010 年意见》是针对"企业改制的特定历史条件"下为了有效防止国有资产的流失,对国家工作人员进行了扩大解释,该意见一共出现了 31 次

"改制"，故该意见的内容并不当然适用于非改制而来的国家出资企业，需要结合刑法条文进行理解和适用。

（三）如何认定国家出资企业中的国家工作人员？

《2010 年意见》第 6 条第 2 款规定："经国家出资企业中负有管理、监督国有资产职责的组织批准或者研究决定，代表其在国有控股、参股公司及其分支机构中从事组织、领导、监督、经营、管理工作的人员，应当认定为国家工作人员。"这种类型的国家工作人员在《刑事审判参考》2015 年第 3 集（总第 102 集）的"王海洋非国家工作人员受贿、挪用资金案（第 1055 号）"中，被称为"间接委派型"或者"代表型"国家工作人员。该指导案例认为，这种"国家工作人员"应当从以下两个方面进行认定：一是形式要件，即经国家出资企业中负有管理、监督国有资产职责的组织批准或者研究决定；二是实质要件，即代表负有管理、监督国有资产职责的组织在国有控股、参股公司及其分支机构中从事组织、领导、监督、经营、管理工作，实质要件具有"代表性"和"公务性"两个特征；在判断层次上，对于形式要件、实质要件的判断分别属于形式判断和实质判断，首先要进行形式判断，形式判断是进行实质判断的重要前提和依据。

需要指出的是，上述在《2010 年意见》规定的间接委派型国家工作人员已经超出了刑法规定的范围。在《2010 年意见》之前的三个司法解释，即 2001 年 5 月最高人民法院《关于在国有资本控股、参股的股份有限公司中从事管理工作的人员利用职务便利非法占有本公司财物如何定罪问题的批复》、2003 年 11 月最高人民法院《全国法院审理经济犯罪案件工作座谈会纪要》以及 2005 年 8 月最高人民法院《关于如何认定国有控股、参股股份有限公司中的国有公司、企业人员的解释》，都将"委派"的内涵限定在"两个单位之间"，并不包括"内部的任命"。因此，《2010 年意见》已经扩张了刑法规定的"国家工作人员"的范围，诚如陈兴良教授所言："间接委派实际上把内部的任命也理解为委派，突破了委派存在于两个单位之间这一基本特征。因此，与其说是对委派的扩大解释，不如说是对国家出资企业国家工作人员做了超出原先范围的重新规定。"因此，根据刑法的谦抑性原则，即使要适用《2010 年意见》，也应依据案卷证据谨慎认定"负有管理、监督国有资产职责的组织"，而不能随意推定。

从应然层面考虑，由国有资产监督管理机构建议任命，由股东会、股东大会、董事会、监事会批准或者研究决定的国有控股公司的董事、监事和高级管理人员，以及国有参股公司的董事、监事，代表股东会、股东大会、董事会、监事会在国有控股、参股公司及其分支机构中在管理、监督国有资产的权限范围内从事组织、领导、监督、经营、管理工作的，应当认定为国家工作人员。

（四）如何认定国有企业中负有管理、监督国有资产职责的组织？

国有资产监督管理机构、国有公司、企业、事业单位不是"出资企业中"（国有资本控股、参股公司中）的组织，上级国有出资企业内部的党委、党政联席会，也不是出资企业中的组织。国有资本控股、参股公司内部的党委，并不当然负有管理、监督国有资产的职责。国有资本控股、参股公司属于非公有制经济组织。党政联席会也不是"组织"，只是党的组织与行政组织联合举行的会议。

国家或者国有企业等国有单位出资后，资产属于公司所有，国有单位不再享有公司财产，只是持有公司股份。"负有管理、监督国有资产职责的组织"的认定需要有明确的依据，如《公司章程》或公司企业的其他规章制度等。在国有控股、参股公司及其分支机构中，不可存在代表国有单位从事组织、领导、监督、经营、管理工作的人员。

（五）根据类案同判的原则，本案中的邓某某是否具有国家工作人员的身份？是否还有其他类似的案例判决？

江西省高级人民法院依法改判的赵某彬、刘某强受贿二审刑事判决书（［2016］赣刑终298号）已经依法认定：赣州银行新余分行行长赵某彬、赣州银行渝水支行行长刘某强的职务虽然经过了赣州银行党委讨论，但赣州银行党委并不负有监督管理赣州银行内国有资产的职责，且聘任通知或任命书加盖的是赣州银行的行政公章；《赣州银行公司章程》第75条规定，全员职工实行劳动合同制。因此，该判决认定赣州银行的分行行长或支行行长的职务并非由赣州银行内监督管理国有资产的组织提名、推荐或任命，其与赣州银行只是劳动合同关系，已依法改判二人的身份为非国家工作人员。

事实上，邓某某与赵某彬、刘某强一样，也是应聘到赣州银行工作的，与赣州银行一直都要签订劳动合同，案发后又被解除了劳动合同。2020年7月15日，最高人民法院发布《关于统一法律适用加强类案检索的指导意见（试行）》指出，为了提升司法公信力，全国各地区也应当对类案定性一致，增强法律效果。根据类案同判的原则，本案中邓某某并不具有国家工作人员身份。

除了上述江西省高级人民法院依法改判的赵某彬、刘某强受贿二审案，在更多类似省内的商业银行的分行行长或支行行长刑事案件中，支行行长或分行行长等高级管理人员均被认为是非国家工作人员，具体情况见下表：

江西省商业银行高管的涉案身份认定情况表

审理法院	身份	判决结果	案号
江西省高级人民法院	赣州银行新余分行行长赵某彬 赣州银行渝水支行行长刘某强	非国家工作人员	［2016］赣刑终298 号
江西省崇义县人民法院	赣州银行文明支行行长肖某波	非国家工作人员	［2008］崇刑初字第 48 号
江西省某县人民法院	赣州银行基建办主任罗某青	非国家工作人员	［2013］寻刑初字第 12 号
宜春市袁州区法院	宜春农村商业银行股份有限公司党委书记、董事长胡某华	非国家工作人员	［2016］赣 0902刑初 285 号
新余市渝水区法院	新余市农商银行行长闻某龙	非国家工作人员	［2016］赣 0502刑初 463 号
宜春市袁州区法院	宜春农商银行宜阳支行行长、万载农商银行董事长吴某林	非国家工作人员	［2016］赣 0902刑初 383 号

（六）本案中邓某某是否具有国家工作人员的主体身份是什么？

在本案中，聘任邓某某担任丰城支行行长的主体是宜春分行行长办公会，该聘任通知上面盖的行政章为没有独立法人资格的赣州银行宜春分行的行政章。但本案中的证据不能证明宜春分行行长办公会、赣州银行或者中共赣州银行委员会是赣州银行中负有管理、监督国有资产职责的组织。因此，邓某某也不是前述《2010 年意见》规定的"间接委派"或"代表型"国家工作人员。

2014 年 8 月 19 日赣州银行印发了《赣州银行总行会议会务工作制度》，但党委（扩大）会议的职责中并无监督、管理国有资产的具体职责。直到2018 年 8 月 30 日中共赣州银行委员会印发了《赣州银行党委会议议事规则（试行）》，才特别增加了"企业资产处置、产权转让、资本运作、大额投资中的原则性、方向性问题"这一规定，赣州银行党委才是该行具有监督、管理国有资产的组织。

需要指出的是，即使将2014年8月19日《赣州银行总行会议会务工作制度》"审定本行年度财务决算报告"和"研究决定1000万元以上重大财务事项"认定为监督、管理国有资产的职责，也不能证明此前的赣州银行党委具有同样的职责，根据存疑有利于被告人的基本原则，2011年11月16日审查同意邓某某担任丰城支行行长的赣州银行党委也不具有该职责，邓某某依然不具有国家工作人员的身份。

在不同的刑法规制领域，刑法中的国家工作人员有自身的特殊性，刑法相关章节为此专设相关条款进行提示性规定。在刑法第三章第四节——破坏金融管理秩序罪中，通过《刑法》第183条、第184条、第185条的规定，专门提示只有国有金融机构工作人员和国有金融机构委派到非国有金融机构从事公务的人员才具有国家工作人员的身份，其余非国有的商业银行等金融机构的工作人员或者由国有金融机构委派到非国有金融机构的工作人员，都不具有国家工作人员的身份。结合邓某某的任职经过以及邓某某与赣州银行签订的劳动合同关系可知，邓某某不具有国家工作人员的身份，只是普通商业银行的高级管理人员而已。

（七）本案中赣州银行丰城支行收取的财务顾问费是否为公款？

1. 赣州银行收取财务顾问费的规定违反了原银监会的"七不准""四公开"制度

根据赣州银行《关于印发〈该市商业银行财务顾问业务操作指引〉的通知》（虔商银发〔2008〕226号）的规定可知，收取财务顾问费要遵循依法合规、客户自愿原则，且不得强行摊派，不能只收费不提供服务，必须签订财务顾问协议书。

但原银监会《关于整治银行业金融机构不规范经营的通知》（银监发〔2012〕3号）明确规定了"七不准"规定和"四公开"原则，特别强调"……（三）不得以贷收费。银行业金融机构不得借发放贷款或以其他方式提供融资之机，要求客户接受不合理中间业务或其他金融服务而收取费用。（四）不得浮利分费。银行业金融机构要遵循利费分离原则，严格区分收息和收费业务，不得将利息分解为费用收取，严禁变相提高利率。……"因此，赣州银行收取贷款客户的财务顾问费是典型的以贷收费、变相提高利率的乱收费行为。2014年5月12日至16日江西省发改委价格监督检查局至赣州银行收费现场进行专项检查发现该问题后，赣州银行随即发出了《紧急通知》：严禁向贷款客户收取财务顾问费。

2. 丰城支行违反赣州银行规定收取的财务顾问费不是公款

丰城支行的多名贷款客户均证实，该行信贷人员告诉贷款客户该行在放贷时收取的款项是该支行规定的上交款项或上浮利率部分，而非以自愿为前提的财务顾问费，未签订财务顾问协议书，也未出具收款凭证。这就意味着丰城支行在收取这些款项时并没有如实告知客户收款性质，也违背了自愿原则，且后续并未提供财务服务，也未给收款凭据，这是典型的违规收费——索取贿赂的行为。

如前所述，赣州银行作为商业银行，只是一般的公司，并非国有公司。因此，通过这种方式收取贷款客户的款项，并不是公款，也与国有资产无关，实际上是以单位名义非法索取的回扣款而已。并非只要是赣州银行收取的款项，无论是否合法都是公款，否则就混淆了赣州银行收取资金与赣州银行中公款的界限，完全无视公款的合法性前提。

（八）本案中收取不入账的财务顾问费是否为侵吞公款的行为？11.303 237万元应否扣除？

赣州银行丰城支行通过客户经理与贷款客户商谈财务顾问费，统一交由财务负责人董某闽一个人进行管理，一部分存入了单位的公账户，其余部分则作为单位"小金库"由董某闽管理，即使2013年12月以后存进了邓某某指定的熊某平账户，但也必须经过董某闽存入，并一直由董某闽管理。董某闽作为该行财务负责人具有管理本单位财务的职责，而邓某某是该支行的行长，不能因为二人支配这些款项就认为被邓某某非法占有，实际上是由邓某某和董某闽代表单位控制"小金库"的款项，以支付那些无法通过正常财务审核报账的单位开支。因为"小金库"的设立和运行违反了财政纪律，所以不易告诉其他人，包括家人。

事实上，赣州银行2019年8月2日作出的《关于对"邓某某案"相关责任人问责的通报》明确将邓某某和董某闽收取财务顾问费不入账的行为认定为私设"小金库"的行为。因此，不能以邓某某实际控制为由，完全无视具体的开支去向和邓某某是否具有归还的目的，就认定为是贪污行为。

从相关开支项目也可知，董某闽管理的"小金库"的款项会用于该支行的公共开支，如 2013 年 12 月 18 日邓某某曾指示董某闽将该"小金库"的 11.303 237 万元用于支付 2013 年丰城支行员工垫付的营销费用，支出后并没有在银行报账。如果收取不入账的财务顾问费就是侵吞单位公款，则邓某某不可能从自己的犯罪所得中拿出 11.303 237 万元用于单位开支。因此，11.303 237 万元应当从涉案金额中扣除。

（九）作为辩护人如何有效维护职务犯罪嫌疑人的权利？

根据职务犯罪案件的性质开展辩护工作，监察委调查的案件在调查期间律师不能会见到当事人，只有在监察委调查完移送检察院起诉时才能会见当事人和查阅有关证据材料，所以职务类犯罪的辩护有别于普通案件。当事人的被留置后心里承受着巨大的压力，甚至有些案件在调查完前就已经制作了好警示教育的视频、文章，这是以后的辩护工作的基础。所以接受委托后应当第一时间进行会见，与当事人沟通案件的基本情况，迅速建立起信任关系。会见要有针对性，应当制作会见提纲，列明需要了解的案件事实，第一次会见重点了解是否构成犯罪，有无特殊情况（比如未成年人、精神疾病）等基本事实为主，同时要留意被羁押的嫌疑人是否具有符合取保候审或者监视居住的条件，可以适当传递家属的有关情况，告知其有关立功的规定，让嫌疑人有个稳定的心理，但须注意有关律师的禁止规定。根据会见情况及时向侦查机关申请变更强制措施，适当向家属阐明有关犯罪事实和法律规定，但切记避免违法违规的行为。

（十）如何撰写全面的法律意见书？

当案件移送检察机关审查起诉后，应当迅速查阅复制案件材料，开展阅卷工作。阅卷是刑事辩护的必备技能，如何在卷帙浩繁的材料中攫取重点，归纳事实，厘清法律关系，抓住辩护的要点，制作阅卷笔录，避免往复查阅卷宗耗时耗力。在此阶段，侦查机关（调查机关）的起诉意见书基本涵盖了案件的事实，具有借鉴作用，因此在此阶段应当详细阅卷。教师在本案例教学中应引导学生采用摘录法、列表法、图示法等方法对案例中所列证据材料作详细的阅卷笔录，就嫌疑人邓某某可能涉及的立功、自首、犯罪数额、主观故意等各种定罪量刑的法定情节和酌定情节进行梳理，核查各种证据之间对相关案件事实的证明效力是否一致，还需要补充哪些证据材料。在此基础上可以撰写法律意见书，及时向公诉机关传递案件的真实情况，但须注意不能弄巧成拙，须从有利于嫌疑人的角度出发。同时，根据案件情况可以再次申请变更强制措施。

（十一）如何确定案件的辩护思路？

认真阅读起诉书，全面分析公诉机关指控的事实、证据、法律适用等方面的具体问题，及时搜索全国、全省类案判决，指出起诉书中可能存在的事实认定错误（如本案中邓某某并非国家工作人员，其并非"间接委派"或"代表型"的国家人员；赣州银行收取的财务顾问费不是公款）、法律适用错误（如最高人民法院、最高人民检察院《关于办理国家出资企业中职务犯罪案件具体应用法律若干问题的意见》关于国家工作人员的确定仅适用于改制企业，本案邓某某不是国家工作人员）等情形，为后续的刑事辩护工作奠定了基础。同时，结合类案检索的判决和公诉机关的指控提出自己的见解，要求针对性强、有理有据、全面充实。

（十二）如何有效出庭辩护？

结合阅卷情况和对刑法相关条文的理解，撰写辩护词，并根据一审法院开庭的通知做好开庭准备。制作简明扼要的阅卷笔录和抓住重点的辩护词，要求阅卷笔录适用于开庭时的法庭调查、法庭辩论，辩护词层次分明、逻辑清晰、论证充分。2020 年 7 月 27 日最高人民法院发布《关于统一法律适用加强类案检索的指导意见（试行）》指出，为了提升司法公信力，全国各地区也应当对类案定性一致，增强法律效果。类案对于如何认定企业中党委任命的工作人员的身份问题有诸多判决，可将类案判决作为辩护词的单独一块予以阐明。出庭辩护是刑事辩护最为重要的一环，需提前做好准备，带齐相关材料，针对可能出现的情况做好预判。

三、参考文献

1. 张明楷：《刑法分则的解释原理》（第 2 版），中国人民大学出版社 2011 年版。

2.《刑法学》编写组编：《刑法学》，高等教育出版社 2019 年版。

3. 王作富主编：《刑法分则实务研究》（第 5 版），中国方正出版社 2013 年版。

4. 陈兴良："国家出资企业国家工作人员的范围及其认定"，载《法学评论》2015 年第 4 期。

5. 张明楷：《刑法学》（第 6 版），法律出版社 2021 年版。

6. 徐岱、李方超："'国家工作人员'认定范围的再解释"，载《法学》2019 年第 5 期。

7. 姜涛："刑法中国家工作人员定义的个别化解释"，载《清华法学》2019 年第 1 期。

第七节　身份内涵与共犯的认定：戴某某受贿案

一、案例简介 [1]

2008 年 6 月，邹某某、王某、徐某某及曾某、周某 1、刘某 1、刘某 2、廖某 2、肖某等 9 人分别以亲属名义与黄某 2（2009 年 2 月 13 日因车祸去世）共同投资 250 万元收购金辉砖厂，成为金辉砖厂的股东，其中邹某某出资 40 万元、王某出资 40 万元、徐某某出资 10 万元、其他人员出资 5 万元至 40 万元不等。

2008 年年底，金辉砖厂的有关股东了解到国家资源节约和环境保护中央预算内投资项目的政策，并从该市工业和信息化委员会企业投诉中心主任、节能与资源综合利用科办事员戴某某处拿到组织申报的文件。根据文件要求，国家节能技术改造补助资金的获取需要经过以下程序：①企业提供申报材料；②县经贸委（后为工信局，下同）审核，然后与县财政局联合会签行文上报市经贸委和市财政局；③市经贸委审核，然后和市财政局联合会签行文上报省经贸委和省财政厅；④省经贸委组织专家初审，然后和省财政厅联合会签行文上报国家发改委和财政部；⑤国家发改委和财政部审核，符合文件要求就批准项目资金计划；⑥国家发改委和财政部组成检查组到申报企业实地检查评估，进行评审；⑦评审通过后，先按程序将国家补助资金的 60% 逐级拨付到县财政局，技术改造项目经过国家发改委和财政部委托的第三方机构验收通过，再拨付剩余的 40% 资金给县财政局；⑧专项补助资金到县财政局后，由经建股审查企业资金拨付申请报告，组织现场检查后，由分管副局长、局长审批，最终才会将资金拨付到企业账户。

由于国家资源节约和环境保护中央预算内投资项目的申报条件过于苛刻，

---

〔1〕 参见 [2017] 赣 07 刑终 189 号二审刑事判决书。

当时所有申报的企业几乎都无法满足申报条件，该市政府将争资争项视为政绩，积极鼓励企业申报国家补助项目，企业在申报的时候往往帮助申报企业对相关数据和材料予以"帮助"。邹某某、王某、徐某某和黄某2等金辉砖厂的股东决定申报该国家资源节约和环境保护中央预算内投资项目后，便邀请戴某某一起聚餐，商讨金辉砖厂申报国家资源节约和环境保护中央预算内投资项目的具体事宜，当时戴某某向在座的金辉砖厂股东介绍了项目申报的条件、要求等内容。在听完戴某某的介绍后，邹某某、徐某某、王某等在座的股东表示金辉砖厂不符合申报条件，请戴某某在申报过程中予以帮助。最后参加聚餐的股东与戴某某商定如果金辉砖厂申报成功，就从项目资金中拿出100万元用于申报时协调市、省、国家部委的关系，其中30万元给戴某某用于协调省市两级经贸委的关系，另70万元给邹某某用于协调国家发改委等部门的关系，还商定由黄某2在戴某某的帮助下做好申报项目材料准备等工作、由徐某某协助黄某2处理申报事宜。

在戴某某的帮助介绍下，黄某2、徐某某等人虚构砖厂投资、生产规模及产量、能源消耗量，并制作了虚假申报材料。后金辉砖厂的申报材料报至戴某某所在的该市经贸委资源科审核，戴某某在审核金辉砖厂申报资料的过程中，明知金辉砖厂不符合项目申报条件、申报材料虚假，仍将金辉砖厂的申报项目予以审核通过，并向市、省经贸委相关人员打招呼，请求对金辉砖厂申报的项目给予关照，使金辉砖厂申报的项目顺利通过市、省的审核上报至国家发改委。金辉砖厂的申报材料主要由黄某2经办，黄某2因车祸去世后，由徐某某接手办理后续申报事宜，在申报期间王某曾给该市环保局、该市发改委等相关部门的人员打招呼请求予以关照。2010年3月，金辉砖厂的项目申报成功，国家发改委将金辉砖厂列入2010年度第一批中央预算内投资计划。2012年2月14日，该市开发区财政局将中央预算内投资资金400万元拨至金辉砖厂账户。国家补助资金下拨一年多后，由于开发区政府不允许拆迁区内的金辉砖厂进行技改，还为此签订了《某市金辉砖厂征收补偿协议》，根据该协议第3条规定，投资技改毫无意义。

2013年初，邹某某、王某、徐某某等人分别以各自亲属的名义与某公司总经理万某签订虚假股权转让协议，名义上将金辉砖厂各自的股权全部转让给万某，并将协议签订时间提前至2010年6月，以方便万某行使股东权益管理砖厂及规避骗取国家补助资金的风险。后邹某某、王某等人指使万某将金辉砖厂获得的 400 万元国家补助资金中的 300 多万元通过"对公"转账的方式并最终转移到万某个人账户，随后由万某陆续取出现金，按邹某某、王某等人要求以最开始入股金辉砖厂的金额分给邹某某、王某、徐某某、曾某、周某1、刘某1、刘某2、廖某2、肖某等 9 名股东，其中，徐某某分得 16 万元（含 6 万元辛苦费），王某分得 50 万元（含实际并未支出用于跑关系的 10 万元），邹某某分得 130 万元（其中 27 万元给了戴某某、67 万元为协调国家部委关系的费用送给了袁某某、邹某某实际分得 40 万元）。

2015 年 7 月，邹某某、王某等人得知检察机关正在调查砖厂骗取补助之事，害怕受到追究，找到万某要求其帮忙顶替、对抗调查，同时通知各股东及戴某某将所分得的钱退至万某处。提起公诉前，以万某名义向崇义县人民检察院退赃 197.6 万元（含戴某某退至万某处的 27 万元等）、以邹某某名义向该市人民检察院退赃 40 万元、以王某名义向该市人民检察院退赃 50 万元、以彭某（金辉砖厂股东廖某的嫂子）名义向该市人民检察院退赃 5 万元、以金某某（金辉砖厂股东曾某的妻子）名义向崇义县人民检察院退赃 30 万元，合计退赃 322.6 万元。

本案主要证据有：证人万某、曾某、周某1、刘某1、肖某、黄某1、邹某的证言，勘验检查笔录，黄某2住院病历材料、死亡医学证明、金辉砖厂个人独资企业营业执照、协议书、合同书、合伙协议、股权转让协议、金辉砖厂申报国家资源节约和环境保护中央预算内投资备选项目的所提交材料、国家发展和改革委员会令第 31 号《中央预算内投资补助和贴息项目管理暂行办法》（已失效）、国家发展和改革委员会办公厅《关于组织申报资源节约和环境保护 2009 年中央预算内投资备选项目的通知》（发改办环资 [2008] 2692号）、江西省经贸委《关于组织申报资源节约和环境保护 2009 年中央预算内投资备选项目的通知》（赣经贸资源字 [2008] 406 号）、该市经贸委《关于组织申报资源节约和环境保护 2009 年中央预算内投资备选项目的通知》（赣市经贸资字 [2008] 216 号）、该市经贸委《关于申报 2009 年资源节约和环境保护中央预算内投资备选项目的请示》（赣市经贸文 [2009] 14 号）、江西省发展和改革委员会文件（赣发改环资字 [2010] 484 号）、该市发展和改革委员会文件（赣市发改工业字 [2010] 2144 号）、该市财政局文件（赣市财建字 [2010] 61 号）、上级专项投资项目资金拨付申请及审批表、银行流水等书证，以及戴某某、邹某某、徐某某、王某在侦查阶段的供述等证据证实。

二、本案的法律问题思考

（一）如何理解贪污罪中的"利用职务上的便利"？

"利用职务上的便利"在不同的犯罪中含义不同，最高人民检察院《关于人民检察院直接受理立案侦查案件立案标准的规定（试行）》（高检发研字〔1999〕2号）第1条第1项将贪污罪中的"利用职务上的便利"明确规定为："利用职务上主管、管理、经手公共财物的权力及方便条件。"这就意味着并非任何国家工作人员都能构成贪污罪。张明楷等人也认为：主管，是指负责调拨、处置及其他支配公共财物的职务活动；管理，是指负责保管、处理及其他使公共财物不被流失的职务活动；经手，是指领取、支出等经办公共财物因而占有公共财物的职务活动。

据此，贪污罪中的"利用职务上的便利"的核心是指与公共财物的支配、决定、占直接相关的职务便利，或者具有领导隶属国家工作人员支配、决定、占有公共财物的方便条件，不能将此外的职务便利动辄纳入贪污罪之中。对此，张明楷教授特别指出："不能认为，只要国家工作人员非法占有公共财物的行为利用了职务上的便利，就必然成立贪污罪。换言之，不是任何利用职务上的便利非法占有公共财物的行为都能成立贪污罪，只有当国家工作人员现实地对公共财物享有支配权、决定权，或者对具体支配财物的人员处于领导、指示、支配地位，进而利用了职务上的便利的，才能认定为贪污罪。……乡镇领导利用职务上的便利，骗取县财政局的经费据为己有的，不能认定为贪污罪。"因为与公共财物无关的职务便利，只是为国家工作人员的相关犯罪提供了外在的条件，并非获得公共财物的关键行为。

（二）如何理解受贿罪中的"利用职务上的便利"？

最高人民检察院《关于人民检察院直接受理立案侦查案件立案标准的规定（试行）》第1条第3项对受贿罪中的"利用职务上的便利"明确规定："利用职务上的便利"，是指利用本人职务范围内的权力，即自己职务上主管、负责或者承办某项公共事务的职权及其所形成的便利条件。2003年11月13日最高人民法院发布的《全国法院审理经济犯罪案件工作座谈会纪要》再次规定："利用职务上的便利"是指利用职务上主管、负责、承办某项公共事务的职权。至于"公共事务"（即公务）的概念，该座谈会纪要也明确指出："从事公务，是指代表国家机关、国有公司、企业、事业单位、人民团体等履行组织、领导、监督、管理等职责。公务主要表现为与职权相联系的公共事务以及监督、管理国有财产的职务活动。"

据此，受贿罪的"利用职务上的便利"的核心是与公务相关的职权及便利条件。对公共财物的主管、管理和经手当然也是公务，但公务显然并不限于对公共财物的管理。由于公务职权能够为他人带来利益，故他人为了获得公务职权带来的利益，往往向有职权的公务人员行贿，公务人员则将手中的公务职权与对方进行交易，获取贿赂。因此，即使国家工作人员的公务是对公共财物的主管、管理、经手，接收对方给予的财物，为对方谋取利益的，也应认定受贿罪。只有在国家工作人员与他人形成共同的犯罪故意，产生非法占有自己或下属主管、管理、经手的公共财物的共同目的，利用职务之便获得该公共财物的，才成立共同贪污罪。

（三）如何区分贪污罪与受贿罪中的"利用职务上的便利"？

1. "职务"的内涵不同

贪污罪中的"利用职务上的便利"是指直接利用本人主管、管理、经手公共财物的便利条件，如主管财物的领导人员、会计员、出纳员、保管员等的便利条件，其职务内容与公共财物直接相关联，并且对公共财物直接占有或有支配、决定作用。而受贿罪中的"职务"原本与财物没有必然联系，是因为存在对他人的请托事项产生制约或者影响的职务权力，才产生了索取或者收受请托人财物的便利条件。因而受贿罪中的"利用职务上的便利"的核心是与公务相关的职权及便利条件，可以是利用自己任何职务范围内的权力产生的便利条件，其职务权力范围可以是政治权力、人事权力、财产权力等，绝不仅限于与公共财物直接相关的管理职务。不仅如此，国家工作人员除可以直接利用本人职务范围内的权力以外，还可以利用本人职权或者地位形成的便利条件，通过其他国家工作人员职务上的行为达到索取、收受贿赂的目的。而对于贪污罪来说，很难想象国家工作人员脱离本人职务上的主管、管理、经手公共财物的便利而构成贪污的情况。

2. "职务"的范围不同

贪污罪"利用职务上的便利"中的"职务"不仅仅包括国家工作人员从事的公务，即职权，而且还包括非国家工作人员受国家机关、国有公司、企业、事业单位、人民团体委托管理、经营国有财产的工作。受贿罪中的"利用职务上的便利"中的"职务"则仅限于公务。

3. "职务"的谋利方式不同

受贿罪中"利用职务上的便利"是用来为请托人谋取利益的，再从请托人那里换取财物，利用职务为他人谋利是获取财物的交换条件。换言之，受贿罪中行为人利用职务上的便利并不是直接获取财物，贪污罪中行为人是利用职务之便直接侵吞、窃取、骗取公共财物。

4. "利用职务便利"的行为方式不同

在受贿罪中，行为人可以以作为的方式利用职务上的便利，也可以以不作为的方式利用职务上的便利；行为人可以利用自己职务上的便利，也可以利用有纵向制约关系的其他工作人员职务上的便利来获取利益。在贪污罪中，行为人的行为方式是利用职务之便直接侵吞、窃取、骗取公共财物，所以只能以作为的方式实施，而且只能是利用自己职务上的便利，不能通过本人职权或者地位形成的便利来实施。

（四）本案中戴某某"利用职务上的便利"是何种类型的职务便利？

本案戴某某在金辉砖厂获取 400 万元补助资金过程中利用了审核上报材料的职务便利，虽然戴某某获得的 27 万元来自于这笔技改补助资金，但其利用的职务便利是受贿罪的职务便利，而非贪污罪的职务便利。

1. 戴某某不能决定项目立项、资金拨付，没有贪污罪的职务之便

本案中戴某某的审核申报项目是否符合条件的职务行为只是技改项目申报的一个普通环节而已，只为项目获批提供了抽象的可能性，并不能决定申报的项目一定获批，也不能决定国家补助资金的去向，更未支配或控制该笔资金。如果戴某某具有控制、支配国家补助资金的职务之便，邹某某等人哪里还会到处打听可以协调上一级关系的代理人，更不会事先承诺给 70 万元、事成之后付 67 万元给袁某某。

2. 决定项目立项的是国家发改委组织的专家评审环节，决定资金拨付的是基层财政局

即使企业虚假申报项目，省、市、县各级审核机关都把关不严，申报项目也会在国家发改委组建的专家检查组的现场检查评审时原形毕露，这是项目资金计划确定的最后一道审核环节，也是项目获批最关键的一个环节。在本案中，金辉砖厂的技改项目正是由邹某某找到北京的袁某某协调了相关关系后才得以获批，事后还支付了 67 万元的感谢费，之所以给这么多钱去疏通关系（戴某某涉及的环节只给了 27 万元），说明该环节才是项目获批的关键

环节。

技改项目获批立项后，负责技改资金拨付的则是财政部门，尤其是县级财政部门，要现场检查技改情况后才会予以拨付。因此，对获批立项的企业而言，控制国家技改补助资金的是县财政局，而非项目立项前的各级申报审核部门。金辉砖厂的技改资金下拨到开发区财政局后，市财政局党组成员兼纪检组长邹某某向开发区财政局局长打了招呼，该局在没有现场检查的情况下就将该笔补助资金拨付给了金辉砖厂。

因此，在本案中戴某某的"公务"只是省级部门初审前接收审查县级部门呈送的节能补助项目材料是否符合文件要求。故无论是在金辉砖厂的技改项目申报时，还是在专项补助资金拨付时，戴某某审核材料的职权行为都不能支配、控制该笔款项，即客观上不存在可以贪污该笔款项的"职务便利"，客观上根本不存在戴某某能够利用自己职务进行贪污的犯罪对象。不能因为戴某某收受的 27 万元贿赂款来自于国家技改补助资金，就认为犯罪对象是公共财产，该笔款项在金辉砖厂几易其手，多次投资理财，已经不是公共财产了。

（五）本案中戴某某与金辉砖厂股东们是否形成了共同犯罪故意？

不能因戴某某曾与邹某某等金辉砖厂股东聚餐时知道对方拟虚假申报还提供帮助，就认为其与金辉砖厂股东们形成了共同的犯罪故意，需要实质考察是否存在共同的犯罪故意。

1. 戴某某参与聚餐前，金辉砖厂已形成申报技改项目决议

在戴某某参与聚餐商讨申报事宜前，金辉砖厂的股东们已经就申报国家财政补助项目达成了一致的意见，在聚餐前到戴某某那里拿过相关文件，以申报技改资金。事实上，在聚餐前金辉砖厂已经形成了申报技改项目资金的决议，只是在如何申报和跑项目等细节上需要进一步具体化而已，不需要戴某某促使其产生申报决议。

2. 聚餐时戴某某并未教唆邹某某等人虚报技改项目，只是被动接收了请托事项

金辉砖厂决定申报补助资金后，因为戴某某负责市级申报材料审核，项目申报后可以提供帮助，股东王某等人才邀请戴某某一起聚餐。聚餐讨论时，戴某某只是根据文件介绍了申报的程序、标准与所需材料，介绍了当时项目申报的实际情况，该厂股东们便请托其利用职务便利提供帮助，并协调省市

关系，最初的方案是先由股东们筹资 100 万元用来行贿，后来由于资金不足才许诺事成之后再酬谢其 30 万元，但并未将戴某某视为同伙一起骗取补助资金，更未谈及如何私分补助资金事宜。因此，不存在戴某某引诱或教唆其他股东虚假申报项目的可能性。

3. 邹某某等人是在补助资金下拨一年多后才产生非法占有的目的，但戴某某对此并不知情

国家补助资金下拨一年多后，由于开发区政府不允许拆迁区内的金辉砖厂进行技改，还为此签订了《某市金辉砖厂征收补偿协议》，根据该协议第 3 条规定，投资技改毫无意义。原申报的技改项目无法顺利进行。此时金辉砖厂的股东们本应将其获得的 400 万元补助资金退还给国家财政，但万某等多人证实，邹某某、王某等人此时对国家补助资金产生了非法占有的犯罪意图，股东们商议后决定通过倒签虚假股权转让协议的形式，按照出资额私分了这笔款项。但是，戴某某对于该犯罪意图毫不知情，其在金辉砖厂也没有股份，更没有参与相关私分会议，故其并没有与邹某某等人产生共同的犯罪故意。

4. 戴某某只是被动收受 27 万元好处费，没有参与实施分赃行为

邹某某等人之所以构成犯罪，是因为其后来产生了犯罪的故意，并实施了私分补助资金的犯罪行为。但是戴某某根本没有参与邹某某等人的分赃会议和分赃过程。在分赃过程中，邹某某等人也一致将给戴某某的 27 万元视为感谢费，感谢戴某某对申报项目的关照，将该笔费用作为成本进行计算。事实上，本案分赃是在剔除"跑关系"的成本之后，按照各自的出资比例进行分配的，故戴某某获得的 27 万元并非具体的分赃份额，而是分赃之外的成本。

受贿罪与行贿罪是对向犯，受贿人要为行贿人谋取利益，当然知道行贿人的请托事项，也会利用职务便利帮助其完成，这是受贿罪的应有之义。如果仅以受贿人知道并帮助行贿人完成了请托事项，就认为受贿人与行贿人形成了共同犯罪的故意，则所有受贿罪都可以直接以相关共同犯罪处理。因此，戴某某根本没有参与金辉砖厂的任何犯罪行为，与其股东之间不存在共同犯罪的故意。

（六）戴某某的行为构成贪污罪，还是受贿罪？

如果戴某某只是借用金辉砖厂申报项目，利用自己职务便利侵吞 400 万元技改补助资金，戴某某不可能只领取 27 万元用以打点关系的费用，依据常

识理应在此笔款项之外再参与分赃，戴某某不知道 400 万元何时到金辉砖厂，也不知道该笔款项用于理财及其理财收益，更没有参与分赃的决议和过程，只是被动到邹某某家里收受金辉砖厂承诺的"跑关系感谢费"。如此"贪污"，太过"大公无私"，与其非法占有的目的矛盾，更与常识常理相悖。

因此，戴某某只是利用了受贿罪中的职务便利，所得的 27 万元虽然最初来自于国家补助专项资金，但实为金辉砖厂承诺的"跑关系"感谢费，戴某某收受金辉砖厂 27 万的行为只构成受贿罪。

（七）本案中邹某某等金辉砖厂的股东构成何罪？袁某某构成何罪？

虽然金辉砖厂的股东们当时都知道企业不符合申报条件，但不能据此就想当然地认为其主观上具有非法占有的犯罪目的。事实上，"禁实"政策必然导致砖厂生产方式的技改转型，获得国家补助资金能够加快技改进程，这也是国家技改补助政策的初衷。但由于国家补助资金申报条件过于苛刻，产能规模要求很大，技改效益要求很高，当时所有申报的项目几乎都无法满足申报条件。当地政府将争资争项视为政绩，积极鼓励企业申报国家补助项目，帮助申报企业对相关数据和材料造假。只要国家补助资金实实在在用于技改，实现该笔资金的使用目的，就不应当对申报时的造假行为承担责任，因为虽然申报条件造假，但国家该笔资金的处分目的得到了实现。

但是，国家补助资金下拨后，由于开发区政府不允许拆迁区内的金辉砖厂进行技改，还为此签订了征收补偿协议，投资技改毫无可能，原申报的技改项目无法顺利进行。此时金辉砖厂的股东们本应将其获得的 400 万元补助资金退还给国家财政，但股东们此时对国家补助资金产生了非法占有的犯罪意图，明知是虚假申报获取的资金，还决定通过倒签虚假股权转让协议的形式，按照出资额私分了这笔款项。虚假申报加上非法占有的目的，违法所得均归个人所得，不构成单位犯罪，完全符合诈骗罪的构成要件，应对其以诈骗罪进行论处，同时对金辉砖厂向戴某某行贿 27 万元，应以行贿罪论处。

此外，还应查明袁某某的身份，如其具有国家工作人员身份，利用了自己的职务便利，或者利用本人职权或者地位形成的便利条件，通过其他国家工作人员职务上的行为，为邹某某等人谋取不正当利益的，构成受贿罪。此时邹某某等人对袁某某行贿 67 万元的行为涉嫌行贿罪。如果袁某某没有国家工作人员身份，而是作为国家工作人员的近亲属或者其他与该国家工作人员关系密切的人，通过该国家工作人员职务上的行为，或者利用该国家工作人员职权或者地位形成的便利条件，通过其他国家工作人员职务上的行为，为邹某某等人谋取不正当利益的，袁某某构成利用影响力受贿罪。邹某某等人则涉嫌构成对有影响力的人行贿罪。如果袁某某没有国家工作人员身份，也不是国家工作人员的近亲属或者其他与该国家工作人员关系密切的人，而是作为邹某某等人的代理人，向相关国家工作人员行贿的，则构成行贿罪。

三、主要参考文献

1. 张明楷：《刑法学》（第 6 版），法律出版社 2021 年版。

2. 徐留成、王强军编著：《贪污罪专题整理》，中国人民公安大学出版社 2009 年版。

3. 孟庆华：《贪污罪定罪量刑案例评析》，中国民主法制出版社 2003 年版。

4. 郭竹梅：《受贿罪司法适用研究》，法律出版社 2018 年版。

5. 罗开卷：《贪污贿赂罪实务精解》，法律出版社 2020 年版。

6. 尹琳："刑法上职务便利与工作便利的区别必要性辨析"，载《政治与法律》2015 年第 12 期。

7. 欧阳本祺："我国刑法中'利用职务便利'的类型化解释"，载《江苏行政学院学报》2019 年第 6 期。

8. 刘伟琦："'利用骗取的职务便利'之司法误区与合目的性认定"，载《河北法学》2016 年第 5 期。

9. 杜国强："利用职务便利实施共同犯罪的定性"，载《法学》2005 年第 5 期。

10. 陆漫："如何区分利用职务便利或工作便利犯罪的性质"，载《人民司法》2008 年第 13 期。

第八节　犯罪故意的认定：朱某某故意杀人案

一、案例简介[1]

住在某县城的朱某某经常见义勇为，协助公安机关破案，抓住过飞车抢

---

〔1〕　参见［2018〕赣 07 刑初 31 号一审刑事判决书。

夺的人，还曾经为追小偷扭伤了脚。肖某1则经常伙同他人实施违法犯罪行为，生效判决认定其实施了抢劫、敲诈勒索等行为。肖某1喜欢县东方大市场"沁园春"茶庄的刘某（女），2003年10月25日晚7时许，肖某1看到刘某在陪廖某跳舞十分生气，就想动手打廖某，朱某某的哥哥朱某2是廖某的朋友，急忙上前进行劝阻，肖某1直接拿起茶几上的烟灰缸砸破朱某2的头部，烟灰缸被砸破，众人见是肖某1，都不敢还手，直接带着朱某2去医院就医。肖某1伙同几个朋友继续在"沁园春"茶庄逗留。

当天21时许，朱某某感到医院得知此事后，非常生气，决定去找肖某1理论。随后朱某某和丁某、邱某一起驾驶一辆五十铃厢式货车前往"沁园春"茶庄。当车辆到达"沁园春"茶庄边的城关小学门口时，朱某某发现一辆丰田面包车正停在"沁园春"茶庄门口，肖某1正坐在驾驶室内，车内还有他的五六个朋友。随后，朱某某下车走到驾驶室车门边就哥哥朱某被打之事与肖某1理论，丁某、邱某也随即跟过来。朱某某走向肖某的时候，肖某的朋友开始从打开的副驾驶一侧的推拉门下车，有的向丁某、邱某走去，与其对峙，有的绕过面包车车头走向朱某某。

朱某某质问肖某1："是不是你打了我哥"，肖某1回答："是我打的又怎么样！"因肖某1说话语气强硬，朱某某非常愤怒，随即与坐在驾驶室里的肖某1发生抓扯打斗，其他人要么互相对峙，没有看清楚二人打斗的过程，要么看到朱某某用手挥了三下，然后面包车开始往后退，朱某某则手里拿着刀往后撤。肖某1的朋友罗某看见朱某某手里居然拿着刀，就说："老三（即朱某某），你怎么用刀啊！"朱某某一边撤，一边告诉肖某1的朋友快打120，赶紧送肖某1去医院。朱某某与丁某、邱某一起上了自己的五十铃厢式货车，开车逃离现场。罗某等人将肖某1送到医院时，肖某1已经死亡。朱某某、丁某、邱某随后驾驶五十铃货车逃离现场。此后，朱某某以其他人的身份藏匿在沈阳市和平区。2017年10月17日，朱某某在沈阳市和平区被沈阳市公安局民警抓获归案。

经鉴定，肖某1是因胸部被刺伤而死于失血性休克：肖某1的左锁骨外缘有一道2.2厘米长、1.5厘米深的创口，左胸第一三肋骨间有两道1.2厘米长的创口，这三个创口均未达胸腔。左胸第三、四肋骨间的2.2厘米长的创口深达胸腔，导致左心房尖的前壁有一1.7厘米的创口，引起急性大量失血，从而导致肖某1死于失血性休克。肖某1后颈部还有两处长度为1.2厘米或

1.3 厘米、深度为 1.2 厘米的创口，但并非致命伤。肖某 1 右手有两处创伤，可能是刺伤或划伤形成的。肖某 1 的两只手掌都没有血迹，整个左手没有受伤。同时，案发当晚深夜进行了现场勘验，驾驶室车门内侧挡板有擦拭的血迹，刀鞘落在肖某车辆东北侧 6 米之外，另有带血迹的汽车坐垫 2 个、汽车坐垫上的血迹 1 处。本案中的刀子没有找到，勘验时收集到朱某某使用的刀鞘，后来丢失。

本案主要证据如下：

1. 书证：

（1）接受刑事案件登记表、立案决定书，证实本案由某县人民医院于 2003 年 10 月 25 日 22 时报案至某县公安局刑警大队，某县公安局于次日立案侦查。

（2）抓获经过、羁押证明、在逃人员登记/撤销表、关于临时羁押的情况说明、关于抓获经过的补充说明，证实 2003 年 10 月 29 日，某县公安局对朱某某开始网上追逃。2017 年 10 月 17 日 18 时许，沈阳市公安局苏家屯分局民警在西安街×××号楼下抓获朱某某，于同年 10 月 20 日押解回某县看守所。

（3）常住人口信息、无犯罪记录证明、林某某身份证件及照片、户籍证明、扣押决定书、扣押清单，证实朱某某逃跑藏匿期间，使用了林某某的身份证件，其无犯罪前科。

（4）结婚证复印件、养老保险卡、身份证号码顺序登记表、身份信息表、刑事判决书、情况说明，证实被害人肖某 1 曾于 1998 年因犯抢劫罪，被判处有期徒刑 3 年，缓刑 4 年。

（5）接收材料清单、收条、民事赔偿及刑事谅解协议、刑事谅解书、银行转账凭证，证实 729 000 元。被害人亲属肖某 2、肖某 3、曾某、陈某、肖某 5 出具了谅解书，对朱某某的行为予以谅解。

2. 现场勘查、指认笔录：

（1）现场勘查笔录，证实某县公安局于 2003 年 10 月 25 日 23 时至次日 12 时许对案发现场进行了勘验。

（2）情况说明，现场提取的血迹、刀鞘等痕迹物品因为年久、技术室搬迁原因，无法找到，无法提取 DNA 鉴定。

（3）指认现场笔录、照片，朱某某依法指认出自己持刀捅死肖某 1 的犯罪现场；但是对丢弃作案工具和车辆的现场，因为时间长久，变化太大，无法指认。

3. 鉴定意见:

(1) 某县公安局法医学鉴定书〔2003〕于公刑技医字第32号、鉴定意见通知书,证实:分析说明:①肖某1在左胸部被刺伤后当场死亡。现场及死者衣服、尸体表面有大量血迹,全身皮肤苍白,尸斑淡薄,胸腔内有大量血液。说明肖某1是左胸部被刺伤,伤及心脏,心脏内血液经创口流出体外,从而导致急性大量失血而死于失血性休克。②从肖某1左胸部创伤深达胸腔,创缘整齐,创角尖,创腔无组织间桥来分析,应为锐器刺伤所致。鉴定结论:肖某1是因胸部被刺伤而死于失血性休克。

(2) 关于2003年肖某1死亡原因的分析意见书、鉴定机构证书、鉴定人资格证书、尸检照片,证实:①尸表检验情况:见左锁骨外缘有一2.2厘米长横形创口,深1.5厘米。胸骨左侧第一、三肋间有两个横行创口,长度均为1.2厘米,创口未达胸腔,但深达肌层。胸骨左侧第三、四肋间有一横形创口,长度为2.2厘米,深达胸腔。颈项部有两处横行创口,长度分别为1.2厘米、1.3厘米,此两处创口深达1.2厘米。以上所述创口两创角锐利,创腔无组织间桥,创缘整齐,创壁光滑。解剖见胸骨左侧第三、四肋间横形创口已刺破心脏。右前臂下段背侧有一创口,为5.0厘米×0.5厘米横形创口,深达肌层,创缘整齐,创壁光滑,创腔内无组织间桥,右前壁背侧中下段有一长度为0.8厘米浅表创口,边缘整齐,创腔内无组织间桥。②死亡原因:死者全身共有8处创口,其中一处创口已深达心脏,心脏有一1.7厘米长创口,此创口会导致大量出血;其衣服、尸体表面有大量血迹、全身皮肤苍白,胸腔内有大量血性液体,损伤已造成失血性休克,严重程度足以导致死亡。因此,肖某1是因锐器刺破心脏造成大量出血,从而导致失血性休克死亡的。③致伤工具:死者创口均边缘整齐,创腔无组织间桥,创壁光滑,属于锐器损伤,其中一创口已深达心脏,说明该锐器有一定的长度。综合分析其致伤工具为一定长度的锐器。④致伤方式:胸部及颈项部创口长度均在1.2厘米至2.2厘米之间,深度均到肌层,有一创口深达心脏,其创口形态均符合创口小、创腔深、常同时伴有伤及内脏之刺创特征,属于典型的刺创。尸检照片显示其胸部四处创口分布在左锁骨外缘至左乳头之间,创口之间相隔较近,分析该四处损伤属于连续刺创形成。右前臂有两处创口,一短一长,分析该损伤属于抵抗伤,刺伤或划伤可以形成。两处创口在颈项部,通常一个成年男性在有能力反抗的情况下很难受到损伤，特别是人为刺伤，分析该两处损伤符合受害人失去抵抗能力后被人用锐器刺伤形成。综合分析，肖某1是因锐器刺破心脏造成大量出血从而导致失血性休克死亡的。

4. 证人证言及辨认笔录：

（1）证人丁某的证言及辨认笔录：证实2003年10月25日晚8时许，朱某某因为其哥哥朱某2被打邀集他和邱某两人在某县人民医院碰头，当时朱某某情绪激动，朱某某指挥他和邱某一起驾驶五十铃轿车前往"沁园春"茶庄。到达茶庄后，看见一辆蓝黑色"子弹头"丰田牌面包车停在其车辆后面，朱某某就下车，往面包车方向去，他与邱某看到面包车上坐了好几个人怕打起来，又回车上拿了两根铁棍（用来拆汽车轮胎的）跟在朱某某后面。他看见朱某某径直走到面包车驾驶室的门边，车门没开，车门玻璃摇下来了。朱某某和驾驶室内的驾驶员说了几句话，一下子，就看见朱某某的右手对着驾驶员身上挥动了几下，这时车上已经有几个人下车在旁边，但没有人上前去拉朱某某。车上下来的两个人是"鸭婆"和"毛某"，朱某某对其中一人说了一句话，指了下驾驶员，就转身往五十铃轿车跑了。这时他看到朱某某手上拿了一把明晃晃闪亮的东西，应该是把利器（尖刀）。他看到驾驶员躺在椅子上，头倒向一边，面包车往后倒。

（2）证人邱某的证言和辨认笔录：证实2003年10月25日晚8时许，朱某某因为其哥哥朱某2被肖某1打了，叫丁某到他家叫他一起去某县人民医院碰头，在医院朱某某因为朱某2被打很生气，一起前往"沁园春"茶庄找肖某1。到达茶庄后，看见一辆"子弹头"丰田牌面包车停在其车辆后面，朱某某就下车往面包车走去，他和丁某也跟着下车，因肖某1车上坐了几个人，他怕若打架会吃亏就回车上拿了两根铁棍。他看见朱某某径直走向坐在面包车驾驶室上的肖某1，到肖某1面前说了几句话，当时驾驶室门没打开，摇下了车窗玻璃。听到肖某1说"我打了你哥哥又怎么样"，说完肖某1拉了朱某某的衣领，两人拉扯了几下，但没有看见有人动手打朱某某。肖某4和外号"鸭婆"的人从面包车上下来，围住了他和丁某。这时肖某4说了句"老三，不要这样"，他往朱某某那边看，看见朱某某手拿一把尖刀朝坐在驾驶室的肖某1身上刺了一下，肖某4就往朱某某方向冲去，但看见朱某某手上拿了刀，就不敢上前，然后朱某某让肖某4送肖某1去医院，后来他和丁某、朱某某就开车离去了。

（3）证人罗某（绰号"鸭婆"）的证言及辨认笔录，证实案发当晚8点多钟，肖某1因为一个叫刘某的女孩争风吃醋在沁园春茶庄打伤了朱某某哥哥朱某2的头部，后朱某2被送往医院。他和肖某1、肖某4开车去加油，并回到"沁园春"茶庄，准备开车去"夜明珠"舞厅玩。上车后，他看到车前停了一辆厢式五十铃货车，朱某某朝他们走过来，走到肖某1坐的驾驶室车窗旁问肖某1说"是不是你打了我哥"，肖某1回答"是我打的又怎么样"，这时看到朱某某后面来了两个带铁棍的年轻人，其中一个姓邱，这两个年轻人站的位置离朱某某有几米远。他就下车准备阻止他们，刚一下车，发现朱某某拿着像刀的东西伸进车窗朝肖某1胸部及背部刺了几下，他忙喊"朱老三，你怎么动刀"，他们上前，朱某某往回走，肖某4叫他看下车子怎么了，他看到车子正在倒车，跑前去看，看到肖某1头靠在方向盘，他推了肖某1一下，肖某1没有反应。他告诉肖某4"肖某1不行了，快送医院"，他就和肖某4将肖某1放到后面座位送去医院。到医院，医生说肖某1死了。案发时肖某1没有动手打朱某某，肖某1说完"是我打的又怎么样"，朱某某就动手了，时间很短。

（4）证人肖某4的证言及辨认笔录，证实案发当晚八点多钟，肖某1在"沁园春"茶庄打伤了朱某某哥哥朱某2的头部，后朱某2被送往医院。肖某1开着他的车出去后，又回到"沁园春"茶庄接他和罗某，他和罗某从茶庄出来上车，看见有一辆五十铃的小卡车停在门口的左边，车头朝向红旗大道。他和罗某上车后，他坐在副驾驶位置，罗某坐在后面，肖某2看到几个年轻朋友，也叫他们上了车。准备离开时，看见从那个集装箱式五十铃小卡车上下来三个人，朝他们的车走来，走在前面的是朱某某，跟在朱某某后面的两个男人，一个姓邱、一个姓丁，两人拿着铁棍站在朱某某身后十来米。朱某某走到坐在驾驶室的肖某1面前，驾驶室车门没有打开，但车窗玻璃摇了下来，朱某某问肖某1"是不是你打了我哥"，肖某1回答"是我打的又怎么样！"。朱某某马上伸手进车内，朝肖某1胸、背部连刺了几下。一开始他没看清楚朱某某手里拿着什么东西。他赶紧从右车门下车，走到车前绕过去想拉朱某某，等他走到朱某某面前时，朱某某的手已从车内伸出，他看到朱某某右手拿着一把尖刀，他才知道朱某某是用刀捅了肖某1。他对朱某某说"老三你怎么可以用刀"，朱某某见他过来，就往后面退。这时他看见面包车往后慢慢倒，就叫罗某去看怎么会倒车，罗某就讲肖某1不行了。他看见肖某1

坐在驾驶室，头靠在方向盘上，没点反应。于是就和罗某将肖某 1 放到后面座位送去医院。朱某某捅刺的时候，肖某 1 根本来不及反抗，肖某 1 被杀的时候也没有吭声，具体几下没看清楚，朱某某的刀前面是尖尖的，有点像匕首。

（5）朱某某的供述及辨认笔录：第一、二次供述证实 2003 年 7 到 11 月份的一天晚上八九点钟，他得知哥哥朱某 2 在某县城关小学门口的一个店里被一个叫肖某 1 的男子打伤了，就打电话给朋友丁某和邱某，叫他们一起来和他去找肖某 1 问清楚其为什么打伤他哥哥。于是他和丁某、邱某就开着他的蓝色五十铃小货车去了某县城关小学门口的那个店找肖某 1。到店门口时，肖某 1 开着一辆面包车准备离开。他就上前问肖某 1 是不是打了他哥，肖某 1 就说是其打伤他哥的又怎么样，非常嚣张。听完他就很气愤，情绪开始激动，瞬间被激怒了，就从身上裤袋里掏出一把水果刀，站在车外，用水果刀越过车门上方的挡风玻璃（当时驾驶室挡风玻璃被摇下来了）朝肖某 1 身上胸部捅了几下。捅的时候他情绪激动，没有想用刀捅肖某 1 会造成什么后果。除了他捅肖某 1，其他人都没有动手。肖某 1 被捅后脑袋往一边偏，支撑不住了。捅完肖某 1，他叫对方其中一人叫"120"过来抢救肖某 1。他叫上丁某、邱某开着那辆五十铃货车离开了现场。捅肖某 1 的是他自己的水果刀，有一个皮质的刀鞘，逃跑的过程他把刀扔了。但从第三、四供述开始，又称肖某 4 按着他的肩膀，肖某 1 拽住他的衣服并打了他的头和鼻梁，他满头是血，鼻梁也骨折，肖某 1 把他的头按在驾驶位置车窗上，一边打他的头，一边说"还敢叫我去看你哥，打死你"，肖某 1 车上也有人说"打死他"。当时他十分恐惧害怕，出于本能的反抗和挣扎，在驾驶室的操作台摸到一把刀后，右手反握小刀向上捅肖某 1。

二、本案的法律问题思考

（一）结合鉴定内容，如何确定朱某某致死肖某 1 的行为过程？

结合鉴定中的肖某 1 的八处伤口分析，应是朱某某在防卫的混乱中造成的。

1. 肖某 1 胸部伤口散乱，应是混乱中不计后果地捅刺造成的

从县公安局法医学鉴定书可知，肖某 1 的左锁骨外缘有一道 2.2 厘米长、1.5 厘米深的创口，左胸第一、三肋骨间有两道 1.2 厘米长的创口，但这三个

创口均未达胸腔。只有左胸第三、四肋骨间的2.2厘米长的创口才深达胸腔，导致左心房尖的前壁有一1.7厘米的创口，引起急性大量失血，从而使肖某1死于失血性休克。

该鉴定虽然并没有查明造成这些创口的具体方向（从上刺入、从下刺入、平行刺入、偏右刺入、偏左刺入?），但致命伤只有一处，其余伤口散乱，且离要害部位较远，不可能是向着心脏的连续捅刺杀人，而是朱某某在紧张的冲突过程中随意捅刺所致。朱某某面对坐在驾驶室的肖某1，如果其目的是报复杀人，捅刺的致命部位应该是颈部动脉和心脏，而不是锁骨、肋骨等非要害位置。

2. 肖某1右手的手腕上部受伤，应是其使用右手进行打斗造成的

肖某1右手的两处创伤属于抵抗伤，刺伤或划伤可以形成。案发时肖某1坐在驾驶室，他的右手靠近副驾驶，如果朱某某的身体没有被拉进驾驶室，肖某1也不会用右手殴打朱某某，肖某1右手的手腕上部是不可能被朱某某手里的刀子划伤的。故本案中肖某4、罗某两人所说肖某1没有进行任何抵抗的证言不实，不能采信。

肖某1的两只手掌都没有血迹，靠近朱某某的左手更是没有受一点儿伤，说明肖某1在案发时没有用左手阻挡，也没有用两只手捂住伤口。而结合朱某某的供述可以推定，肖某1左手按住朱某某，右手对朱某某进行殴打，朱某某摸到刀子后为保护自己，反手胡乱捅刺，很可能在混乱中才划伤了肖某1正在殴打朱某某的右手。

3. 肖某1的后颈伤口不是攻击行为造成的

肖某1的后颈部还有两处长度为1.2厘米或1.3厘米、深度为1.2厘米的创口，但并非致命伤，应该是在肖某1失去抵抗能力之后形成的。其实这两处伤口并不明显，法医当时并没有发现这两处伤口，而是肖某1家属在整理肖某1尸体时才发现这两处伤口的。

肖某1正常坐在驾驶室，其颈后部是朱某某无法触及的。朱某某多次供述中也只是说朝肖某1胸部捅了几刀，并未提及后颈部的创口。本案中其他证人都未提及朱某某捅刺了肖某1的后颈部位，如果认定朱某某在刺死肖某1后再残忍地向其后颈部位进行捅刺，明显与常理不符。如果朱某某要确保杀死肖某1，在肖某1失去抵抗后捅刺的部位不应该是肖某1的后颈这一非要害部位，而应是肖某1的颈部动脉或后背背心。事实上，应是朱某某在肖某1

松手的时候直起来身体，但此时肖某1被刺后身体支撑不住，开始向朱某某这边倾斜，朱某某基于本能，继续用手里的刀推开肖某1，不小心又刺到了肖某1的后颈部。

4. 朱某某在站立时无法对肖某1造成上述刀伤

多人证实，朱某某是用右手刺向肖某1的，且时间很短，刺的次数有1次、3次等不同的证言。倘若肖某1没有殴打朱某某，朱某某面对坐在驾驶室的肖某1，使用右手捅刺肖某1的左侧显得非常别扭，难以发力，遑论在短时间之内挥刀3次就同时对肖某1前胸部、后颈部和右手造成8处刀伤。事实上，朱某某站在底盘较高的丰田面包车驾驶室外面，在车门没有打开的情况下，完全站立时无法用右手持刀对坐在驾驶室的肖某1造成上述创口：肖某1的前胸左侧有车门、B柱和肖某1左手的多层遮挡，肖某1的后颈部和右手更是无法触及。只有朱某某的上半身进入车内，才可能在短时间内造成上述刀伤。

（二）结合勘验内容，分析相关案情？

朱某某多次供述，他在与肖某1交谈时，肖某4、罗某等人已经下车围住了他，肖某4按住他的肩膀，肖某1则拉住自己的衣领，按住他的头，打他的头、胸部和鼻梁，还打出了血。邱某也证实，是肖某1先拉朱某某的衣领。

从现场勘查笔录可以看出，驾驶室车门内侧挡板有擦拭的血迹。朱某某如果站立在驾驶室外面捅刺肖某1，没必要也不会在捅刺肖某1之后又在内侧挡板上去擦拭刀刃上的血迹。这就说明朱某某捅刺肖某1的时候应该是趴在驾驶室里面的，他直起身体来的时候右手的刀子不小心贴到车门内侧挡板，才可能造成车门内侧挡板上的擦拭血迹。

同时，刀鞘离案发时的汽车6米远，且刀鞘所在位置为案发地点的东北侧。据多人供述，朱某某的货车应在案发地点的正东方，朱某某也是从东方直接走向肖某1驾驶的丰田面包车的，无论刀来自何处，如果没有发生殴打，刀鞘是不可能落在肖某1车辆东北侧6米之外的。因此，朱某某供述刀鞘是被肖某1打落的，更符合常理。

（三）现场刀子是否为朱某某所带？

朱某某第一次供述说水果刀是自己带去的，但在案发现场的所有人均未证实是朱某某带了刀。虽有证人曾提及看到朱某某腰间有皮套，但该皮套是手机皮套，还是刀鞘，并不明确。如果朱某某真的将刀鞘放到腰间，在没有任何打斗的情况下，腰间的刀鞘不可能被扔在案发地点 6 米开外。

朱某某在随后的供述中就表示不清楚刀子怎么来的了。后来又供述该刀子是在肖某 1 所开车辆的驾驶室工作台上摸到的。究其原因，因时隔 14 年，长期的逃亡生活迫使朱某某强制遗忘曾经发生的案件经过，故朱某某的第一次供述并不精确可靠，如他第一次供述只记得案件大概发生在 2003 年 7 月至 11 月；他忘记了茶庄的名字是"沁园春"；也只记得捅伤了肖某 1 胸部，未提及划伤了肖某 1 右手和后颈部位。肖某 1 的朋友肖某 4 更是明确表示，案发当时朱某某并没有拿刀。

如果朱某某带了水果刀去现场，在肖某 1 这边有那么多人的情况下，他要么没有从裤袋里拔刀的机会，要么拔出来也无法捅刺肖某 1，因为肖某 4 等人不可能等到朱某某把刀拔出来，看他将刀鞘扔到 6 米之外，再眼睁睁地看着朱某某往肖某 1 身上捅刺 8 刀，才对朱某某说"老三，你怎么用刀啊"；肖某 1 也不可能傻傻地等朱某某对自己捅刺 8 刀而不反抗，他要么关窗，要么松开脚刹开车躲避（肖某 4、罗某等人均证实，肖某 1 被刺后面包车开始往后移，说明当时的面包车已经发动，且未拉手刹，应该是肖某 1 踩住脚刹停在那里）。

肖某 4 和罗某都证实，他们是在肖某 1 被刺后才下车，但又都说是自己惊讶地说了"老三，你怎么用刀啊"这句话，这明显互相矛盾。既然他们在车上就已经看到朱某某捅刺肖某 1，当然知道朱某某手里有刀，不应在下车后那么惊讶地说这句话，且朱某某捅刺肖某 1 后马上跑回自己的货车旁边了，水果刀很小，周围除了肖某 1 的车灯没有其他灯光（罗某在案发后两天的笔录就证实，案发当晚附近没有灯光，只有肖某 1 开的丰田面包车亮了车灯），他们根本不可能下车后看到朱某某手里的刀。相反，根据朱某后来的供述可以推定，肖某 4 和罗某当时就在朱某某的背后，但没看到俯下身体的朱某某抓到了刀，他们才会在朱某某拿刀站立时表现得那么惊讶，很可能为了逃避责任，才说是在捅刺行为之后才下车。

因此，在比较短的案发时间内，朱某某从肖某 1 驾驶室工作台摸到这把水果刀的供述，更符合常理，应予采信，以确定本案的案件事实。

（四）朱某某对肖某 1 死亡后果的心理态度是什么？

1. 碰见肖某 1 后，朱某某只是上前理论，并非报复杀人

朱某某碰见肖某 1 后，只是想弄清楚事情的经过，便上前问肖某 1 为什

么要打自己的哥哥，要求肖某1去医院看望，以便处理好这个事情。本案中所有言词证据均一致证实，肖某1对朱某某的正常问话十分强硬，直接告诉朱某某"打了你哥又怎么样！"这就说明肖某1当时非常嚣张，殴打他人不需要正当理由，根本不给朱某某理论的机会。因此，朱某某靠近肖某1的目的不是报复杀人，否则朱某某会直接开货车撞过去，或者捅刺肖某1的要害部位。

2. 朱某某在抓扯打斗时只是想尽快脱身

多人证实，朱某某走向肖某1车辆的时候，肖某1车上就开始有人下车，并围向朱某某，肖某1还拉扯朱某某衣领。朱某某供述，他在被肖某1激烈殴打其头部、胸部和面部的时候才产生反抗的动机，他摸到驾驶室工作台的刀子后，拔出刀子本想吓唬吓唬肖某1，才用刀子向肖某1捅刺。此时的主观目的只是想安全脱身，避免像他哥哥那样遭受到毒打。

3. 朱某某捅伤肖某1后叫人抢救，也说明朱某某并无杀人的直接故意

朱某某多次供述，不小心捅伤肖某1后，曾叫肖某4打电话给"120"，叫其前来救助肖某1。丁某、邱某也多次证实，朱某某当场叫肖某4送肖某1去医院。这也说明，朱某某根本没有杀害肖某1的犯罪故意，朱某某当时根本不知道捅刺的结果，就对此表示强烈的反对，否则不可能马上就叫人抢救肖某1。

4. 朱某某的一贯表现说明他不会因为一句话就杀人

本案中多人证实，案发前朱某某是极富正义感的正直青年，经常见义勇为，协助公安机关破案，抓住过飞车抢夺的人，还曾经为追小偷扭伤了脚。据案发前的刑事判决书记载，案发前两个多月的2003年8月15日，朱某某还和丁某一起抓获两名抢夺犯。朱某某在案发前和案发后均无任何违法犯罪记录。因此，朱某某不可能蔑视他人的生命，仅仅因为肖某1一句话就用刀杀人，他很可能是在自己遭受紧迫的侵害时陷入了恐慌，才出于本能用刀进行防卫。

综上，朱某某应是在于肖某1进行打斗的过程中，既慑于肖某1的霸道，有担心被肖某1的朋友围殴，急于挣脱，故对自己的捅刺行为没有设定限度，放任对肖某1可能造成的各种后果。但基于其一贯的表现，在发现自己捅伤人后，十分后悔，立即叫肖某1的朋友尽快送其到医院就诊。

（五）本案朱某某是否构成犯罪？构成何罪？有何犯罪情节？

结合前述分析，在朱某某确实致肖某1死亡的前提下，无论朱某某是否面临肖某1的不法侵害，他的行为即使有防卫性质，但对持刀捅刺肖某1的行为可能造成的结果都是持放任的心理态度。因此，应当根据发生的结果来认定其主观故意的内容，既然其刺死了肖某1，说明其主观上具有故意杀人的间接故意，应对其以故意杀人罪论处。

但结合朱某某和肖某1所处的具体位置（驾驶室内发生打斗）、肖某1的八处伤情以及现场勘验情况（驾驶室车门一侧有擦拭的血迹）等情况分析，朱某某的身体应该进入了驾驶室，且被压住后持刀从下往上反刺，才可能形成肖某1的致命伤及其周围的散乱刀伤。这说明本案存在防卫过当的情形，应对朱某某减轻处罚。

当然，在本案中证明存在防卫过当情形的证据并不充分，但需要注意的是，根据最高人民法院《关于适用〈中华人民共和国刑事诉讼法〉的解释》（法释〔2012〕21号）第64条第2款之规定，只有认定有罪和从重处罚，才适用证据确实、充分的证明标准。换言之，认定不构成特定犯罪以及从轻、减轻、免除的处罚情节，不需要达到确实、充分的证明标准，只要达到有可能发生的程度即可，此时应按照有利于被告人的原则予以认定。

（六）本案中被害人是否存在过错？对量刑有何影响？

多人证实，本案被害人肖某1因刘某与廖某跳舞，就用烟灰缸砸破劝架的朱某2头部，现场也较为血腥，且事发后多次在案发地逗留。在朱某某前来理论并要求赔礼道歉时，肖某1更是气焰嚣张地恶言相向，甚至主动殴打朱某某。据此，本案系因被害人肖某1先殴打朱某某的哥哥朱某2引发矛盾，且在朱某某就朱某2被打之事找肖某1理论时，肖某1没有平和地化解矛盾，却言语刺激朱某某，进一步激化矛盾，被害人肖某1对于本案矛盾的引发和激化，均具有较为明显的过错。根据《江西省高级人民法院〈人民法院量刑指导意见（试行）〉实施细则》的规定，因被害人的过错引发犯罪或被害人对矛盾激化引发犯罪负有责任的，可以减少基准刑的20%以下对犯罪人量刑。

（七）被害人家属的谅解对量刑有何作用？

本案发生后，朱某某家属考虑到本案确实对肖某1家庭造成了损失，且肖某1家属主动愿意原谅朱某某的行为，便竭尽全力赔偿，直至朱某某到案，前后达十几年时间，已经赔偿肖某1家人12.9万元。朱某某归案以后，朱某某的家属多方筹款，积极与肖某1的家属协商，最后追加赔偿了60万元。肖某1的家属也表达了他们对朱某某的谅解之意，向法院提交了刑事谅解书和撤诉申请书。根据最高人民法院《关于常见犯罪的量刑指导意见》（法发〔2013〕14号，已失效）的规定，对于积极赔偿被害人经济损失并取得谅解的，可以减少基准刑的40%以下进行量刑。

三、主要参考文献

1. 黄永主编：《中华人民共和国刑法立法背景与条文解读》，中国法制出版社2021年版。

2. 张明楷：《刑法学》（第6版），法律出版社2021年版。

3. 郭烁："死刑案件证据适用实证研究——以200件故意杀人罪判决为例"，载《青海社会科学》2017年第6期。

4. 王磊："民间矛盾激化引发的故意杀人罪死刑控制研究"，载《学术探索》2013年第5期。

5. 武亚非："犯罪故意认识对象中规范评价要素的辨析"，《宁夏社会科学》2017年第4期。

6. 付玉明："犯罪故意的事实认识与内容解读"，载《中国刑事法杂志》2016年第6期。

7. 陈可倩："论犯罪故意的对象因素"，载《法学》2015年第12期。

8. 《刑法学》编写组编：《刑法学》，高等教育出版社2019年版。

第三章

正当行为论

第一节　假想防卫的认定：明某国故意杀人案

一、案例简介[1]

2013 年以来，为贯彻落实《国务院关于支持赣南等原中央苏区振兴发展的若干意见》，根据《土地管理法》《村民委员会组织法》的有关规定，赣州市人民政府及该县（原该县市）人民政府先后出台了有关政策，要求在农民自愿的基础上，开展危旧土坯房改造及"空心土坯房"（简称"空心房"）整治工作。

明某国系赣州市该县村民，于 2013 年 4 月申请参加农村危旧土坯房改造，自愿拆除其位于老大屋组——被评定为 D 级危房、面积为 117.8 平方米的危旧土坯房，自愿签署《承诺书》承诺："拆除现有危旧房屋，保证一户一宅。如违反规定超占用地或不按规划建设，愿接受相关部门的依法依规处理。"原该县市人民政府经审核同意其申请，并发放补助人民币 15 000 元。明某国于当年建成新房，但还有一处土坯房，与同村村民明某 3 的土坯房相邻，面积为 51.46 平方米，长期无人居住，用于堆放木头、农具等杂物。

2016 年，江西省人民政府为解决农村困难群众安居问题，完善农村住房保障体系，在全省开展农村危房改造工作。赣州市各级政府本着"共享苏区发展成果、建设幸福美丽家园"的良好愿望，积极推进此项工作。2017 年 2 月 23 日、3 月 16 日，赣州市该县村委会两次召开该村新老大屋组户主会，宣

---

[1]　参见［2018］赣刑终 299 号二审刑事裁定书。

传土坯房改造、整治政策，并在 2 月 23 日的会议上成立了新老大屋组理事会，明某国参加了 2 月 23 日的会议，在会议上未对拆除土坯房发表明确意见。之后，村委会、新老大屋组理事会安排工作人员到村民家中征求意见，村民明某 1、明某 2、明某 3 均同意拆除自家的土坯房。

2017 年 3 月 17 日 9 时许，冯某、郭某受村委会的雇请、安排，驾驶挖掘机到新老大屋组，对村民同意拆除的土坯房进行拆除作业。在村干部华某拍照后，村干部李某指挥冯某、郭某操作挖掘机，开始对明某 1、明某 2、明某 3 的土坯房进行拆除作业。当挖掘机拆除明某 1 家土坯房时，明某国妻子张某和儿子明某 2 到现场提出其土坯房还有杂物未搬，不能拆。李某、华某当即告诉正在操作挖掘机的冯某，张某、明某 2 便离开现场。之后，李某指挥冯某拆除与明某国家相邻的明某 3 家土坯房，作业时，因操作不慎导致三根横梁翘翻，打到明某国家土坯房南部屋檐，造成部分瓦片掉落，但未损坏墙体。此时，张某和明某 2 又来到现场，见状质问冯某和李某，李某当即作了解释，并叫冯某立即停止作业，冯某将挖掘机开到边上熄火停机。数分钟后，乡人大时任主席卓某根据工作职责到现场查看土坯房拆除工作进展情况，见挖掘机停止作业，了解情况后与李某等人到附近查看其他土坯房。

期间，在村小卖部打扑克牌的明某国听儿子明某 2 说有人开挖掘机来拆其家老房子，很生气，即回家拿了一把镰铲赶来，见挖掘机停在其家土坯房前，土坯房南面屋檐部分瓦片掉落，误以为挖掘机是拆除其家土坯房，便大声质问，在场的李某、卓某、华某、邝某 1 等予以解释和劝说。明某国不顾卓某和在场村干部的劝阻，持镰铲打砸挖掘机驾驶室玻璃，卓某见劝阻无效，于 9 时 59 分打电话向乡派出所所长申某 1 报警。明某国见卓某报警，心生怨恨，持镰铲跟随卓某，趁卓某不备，猛击卓某头部一下，致卓某倒地，卓某所戴安全帽也被打落，明某国紧接着上前持镰铲再次击打卓某头部。邝某 1 见状立即上前抱住明某国，明某国用力挣脱，挥舞镰铲威胁旁人不得靠近，再次持镰铲朝卓某头部连打两下，致卓某当场死亡。随后，明某国扔下镰铲逃离现场。

同月 18 日 11 时许，公安机关抓获明某国，在抓捕过程中明某国从地上捡起石头砸自己头部自残，致头部出血。经法医鉴定，被害人卓某被易于挥动、质地硬的钝器多次打击头面部致严重颅脑损伤死亡；明某国患脑外伤所致精神障碍（脑挫裂伤后综合征）、依赖综合征，但作案时精神状态正常，具有完全刑事责任能力。经价格认定，因明某国打砸挖掘机造成的经济损失为人民币 1835 元。

本案主要证据如下：

赣州市人民政府、该县人民政府、乡人民政府有关文件证实了拆除"空心房"的政策规定，会议记录证实了乡、村干部对村民开会宣讲新农村建设及拆除"空心房"的政策，并对此部署工作的情况；多名乡、村干部和村民的证言证实村民支持"空心房"拆除工作及拆除工作流程，并证实村委会对不同意拆除的户主不会强行拆除；立案侦查手续、归案经过说明和勘查笔录、照片、提取笔录等证实赣州市该县公安局接到报警赶到现场处警、后抓获明某国的事实；急救记录证实该县乡卫生院、该县祥联医院医护人员赶到现场对卓某进行救治及卓某经抢救无效而死亡的事实；赣州市该县公安司法鉴定中心（康）公（刑）鉴（法）字［2017］6 号法医学尸体检验鉴定意见书及尸体检验照片证实卓某符合被易于挥动、质地硬的钝器多次打击头面部致严重颅脑损伤死亡，中山大学法医鉴定中心中大（精）鉴字第 J2018088 号、第 J2018088-1 号司法鉴定意见书证实明某国患脑外伤所致精神障碍（脑挫裂伤后综合征）、依赖综合征，作案时精神状态正常，具有完全刑事责任能力；证人李某、华某、明某 1、冯某、钟某、郭某、明某 2、张某、明某 3、段某、邝某 1、肖某、邓某、明某 4、明某 5、邝某 2 的证言证实了案发经过；明某国对其在现场持镰铲打砸挖掘机玻璃，连续打击卓某头部致卓某死亡的犯罪事实供认不讳。上述证据均经庭审举证、质证，能相互印证，合法有效，确实充分。

二、本案的法律问题思考

（一）何为假想防卫？

假想防卫也叫假想的正当防卫，是指防卫人误认为是不法侵害现实、急迫地存在，而对该"不法侵害"进行防卫，并给"不法侵害人"造成损害的行为。正当防卫是针对不法侵害的自我保护行为，是刑法鼓励的行为，不法侵害的不法性本质应当与犯罪的本质特征有所区分。国家针对犯罪发动刑罚措施以实现预防功能，必然要求实施犯罪的行为人具有主观罪过。但在不法侵害并不限于刑事违法的情况下，要求防卫人认识到不法侵害人实施的行为是否有主观故意，从而来决定防卫人保护自身利益的行为是正当防卫还是假想防卫未免太过苛刻，不法侵害人的主观认知与防卫人维护自身利益之间并无因果联系。此外，如果在不得已情况下对未达到刑事责任年龄的人和不具备刑事责任能力的精神病人的侵害进行防卫被认定为正当防卫，实际上也说明对客观违法行为可以进行正当防卫。

从不法的属性和内容来看，不法侵害包括刑事违法行为和一般违法行为，既可以是主观违法行为，也可以是客观违法行为。所以，把一般违法行为误以为是正在发生的刑事违法行为，或者把客观违法行为误以为是正在发生的主观违法行为而防卫的，依然是正当防卫，而不是假想防卫。与之相较，所谓假想防卫是指防卫人将根本不存在的不法侵害（包括刑事违法行为、一般违法行为、主观违法行为、客观违法行为）误认为是现实、急迫地存在，进而进行所谓防卫的行为。

（二）如何理解假想防卫中的不法侵害？

1. 不法侵害的法律属性

假想防卫的概念与正当防卫的前提条件——不法侵害中的不法属性紧密相关。从不法侵害的评价规范角度来看，如果防卫对象仅是刑事违法行为，则将一般违法行为误认为是刑事违法行为而防卫亦是假想防卫。我国犯罪构成的四要件既相互独立又整体统摄于社会危害性，刑法中规定了正当防卫不负刑事责任，但未对"不法侵害"属性进行界定，并且这里的"不法"并非大陆法系的阶层论犯罪体系中的不法评价，亦非我国刑法理论的构造概念，而是更具普适性的通俗概念。

不法侵害既包括刑事违法也包括一般违法，这也符合立法精神和司法实际。首先，从正当防卫的立法沿革来看立法精神与目的，可以确定立法机关肯定了对一般违法行为可以正当防卫。1954年《刑法指导原则草案》曾将正当防卫的对象限定在"犯罪侵害"，但在后来生效的刑法典中没有使用该概念。立法的精神与目的要借助我国刑法条文中的词语来表达。因此，解释者应当通过立法者所使用的语词的客观意义来发现立法精神与目的。其次，权利行为是正当防卫的正当化根据，最大限度地保障一般公民权利的行使是各国法律追求的目标。如果仅对不法侵害认定为刑事违法行为就是不当缩限正当防卫范围，也就是压缩公民权利行使的范围，当然不符合法律精神。最后，正当防卫是"正对不正"的自我保护行为，虽然是对不法侵害人的一种加害行为，但对一般违法行为进行正当防卫是完全符合维护法秩序、建立法规范意识的社会要求的。

所以，在一般不法的观点下，假想防卫的概念是误以为存在现实、急迫的一般违法行为或者刑事违法行为，而对"一般违法行为或刑事违法行为"进行防卫，并造成被防卫人损害的行为。质言之，防卫人将根本不存在的一般违法行为或者刑事违法行为误以为存在而采取防卫。

2. 不法侵害的事实属性

假想防卫的概念与不法侵害的内容侧面也密切相关。由于犯罪行为和违法行为要求行为人主观上具有可以归咎的心理状态，据此也就会认为正当防卫中的不法侵害也必须具有主观的属性，即要求不法侵害人必须具有主观的不法侵害状态。但是，主观不法论者也意识到如果在面临单纯的客观不法侵害时，被侵害人只能一味退避而不能防卫是有违防卫宗旨的。所以有学者就提出，针对缺乏主观认识的不法侵害应先采取避让，不得已才可以采取正当防卫。"不得已性"便成为针对未达刑事责任年龄或精神病人进行防卫的前提条件。

大陆法系"不法"与"有责"分属不同阶层，一般认为违法是客观的。如日本的西田典之认为不法侵害只要客观上违法即可，对于并无故意、过失者以及无责任能力的行为，只要该行为属于违法行为，也可实施正当防卫。德国的克劳斯·罗克辛也认为，紧急防卫中的攻击是指通过自然人的举止行为对一种法益的威胁，攻击的违法性符合一般犯罪理论的违法性概念。我国持结果无价值论的学者也认为，应当允许对未达到法定年龄、不具有责任能力的人的法益侵害行为进行正当防卫。但其立场并不坚定，认为在采取回避措施并不存在特别负担的情况下，不宜进行正当防卫，虽然强调了"不要求只能在不得已情况下才进行防卫，但尽量限制在必要场合"，但什么是必要的场合，在实践中不易认定。

所以，从不法的内容来看，如果将正当防卫的对象仅限于主观违法行为，那么对客观违法行为不能进行正当防卫，如果将客观违法行为误认为是达到法律责任年龄或具备刑事责任能力的人实施的主观违法行为而进行防卫，就构成假想防卫。反之，如果将正当防卫的不法内容包括客观违法行为，那么防卫人将客观违法行为误认为主观违法行为而防卫，就不是假想防卫。

（三）刑法理论上对假想防卫的处理原则？

假想防卫不可能构成故意犯罪，但可以构成过失犯罪，也可能属于意外事件不负刑事责任。

1. 假想防卫原则上不应以故意犯罪来处理

根据我国《刑法》第 14 条的规定，故意犯罪是以行为人明知自己的行为会发生危害社会的结果为前提条件的，而明知自己的行为会发生危害社会的结果，又是以行为人明知自己的行为具有危害社会的性质为重要内容的。如果不知道自己的行为是危害社会的行为，当然也就不可能明知此行为会发生危害社会的结果，从而也就不可能构成故意犯罪。在假想防卫的情况下，行为人对不法侵害人实施的防卫行为虽然是故意行为，但这种故意是建立在对客观事实的主观认识错误的基础之上的，即行为人自以为自己的行为是对不法侵害的反击，是一种对社会有益的正当防卫行为，即主观上不具备犯罪故意的认识内容。因此，不能把假想防卫的故意等同于犯罪故意。

但是，如果行为人不但对事实产生了错误认识，而且对自己误认的事实还产生了法律认识错误，将本来不可以防卫的合法行为（如报警行为）理解为不法侵害，进而进行防卫的，如果该法律认识错误并未影响其对行为危害性的认识，则应对其以故意犯罪论处。

2. 假想防卫可能构成过失犯罪

假想防卫并非都是不具有罪过的行为，行为人主观上往往存在过失，由于假想防卫的行为人对没有实行不法侵害的人造成了损害，有时甚至是导致了严重的后果，这虽然是由于行为人主观上的认识错误造成的，有可宽恕的一面，但在多数情况下，只要行为人稍加注意，就可以弄清不法侵害是否确实存在，采取适当的应对措施，以避免错误及危害结果的发生，由于行为人应该注意而未注意，使本可避免的危害结果未能避免，所以，其主观上存在刑法意义上犯罪的过失，一般可以过失犯罪论处。《刑法》第 15 条第 2 款规定："过失犯罪，法律有规定的才负刑事责任。"因此，在假想防卫案件中，由于过失而造成危害后果的，只有刑法分则中明文规定处罚这种过失行为时，行为人才承担过失犯罪的刑事责任。否则，即使因过失导致了一定的危害后果，也不应要求行为人承担刑事方面的责任。

3. 假想防卫也可能是意外事件

如果行为人主观上没有罪过，危害结果是由于不能预见的原因所引起的，对此，应当视为意外事件，不负刑事责任。我国《刑法》第 16 条规定："行为在客观上虽然造成了损害结果，但是不是出于故意或者过失，而是由于不能抗拒或者不能预见的原因所引起，不是犯罪。"对于行为人的这种认识错误是否可以避免，应结合行为人自身的认知条件，参考社会上一般人的认识水平确定判断标准，以案发当时行为人的主体特征和具体的时间、环境等客观因素为判断对象，进行具体的判断。

（四）假想防卫有哪些具体类型？

1. 事实认识错误型假想防卫

事实的认识总是在法律评价之前，这也契合罪责认定过程中，作为犯罪构成事实之认定在违法性认识可能性之前。防卫事实认识错误的假想防卫之所以会使防卫人对自己行为产生评价错误，皆因对防卫前提事实是否存在判断错误，这个错误已经决定了防卫人的主观罪责，之后自身对防卫行为的评价错误，已经是处在该情形下的行为人都会发生的错误，难以期待再作出正确判断。防卫事实错误的假想防卫虽然在事实的"有无"判断错误后，继续实施了防卫行为并致使他人法益受损，但认定防卫人主观罪责已经在事实判断错误时定格，不再受之后对防卫行为法律意义认识的影响，因为防卫人在客观上无论如何都会对自己行为发生错误的评价，这种基于防卫事实认识错误的防卫行为就是事实认识错误型假想防卫。

2. 法律认识错误型假想防卫

"把合法行为误以为是正在发生的不法侵害而进行防卫"的情形，就是把被防卫人实施的合法行为误以为是违法的，是防卫人对引发防卫行为的前提事实行为的评价错误，防卫前提事实并没有认识错误，防卫人清楚地知道对方在针对自己实施某个行为，只是对这个行为具有的法律规范意义发生认识错误。一旦对他人行为的法律意义产生评价错误后，防卫人接下来的防卫行为客观上导致损害的发生，主观罪过应该根据对他人行为的法律意义评价错误来界定，因为对他人行为的法律意义认识错误后顺延地会对自己实施的防卫行为发生评价错误。因对他人行为的法律意义认识错误，导致对自己防卫行为的法律意义发生错误认识，进而引发的假想防卫，就是法律认识错误型假想防卫。

3. 事实与法律的认识错误叠加型假想防卫

如果防卫人先对防卫前提事实是否存在发生了错误认识，但没有具体实施防卫行为，事实认识错误对防卫人的心理影响已经消退，在此基础上被防卫人进一步采取的合法行为又被防卫人理解错误，以为是违法行为，在这种情况下防卫人针对误以为的违法行为进行防卫的情形就是一种叠加的假想防卫。此时虽基于一前一后的认识错误，导致防卫人对被防卫人采取了防卫行为，但产生防卫心态是建立在对被防卫人行为意义产生错误认识，以为自己实施的是合法行为，即法律认识错误是关键。只不过防卫人同时也对防卫前提事实的有无发生了错误认识，两者叠加在一起，但引发防卫人犯罪动机的根源是法律认识错误，事实错误对防卫人是否采取防卫行为没有任何影响。同理，根据防卫人发生事实认识错误和法律认识错误的先后顺序，叠加型的假想防卫有四种形态：两个事实认识错误的叠加、两个法律认识错误的叠加、先事实认识错误后法律认识错误的叠加、先法律认识错误后事实认识错误的叠加。

4. 事实与法律的认识错误竞合型假想防卫

当防卫人一开始就对一个合法的行为事实发生认识错误，误以为存在 A 行为，但 A 行为本身是合法的行为，防卫人又对 A 行为的法律意义产生认识错误，以为 A 行为是正在针对自己发生的不法侵害，进行了所谓的正当防卫，这就是事实认识错误与法律认识错误竞合的假想防卫。如甲乙相约决斗，甲中途打电话给家人，乙以为甲打电话通知警察，这是事实认识错误，甲认为双方自由约定的行为可以排除警察干涉，甲的报警行为会破坏约定，自己针对报警行为进行防卫是合法的，这是法律认识错误，在两种错误认识下，乙遂对甲的打电话行为进行防卫，亦即甲的防卫是在事实认识错误和法律认识错误竞合下产生的。

（五）法律认识错误型假想防卫的罪过如何认定？

假想防卫并非刑法分则的具体罪名，根据防卫行为造成的社会危害性特征，可能被认定为自然犯，也可能是法定犯。法律认识错误型假想防卫人对被防卫人实施的所谓的"不法侵害"事实有清醒的认识，而防卫原因是对被防卫人行为的法律意义发生错误认识，以为被防卫人实施的行为具有违法性，可以对其进行防卫并造成实际社会危害后果。我国《刑法》第 14 条明确规定，故意的认定要求行为人明知到自己的行为是具有社会危害性。界定法律认识错误型假想防卫人的罪过形态就应该从防卫人的违法性认识错误是否影响"明知防卫行为的社会危害性"上着手。一般的违法性认识错误不会影响社会危害性的认识，这也是自然犯的故意认定只要行为人认识到了社会危害行为会发生，就具有了犯罪故意，违法性认识错误或缺乏不影响故意的认定。

换言之，如果违法性认识错误不影响防卫人对防卫行为社会危害性的认识，亦即其在主观上认识到了自己防卫行为的社会危害性，也就具备了犯罪故意的认识因素，该违法性认识错误就不影响其故意罪过认定。

但对于法定犯来讲，行为人没有违法性认识或者认识错误却可能会影响到其对该行为的社会危害性认识，如果确实影响到了对行为危害性的认识，则应阻却故意罪责。如果防卫人对防卫行为的违法性认识错误影响到其对防卫行为社会危害性的认识，就能说明其在主观上没有认识到防卫行为危害性质的状态，不具有犯罪故意。但在有注意义务和注意能力的前提下，因疏忽大意或过于自信而发生违法性认识错误，认为不会发生危害社会的结果，就应承担过失的责任。仅在违法性认识错误根本没有回避的可能性时，防卫人对防卫行为的违法性认识错误没有回避的能力，那么不能因为该违法性认识错误导致的社会危害性认识偏差就将假想防卫产生的危害结果归咎于他，此时应该属于意外事件。

（六）事实与法律的认识错误叠加型假想防卫的罪过如何认定？

若防卫人先对防卫事实产生错误认识，在随后事实认识错误的影响已经消退的情况下，对被防卫人的进一步行为发生误解，误认为是不法侵害而进行防卫是在事实认识错误的基础上叠加法律认识错误的假想防卫。这种情形下，防卫人的防卫意识产生跟刚开始的事实认识错误无关，完全是因为随后的法律认识错误导致，其假想防卫的法律效果应该和法律认识错误的假想防卫相同，主观罪过上不阻却故意。

（七）假想防卫过当及其罪过如何评价？

所谓假想防卫过当，是指不存在正在进行的不法侵害，但行为人误以为（假想）存在，并对该假想侵害实施明显超过必要限度的反击，造成重大损害的危害行为，实为假想防卫和防卫过当的竞合。

在假想防卫过当中，行为人特别需要认识的除了不法侵害这一前提事实外，还包括过当性危害事实。作为假想防卫和防卫过当的竞合，假想防卫过当中行为人主观上对前提事实没有正确认识，或者对行为的法律意义没有正确认识，但客观上已经实施了明显超过必要限度的所谓"防卫行为"，且造成了严重损害。由于行为人主观上对过当事实可能有认识，也可能无认识，这样就出现了两种情形：对不法侵害和过当事实都没有正确认识，或者对不法侵害没有正确认识，但对过当事实有正确认识。

就第一种情形而言，在整个行为过程中支配行为的心理事实都是防卫意图，这一心理事实和正当防卫行为的主观面并无二致，但它并不是刑法否定评价的对象，刑法所关注的是这一主观意图与客观事实相矛盾的原因事实：什么样的心理导致了错误认识？这一心理有无刑罚处罚的当然性和刑罚矫正的必要性？一般情况下，行为人对不法侵害的事实没有正确认识源于两种情况：意外或者疏忽大意的过失。在意外的场合，行为人对前提事实的误认具有相当性，行为人无法认识到"防卫行为"的危害性，对此也就不承担刑事责任，此时的防卫意图是一种非罪过心理。但这种无罪过的状态并非没有限度，一旦行为超过正当防卫的应有界限，行为人主观上就会存在与防卫过当同质的主观罪过。因为此时其应当认识的内容包括了另一客观事实：明显超过必要限度的行为及其产生的严重后果。但这里的"明显"并非行为人当时所觉察到的明显，而是事后一般人能够得出的结论，否则会得出行为人不可能认识不到过当性事实的结论。这一"明显"而又"重大"的客观事实行为人应当认识，正常人也是有能力认识的，但不排除行为人由于没有发挥自己的注意能力而没有认识到的情形。行为人没有认识是因为自己疏忽大意，而不可能"意外"地以明显过当的行为导致重大损害的情形。

因此，从整体上考察，因意外而实施假想防卫，在没有认识到过当事实而造成重大损害时，行为人的主观罪过应是疏忽大意的过失。在行为人因为疏忽大意的过失产生假想防卫的场合，行为人对不存在不法侵害本应预见也有能力预见，但因不注意而没有预见并实施了"防卫行为"，且又造成了过当性事实的情形，对该过当事实具有过失，从整体观之，行为人主观上承担罪责的依据依然是疏忽大意的过失，而不能采用"负负得正"的方法认定为故意。

就第二种情形而言，由于一般情况下行为人对过当事实的主观罪过不是直接故意，所以过失是假想防卫过当的常态。但在特定情形下行为人对过当事实确实存在直接故意的罪过：其一，犯罪目的和防卫意图并存时。同一时间既保护又损害法益在逻辑上不能共存，但防卫行为保护的利益和过当行为损害的利益在所属主体上是分离的，可能出现防卫人为了保护受害人利益而过当损害侵害人利益的情形。其二，行为人虽然认识到了前提事实或过当事实，但对其法律性质产生了错误认识，误以为是不法侵害，或者是法律所鼓励的事实，积极追求严重后果的发生时。这种认识错误不是事实错误，而是法律认识错误，在不具有相当性的场合并不阻却犯罪的故意。因此，在行为人对前提下事实或过当性事实有认识时，均以其对防卫行为危害性的心理事实作为主观罪过认定的依据，基于故意的假想防卫过当当然是故意犯罪，基于过失的假想防卫过当也可能成立故意犯罪，基于意外的假想防卫过当则可能成立过失犯罪，这反映了假想防卫过当的整体性和一致性。

（八）假想防卫过当对量刑有何影响？

在行为人对不法侵害没有认识基于意外的场合，行为若没有明显超过必要限度范围，行为人对实施这一行为并无罪过，不负刑事责任，也就不应受到刑罚处罚。在该行为造成了过当性结果之时，无论行为人对过当性事实是否有认识，也只对明显超过必要限度的过当部分承担刑事责任，此与防卫过当并无二致，应在对整个结果量刑的基础上予以刑罚的减免，所以此种情形下的假想防卫过当适用法定减免情节是妥当的。

在对不法侵害没有认识基于过失的场合，行为人对过当性结果至少要承担过失的罪责，主观上的善良之意与假想防卫等同，故对此不宜适用减免的法定情节，否则的确会导致轻重失衡的不合理现象，但其主观内容为刑法所积极倡导，与其他的忽视法秩序的过失犯罪或敌视法秩序的故意犯罪不同，故在量刑之时应作为酌定的从宽情节处理，这也与鼓励公民同不法侵害作斗争这一立法精神并行不悖，行为人的行为正是响应这一立法精神的体现，对其从宽处理会在更大程度上鼓励公民继续同不法侵害作斗争。此时从宽也不会导致轻重失衡的情形，假想防卫同样应据此从宽处理，且同等条件下假想防卫过当是在更高的过当起点上从轻，故最终的结果不会比假想防卫更轻。

但是，在对不法侵害事实基于故意、对其法律意义具有错误认识的场合，即使对过当的事实认识仅具有过失，因行为人对所谓防卫行为的危害性具有明确的认识，整体上一直是犯罪故意的心态。在其对过当事实具有过失时，应当成立相应犯罪的结果加重犯，如故意伤害致人死亡；在其对过当事实具有故意时，则对整个假想的防卫过当事实承担故意的罪责，且不应予以从宽处罚。

（九）对本案中明某国的主观罪过、罪名和量刑如何评价？

明某国一案正好是在事实认识错误基础上叠加法律认识错误的假想防卫犯罪，明某国之前对强拆房屋的事实认识错误在打砸挖掘机后就告一段落，后来对卓某报警行为的法律意义产生了错误认识，是认定明某国案主观罪过的关键。

第一，施工方在拆除他人土坯房时不小心碰到了明某国土坯房一角，明某国误以为是乡干部未经自己同意拆除自己家的土坯房，把不存在的强拆行为误以为存在，这是事实认识错误的假想防卫。因为挖掘机已经停止作业，就算是存在明某国误以为的强拆事实，但此时也不存在现实急迫的不法侵害，明某国对挖掘机进行破坏的行为并非正当防卫，但也不是基于事实认识错误的假想防卫。在挖掘机停止作业的情况下，事实认识错误对明某国的影响已经消退，其因为忿恨而破坏财物的行为根据财物价值多少认定，1835 元没有达到故意毁坏财物罪的入罪标准，故只构成一般违法。

第二，明某国对被害人卓某的合法报警行为产生了法律认识错误，因为自己的行为就以为报警是针对自己正在进行的不法侵害，所以实施了一个基于法律认识错误的假想防卫。乡干部卓某见明某国在破坏挖掘机，对其进行了口头阻止无效后，表示要报警叫警察把明某国铐走，随后当场用手机拨打派出所电话。因明某国之前有过被公安机关采取强制措施的经历，害怕警察来后会把自己铐起来带走，所以他认为卓某的报警行为肯定会对他的权益造成损害，为了维护自身权益可以针对报警行为进行防卫，便用镰铲多次击打卓某头部，导致卓某死亡，是典型的基于法律认识错误的假想防卫过当。在这个过程中，明某国清晰地认知卓某正在报警，事实上卓某也的确拨打了派出所电话，而对报警行为这种明显合法行为的法律认识错误，并因此发生致人死亡的防卫行为，应承担主观故意的罪过，法律认识错误并不影响防卫行为的社会危害性认识。

因此，法院最终判定明某国假想防卫过当的主观罪过为故意是合理的，但把事实认识错误作为减轻责任的理由是值得商榷的。明某国虽然对是否发生强拆的事实产生了误认，但挖掘机已经停止作业，并且他没有因该误认而采取伤害卓某的防卫行为，仅仅破坏了挖掘机。后续用镰铲击打卓某，该行为完全是对报警行为的法律意义产生了错误认识导致的假想防卫。在挖掘机停止作业时，是否有强拆的事实认识错误已经对该犯罪的造成不具有追责的影响。综合全案，减轻明某国责任的考量因素应该更多地考虑该案的坦白、认罪等情节和最大程度发挥刑罚的教育预防功能。

三、参考文献

1. 《刑法学》编写组编:《刑法学》,高等教育出版社 2019 年版。

2. 王政勋:《正当行为论》,法律出版社 2000 年版。

3. 彭卫东:《正当防卫论》,武汉大学出版社 2001 年版。

4. 黎宏:"论假想防卫过当",载《中国法学》2014 年第 2 期。

5. 李运才:"假想防卫的司法认定",载《国家检察官学院学报》2013 年第 6 期。

6. 苏雄华:"假想防卫与其他不当防卫的竞合形态分析——以假想防卫过当为中心",载《哈尔滨工业大学学报(社会科学版)》2010 年第 2 期。

7. 李立丰:"从'误想防卫过剩'到'假想防卫过当':一种比较法概念的本土化解读",载《清华法学》2018 年第 3 期。

8. 杨绪峰:"假想防卫的体系性反思",载《法学家》2019 年第 1 期。

9. 吴尚聪:"批判与重构:论作为准防卫过当的假想防卫过当",载《法学论坛》2019 年第 4 期。

第二节 自救行为的认定:钟某某寻衅滋事案

一、案例简介〔1〕

2006 年 9 月 1 日施行、2012 年修订的《江西省河道采砂管理办法》(已失效)规定,申请河道采砂必须有符合要求的采砂设备和采砂技术人员,中标后不得转让河道采砂许可证。2009 年 3 月 1 日起施行的《赣州市河砂开采权出让管理办法(试行)》第 31 条也规定,河砂开采权人不得擅自转让河砂开采权。2016 年 9 月 22 日制定、2018 年 12 月 20 日修订的《江西省河道采砂管理条例》第 20 条第 3 项也规定,河道砂石开采权申请人应当有符合采区规划要求的采砂设备和技术人员。水利部 2019 年《河道采砂管理条例(征求意见稿)》第 16 条也规定,申请从事河道采砂的单位和个人必须有符合要求的采砂设备和采砂技术;第 20 条还规定,禁止非法转让河道采砂许可证。河砂

---

〔1〕 参见 [2019] 赣 0703 刑初 351 号一审刑事判决书。

开采实行许可制，又不允许转让许可证，河道采砂经营权就存在两种经营模式：①分段委托管理模式：直接许可对方开采河砂，但采砂户十分分散，需要专门的管理人员，现实中往往就会分段委托采砂经营权人进行具体管理；②统一经营管理模式：成立统一进行采砂经营管理的机构或国有公司/企业，对具体的采砂户进行统一管理。

2009 年以前，江西省都是进行分段招标采砂经营权的方式对采砂户进行管理，故在对投标人的资格审查中，并不要求必须有符合要求的采砂设备和采砂技术人员，只是禁止采砂许可权的转让，中标人获得经营许可权后，就会与采砂户签订合同或协议，一起开采河砂。相关规范允许其中标以后再与其他人联合开采河砂，或者挂靠开采，就会存在中标人对挂靠人的管理活动。但这种分段委托管理的方式弊端较为明显：一方面授权依据不明显；另一方面容易失控，如果采砂权经营权人利用自身优势地位为非作歹，很容易形成黑恶势力。从 2009 年开始，江西省开始创新"河道砂石资源实行统一经营管理"，随后《江西省河道采砂管理条例》第 19 条将这一模式固定下来："县级以上人民政府可以决定对本行政区域内的河道砂石资源实行统一经营管理，……"在遏制分段委托管理模式的弊端的同时，该模式也存在专门管理采砂户的国有公司/企业转移职责的现象。

2013 年 1 月 30 日，赣州市人民政府办公厅发布了《全市河道采砂实行统一经营管理的实施意见（试行）》，明确规定由赣州市水务集团注册成立赣州汇金砂业有限公司（以下简称"汇金公司"）对全市河道采砂实行统一管理经营。然而这种所谓的统一经营管理模式设置了招、拍、挂的形式，水利局等相关职能部门和管理主体依然将自己的管理职责转移给了河砂开采经营权的中标人，与之前的分段委托管理经营模式并无实质区别：由汇金公司会同相关水利部门出让河砂开采经营权，由中标人（买受人）组织生产经营。汇金公司持有采砂许可权总证，中标人持有采砂许可权副本，在实际的河砂采运中生产管理经营权的主体仍然是中标人。

赣州市某县以前采用分段委托模式对河道采砂权进行招标，2014 年 7 月 10 日赣州汇金公司与该县水利局一起发布出让期限自 2014 年 8 月 1 日起至 2017 年 6 月 30 日总共 35 个月的整体河砂开采经营权拍卖公告，并要求报名者必须提供竞得后对标段砂石开采和经营管理方案。最终钟某某（案发地村支书，该县人大代表）等人以 1060 万元的出让费中标了 35 个月内采砂 75 万立方米的河道开采经营权，另需缴纳 72 万元砂石资源费、159 万元的保证金和 39.75 万元的货物港务费，并于 2014 年 8 月 7 日签订了合同书。刘某华、钟某某等人组建了十八塘砂石公司，刘某华任公司股东之一，大股东钟某某负责公司经营管理。汇金公司与钟某某签订了合同书（麻双十八塘标段）而言，合同规定水利局为与钟某某签订协议的砂场办理《河道采砂许可证》，允许其从事经营性采砂活动；同时，要求钟某某及时注册成立采砂经营管理机构，有效组织砂石的生产和销售，否则将由该县水利局和汇金公司采取应急措施进行组织生产；钟某某必须吸纳标段范围内的合法采砂户，并加强对所属采砂户的管理，包括生产、销售、安全、经营等方面的管理内容，要及时向该县水利局和汇金公司报告并协助处理无证采砂行为；钟某某必须控制采量开采，严禁运砂车辆超方，每月还必须向政府水利部门上报采砂量；中标人如果不使用河道砂石采运管理单（简称"砂票"）或少开票多销售砂石，会被扣除履约保证金，并于 7 日内补足金额；钟某某必须收取所属砂场各 15 000 元的履约保证金，由其和水利局共同监管；钟某某所属采砂户违法，水利局会扣除几千元到 1 万元保证金，造成损失的承担赔偿责任，票据不符的，还要扣减违规方量 3 倍的控制开采量，严重时水利局和汇金公司有权单方终止合同，并支付拍卖成交价 30% 的违约金。合同履行到期后，钟某某等人在该县水利局和汇金公司的招标中再次中标，河砂开采经营权延期到 2019 年 8 月 25 日，继续按照以前的模式进行经营管理。

十八塘砂石经销部中标后，与所属采砂户签订了《该县横市河道砂石生产标售管理协议书》，该协议书有砂石管理费等合同条款，第 7 条违约责任项下第 5 款明确约定，采砂户无票发货、私自销售、未按实际数量开票的，每发现一次赔偿违约金为 5000 元，并视情节轻重终止合同或取消其作业。该县水利局 2019 年 6 月 26 日出具《关于缴交河道砂石违约保证金的通知》，十八塘砂石经销部所属采砂户的违规行为（运砂车超载、无证采砂、违规堆砂等）都归咎于十八塘砂石经销部"疏于管理"，要扣除十八塘砂石经销部的履约保证金 25 000 元。

签订了合同的采砂户方可在中标河道采砂，根据采出的砂石方量缴纳砂石管理费给十八塘砂石经销部，然后再加价销售给客户，具体方量的计算就以砂票为准，定期结算缴纳费用。十八塘砂石经销部在砂场集中地方，设置了两个开票点，在两个开票点附近的砂场，就只对购砂司机收取砂石款，司机自行到开票点缴纳管理费开票，然后司机拿着砂票运输销售。对分散的砂场则直接将砂票本交给砂场主，由其自行开票。但为了少交款项给十八塘砂石经销部，采砂户和司机会勾结起来不开砂票或少开方量，还有的司机还会偷采河道砂石。负责查票的水利局人手不够，无暇进行流动查票，汇金公司也只是发放砂票、统计砂票，对不开票、少开票或偷砂的行为没有进行监管。十八塘砂石经销部招聘伍某伟、钟某福、刘某福、周某、钟某成立稽查队，负责流动检查砂票，伍某伟、钟某福任稽查队队长，负责带队上路巡查，拦车查票；刘某福任出纳，负责砂石公司财务管理，收取罚款并开具收据，周某、钟某等人为稽查队队员，参与拦车查票。他们直接去砂场对采砂户进行查票，或通过招手停车等方式对司机进行查票，对无票、少开方量或偷砂的，直接进行罚款，罚款一半上交公司，一半参与拦罚款的人自己分。他们在该县十八塘乡、横市镇等地以拦截拉砂车查票罚款为主要犯罪手段，实施寻衅滋事案件八起。2019 年 5 月 16 日 10 时许，钟某某主动到案，随后因涉嫌寻衅滋事罪被刑事拘留。

八起寻衅滋事的具体事实如下：

（1）卢某森被寻衅滋事案：卢某森于 2010 年在十八塘乡坳下村经营砂场期间开采了 4000 方左右砂石，已向当时经营砂石经销部的刘某平等人交纳过管理费，将砂石囤积至 2014 年再行出售。因害怕运输过程被拦截，卢某森主动前往标得十八塘段河道砂石开采权的十八塘砂石经销部交涉，被钟某某、伍某伟强迫按照 5 元每方再次交纳管理费，否则拉砂过程中被砂石公司巡查人员拦截发现要被处以罚款。卢某森无奈之下按照 5 元每方的价格向砂石公司会计刘某福交纳了约 15 000 元管理费。

（2）胡某梁被寻衅滋事案：2016 年上半年，胡某梁驾驶货车购买了一车砂石行至十八塘刘屋组路段时，被伍某伟等人拦下，伍某伟查验该车砂石的砂票后，以砂票少开了方量且时间写错，要对胡某梁罚款 5000 元，否则将禁止胡某梁从事砂石运输。经胡某梁求情，伍某伟同意罚款 2000 元，胡某梁现场将 2000 元罚款交纳给伍某伟。

（3）彭某文被寻衅滋事案：2016 年上半年的一天，彭某文驾驶货车从罗某生砂场购买了一车砂石行至十八塘乡长滩村下屋组路段时，被伍某伟、刘某福等人驾车拦截并逼停，经查验后发现该车砂石未开具砂票，伍某伟要求对彭某文罚款 2000 元，经彭某文求情，伍某伟同意罚款 1000 元，因彭某文当时身上未带钱，彭某文于数天后将 1000 元钱罚款交给了徐某荣并由其转交给了伍某伟。

（4）杨某祯等人被寻衅滋事案：①2017 年 4 月份，被害人杨某祯驾驶货车从朱某球砂场购买了一车砂石驶出砂场 50 米许被钟某福、刘某福、周某等人开面包车拦截逼停，经查验票据发现该车砂石未开具砂票，钟某福要求对朱某球砂场罚款 20 000 元，经朱某球求情，钟某福向钟某某请示后称最少罚款 13 000 元，朱某球无奈现场交纳 5000 元给钟某福并出具了 8000 元欠条，朱某球于两个月后将该 8000 元付清给了钟某福。②2017 年四五月份的一天，钟某福、刘某福和周某在十八塘乡群丰村林某端砂场附近公路上拦截了一辆装砂车，经查票发现货车是从林某端砂场装砂出来，开票少于实际方量，钟某福、刘某福、周某三人便去林某端的砂场，没收了林某端的票本，要求林某端过来公司处理，后来林某端来到砂石公司处理，经过说情最终被罚款 7000 元。③2017 年六七月份，钟某福、刘某福、周某等人通过拦截从刘某长砂场的运砂车，认为有一辆 7 方的车开得是 2 方的票，称刘某长开小了票，要罚款 5000 元，刘某长解释那辆车只装了 2 方，且打电话给钟某某说明情况。最后，刘某长被迫交了 3000 元现金给钟某福，另外写了一张 2000 元的欠条。一个星期后钟某某叫钟某福把欠条还给刘某长并当场撕掉了。

（5）邓某河、黄某福被寻衅滋事案：2018 年 4 月 21 日，被害人邓某河驾驶被害人黄某福的货车从大坪乡永丰村的旱地里拉了一车砂石行至横市交警队门口时，被刘某福、钟某福、郭某洲（另案处理）等人驾车拦截并逼停，因该车砂石系旱地里开采，无法开具砂票，刘某福、钟某福等人遂以未开砂票要求罚款，邓某河通知车主黄某福到场，刘某福、钟某福等人要求对黄某福罚款 5000 元，否则将扣留车辆，经求情，黄某福现场交纳了 3000 元罚款才被放行。

（6）杨某桂、杨某卓被寻衅滋事案：2018 年 9 月份左右，被害人杨某桂驾驶货车在大坪西全村河边帮杨某卓拉运输从河道开采的砂石，钟某福、郭某洲（另案处理）等人发现，并直接请示水利局怎么处理，水利局说补齐挖砂款、罚款就行，钟某福以杨某卓等人不可以在河道里铲砂为由，要对杨某卓、杨某桂罚款 10 000 元，否则将扣押货车和挖掘机。经杨某桂、杨某卓现场求情，钟某福同意二人共同交纳 5000 元罚款，杨某桂现场交纳了 2000 余元罚款给钟某福后先行离开，杨某卓通过其儿子杨某盛打电话给刘某华求情，刘某华打电话指示钟某福对杨某卓少罚一点，后杨某卓现场交纳 880 元罚款给钟某福。

（7）刘某玖被寻衅滋事案：2018 年 12 月 4 日 10 时许，被害人刘某玖驾驶货车从十八塘乡坳下村购买了一车砂石途经合江开票点时发现开票点没有人，刘某玖驾车直接通过未开具砂票，后行至十八塘马头村马头下组路段时，被钟某福和郭某洲驾车追逐并逼停，郭某洲以刘某玖未开砂票为由要对其罚款 5000 元，经求情后，刘某玖当场向钟某福、郭某洲交纳罚款 1900 元，其中现金 800 元、微信转账 1100 元。

（8）余某明被寻衅滋事案：2019 年 3 月 27 日 18 时许，被害人余某明驾驶货车从十八塘长滩村的一个砂场购买了一车砂石行至十八塘乡下村路段时，被钟某福、郭某洲拦截逼停，经查验发现未开具砂票，钟某福要求对余某明罚款 2000 元及补交砂石管理费，余某明因未带现金，遂通过微信转账的方式现场交纳 2160 元给钟某福。

本案主要证据有：证人刘某平、徐某荣、朱某球、林某端、刘某长、陈某文、杨某盛的证言，被害人卢某森、胡某梁、彭某文、杨某祯、邓某河、黄某福、杨某卓、杨某桂、刘某玖、余某明的陈述，钟某某、伍某伟、刘某福、钟某福、周某的供述，同案人郭某洲的供述，相关规范性文件、河道采砂招标材料、中标确认材料、各种合同书及微信转账记录等书证。

二、本案的法律问题思考

（一）我国规制河道采砂的法律规范有哪些？

全国至今尚无管理长江之外河道采砂行为的正式规范。

1. 赋予县级水利局处罚权的《水法》已经修订，需由国务院重新规定

我国 1988 年 7 月 1 日施行的《水法》第 24 条第 4 款规定，在行洪、排涝河道范围内开采砂石，必须报经河道主管部门批准；第 45 条规定，未经批准或者不按照批准的范围和作业方式开采砂石的，由县级以上地方人民政府水行政主管部门或者有关主管部门责令其停止违法行为，限期清除障碍或者采取其他补救措施，可以并处罚款；对有关责任人员可以由其所在单位或者上级主管机关给予行政处分。从此，河道采砂就由县级水利局主管，对相关违法行为进行罚款等处罚，并逐渐形成了采砂行业的惯例。

此后，《水法》在 2002 年、2009 年、2016 年三次修改，但均未对上述两

条内容进行根本性的修改，并一直坚持至今。《水法》第 39 条第 1 款规定："国家实行河道采砂许可制度。河道采砂许可制度实施办法，由国务院规定。"第 77 条则规定："对违反本法第三十九条有关河道采砂许可制度规定的行政处罚，由国务院规定。"据此，无论是对河道采砂进行许可，还是对河道采砂的违法行为进行行政处罚，都必须由国务院制定行政法规进行规定，其他规范都是无效的。

2. 目前规制长江河道之外河道采砂的《河道采砂管理条例》尚未生效

由国务院颁布的河道采砂规范目前只有 2002 年 1 月 1 日起施行的《长江河道采砂管理条例》，在长江河道之外的其他河道采砂，当下并无国家层面的规范可供执行。现行 2018 年修订的《河道管理条例》中虽有采砂必须经过许可、采砂要缴纳管理费和擅自采砂要被处罚等高度概括的内容，但这些内容规定源于 1988 年 6 月 10 日起施行的《河道管理条例》，一直沿袭至今，且为简单抽象的原则性规定，没有具体的配套制度规定，难以具体适用。

直到 2019 年 7 月 24 日水利部才公布了其起草的《河道采砂管理条例（征求意见稿）》，公开征求社会各界的意见和建议。据此，各地方制定的地方性法规、政府规章或规范性文件，尽管在发挥管理长江之外河道采砂的作用，但不符合上位法的规定。

（二）江西省采砂行业管理为何由"分段委托管理模式"向"统一经营管理模式"转变？

2009 年以前，江西省都是进行分段招标采砂经营权的方式对采砂户进行管理，故对投标人的资格审查中，并不要求必须有符合要求的采砂设备和采砂技术人员，只是禁止采砂许可权的转让，中标人获得经营许可权后，就会与采砂户签订合同或协议，一起开采河砂。如江西省水利厅 2009 年 2 月 1 日发布的《江西省河道砂石开采权招标拍卖管理办法（试行）》（赣水政法字 [2009] 9 号）第 5 条规定，采取轮采方式开采的，应与招标、拍卖可采区本地具有轮采资格的采砂船签订轮采管理协议。这就意味着投标人不必一定要有自己的采砂设备，只要有其能够利用或控制的采砂设备即可，允许其中标以后再与其他人联合开采河砂，或者挂靠开采，就一定会存在中标人对挂靠人的管理活动。但这种分段委托管理的方式弊端较为明显：一方面授权依据不明显；另一方面容易失控，如果采砂权经营权人利用自身优势地位为非作歹，很容易形成黑恶势力。

　　江西省水利厅发布的《〈江西省河道采砂管理条例〉解读》专门介绍了2016年9月22日制定的该条例第19条规定的"河道砂石资源实行统一经营管理"规定的由来和初衷："长期以来，河道砂石开采权主要采取招标拍卖的方式出让。但部分采区竞争者抱着超量开采、垄断开采权等心理，哄抬价格，恶性竞争，……受让人在以高价获得出让权的情况下，为能收回成本，获得利润，甚至是高额利润，只能是超时、超范围、超量、超船数、超功率开采。为有效扭转这种局面，实现生态保护和经济开发的双赢，2009年起，九江市首开全省河道采砂统一管理先河，……组建国有赣鄱砂石公司，坚持'定点、定时、定量、定船、定功率'的'五定'要求生产作业，有效遏制了'湖霸''砂霸'等不法行为，维护了鄱阳湖区的安全稳定。……被长江水利委员会砂管局称为在全国开了先河。2011年，南昌市开始砂石统一开采的探索，成立采砂办，组建国有企业南昌赣昌砂石有限公司，实行赣江下游政府统一管理的国有公司采砂管理模式。郑为文副省长在2015年的湖区联谊联防年会上高度肯定了南昌、九江、余干实行政府统管的做法，认为这种政府统一、规范管理的做法值得全省其他地方学习借鉴。今年（即2016年）3月7日，鹿心社同志在南昌市委、市政府《关于南昌市河道采砂管理专项整治工作情况报告》（洪发电［2016］6号）上批示'建业同志：建议水利厅牵头，总结推广南昌的做法和经验。'为固化政府对河道砂石统一开采的管理模式，《条例》明确，县级以上人民政府可以决定对本行政区域内的河道砂石资源实行统一经营管理，具体办法由设区的市人民政府规定。"

　　因此，从2009年开始，江西省开始创新"河道砂石资源实行统一经营管理"，随后2016年9月22日制定并于2018年5月31日修订的《江西省河道采砂管理条例》第19条将这一模式固定下来，该条明确规定："县级以上人民政府可以决定对本行政区域内的河道砂石资源实行统一经营管理，……"这也得到了上级机关的认可和推广，2019年2月20日水利部《关于河道采砂管理工作的指导意见》规定："积极探索推行统一开采经营等方式，具体由县级以上人民政府确定。"水利部2019年《河道采砂管理条例（征求意见稿）》第15条第1款规定，河道采砂许可采取受理申请、招标、指定统一经营等方式。这就说明统一开采管理模式逐渐得到认可和推广，在遏制分段委托管理模式弊端的同时，该模式也存在专门对采砂户进行管理的机构或公司企业转移职责的现象。

（三）水利局等职能部门对采砂行业负有具体的管理职责？

2006 年 9 月 1 日施行的《江西省河道采砂管理办法》（江西省人民政府令第 150 号）第 35、36 条规定，县级以上人民政府水行政主管部门具有责令停止违法行为、扣押采砂船舶、机具等工具、没收违法所得、罚款、责令其赔偿损失、吊销其河道采砂许可证等处罚权力。2012 年修订的《江西省河道采砂管理办法》（江西省人民政府令第 195 号）第 37、38、39 条仍然规定了这些处罚权力。

2016 年 9 月 22 日发布的《江西省河道采砂管理条例》第 5 条第 1、2 款规定：“河道采砂管理实行人民政府行政首长负责制。县级以上人民政府应当加强对本行政区域内河道采砂管理工作的领导，建立河道采砂管理的督察、通报、考核、问责制度，健全和完善河道采砂管理协调机制，及时处理河道采砂管理中的重大问题。”第 27 条规定：“设区的市、县（市、区）人民政府应当根据河道采砂监督管理任务的需要，组织水利、交通运输（航道、海事、港航）、公安、农业（渔业）等主管部门和乡镇人民政府组成现场监督管理队伍，对采砂现场的生产、交易、运输和水上交通、社会治安进行现场监督管理。……”第 29 条第 2 款还规定：“县级以上人民政府水行政主管部门可以为采砂船舶（机具）免费安装电子信息化监控设备。”第 35 条第 1 款规定：“县级以上人民政府水行政主管部门应当加强河道管理范围内的运砂监督管理工作，委派监督管理人员在采砂现场核签河道砂石采运管理单，作为河道砂石的合法来源证明，并不得收取费用。”

2019 年 2 月 22 日水利部实施的《关于河道采砂管理工作的指导意见》规定：“各地要对辖区内有采砂管理任务的河道，逐级逐段落实采砂管理河长责任人、行政主管部门责任人、现场监管责任人和行政执法责任人，由县级以上水行政主管部门按照管理权限向社会公告，并报省级水行政主管部门备案。”按照“谁许可、谁监管”原则，加强许可采区事中事后监管。实行旁站式监管，建立进出场计重、监控、登记等制度，确保采砂现场监管全覆盖、无盲区。水利部《河道采砂管理条例（征求意见稿）》第 4 条第 3 款也规定，县级以上地方人民政府水行政主管部门负责本行政区域内河道采砂的管理和监督。

（四）本案中该县水利局和汇金公司具有哪些管理涉案河道采砂的职责？

2009 年 3 月 1 日起施行的赣州市人民政府令第五十九号——《赣州市河

砂开采权出让管理办法（试行）》第 32 条规定，水利局等有关部门应当加强河道采砂监督管理，落实安全生产责任，依法查处违法采砂、哄抬价格、垄断砂石市场等行为；构成犯罪的，依法追究刑事责任。

2013 年《全市河道采砂实行统一经营管理的实施意见（试行）》明确规定，市县区设立采砂管理办公室，负责组织协调河道采砂管理工作，水利部门要负责河道砂石采运管理单的检查以及处罚违法采砂、非法运砂等行为，水务集团（汇金公司）负责河砂的统一开采经营中的生产经营管理等工作，还要建立河道采砂联合执法工作机制，严格查验砂石采运管理单，严厉查处非法采砂、违法运砂行为。

赣州市人民政府办公厅 2018 年 9 月 5 日发布了《关于进一步加强河道采砂管理工作实施方案》，进一步强调了河道采砂中相关部门的管理职责，其中汇金公司与赣州市水利局和各县、区政府、管委会并列，对九项工作任务中的八项工作任务负责（仅未参与开展机制砂研究和推广应用）：作为唯一牵头单位，加大最高销售限价的监督力度；作为第一牵头单位，和赣州市水利局一起，负责落实采运管理单制度、严格运砂车辆管理、禁止河砂外销、完善经营管理模式；作为第二牵头单位，和赣州市水利局一起，负责加强河道采砂总量控制、严厉打击囤砂、倒卖河砂的行为；作为责任单位，与各县、区政府和管委会一起并列，负责加大非法采砂打击力度。由此可见，汇金公司在加强河道采砂管理工作中，所承担的管理职责比赣州市水利局更多，地位更重要，充分说明其已经是具有管理权限的行业监管机构，应由其承担河道采砂管理职责。

就汇金公司与本案最为相关的管理职责而言，该方案明确指出了两大职责：①落实采运管理单制度：运砂船舶、车辆装运河道砂石，应持有水行政主管部门统一印制的河道砂石采运管理单；河道砂石采运管理单随销售砂石同行，管理单必须载明运输的数量和详细的到货地点，无河道砂石采运管理单的河道砂石，任何单位和个人不得采购、销售；②严格运砂车辆管理：对运砂车辆实行备案管理，从事河砂运输的车辆必须到当地水行政管理部门备案，未经备案的车辆不得从事河砂运输，不得进入砂场运砂；对运砂车辆进行监管，对不按采运管理单载明事项运输河砂的车辆停止其运砂业务。果真如此，河道采砂秩序会得到有力的维护。

（五）本案中该县水利局和汇金公司是否履行了自己的职责？

汇金公司名义上负责实施统一经营管理，但仍然实行以前的分段委托管理，将其采砂管理权通过采砂经营权合同的方式转让给了中标人。就汇金公司与钟某某签订的合同书（麻双十八塘标段）而言，合同规定水利局为与钟某某签订协议的砂场办理《河道采砂许可证》，允许其从事经营性采砂活动；同时，要求钟某某及时注册成立采砂经营管理机构有效组织砂石的生产和销售，否则将由该县水利局和汇金公司采取应急措施进行组织生产。该合同还规定，钟某某必须吸纳标段范围内的合法采砂户，并加强对所属采砂户的管理，包括生产、销售、安全、经营等方面的管理内容，要及时向该县水利局和汇金公司报告并协助处理无证采砂行为；钟某某必须控制开采量，严格执行《赣州市河道砂石采运管理单管理办法》，严禁运砂车辆超方，每月还必须向政府水利部门上报采砂量，合同中约定了中标人如果不使用《赣州市河道砂石采运管理单》或少开票多销售砂石，会被扣除履约保证金，并于 7 日内补足金额；钟某某必须收取所属砂场各 15 000 元的履约保证金，由其和水利局共同监管；钟某某所属采砂户违法，水利局会扣除几千元到一万元保证金，造成损失的承担赔偿责任，票据不符的，还要扣减违规方量 3 倍的控制开采量，严重时水利局和汇金公司甚至有权单方终止合同，并支付拍卖成交价30%的违约金。

该县水利局 2019 年 6 月 26 日出具的《关于缴交河道砂石违约保证金的通知》表明，十八塘砂石经销部所属采砂户的违规行为（运砂车超载、无证采砂、违规堆砂等）都归咎于十八塘砂石经销部"疏于管理"，要扣除十八塘砂石经销部的履约保证金 25 000 元。这也充分说明，管理所属采砂户和运砂行为是十八塘砂石经销部的职责所在，这也是该县水利局转移管理职责的明证。

（六）在责任主体怠于履行职责的情形下，中标人的管理是否具有实质的正当性？

虽然本案中并无该县水利局或汇金公司明确授权中标人对采砂户和运砂司机进行管理的委托书证，但前述的相关合同及缴交河道砂石违约保证金的通知都已表明，涉案河道采砂依然实施以前的分段委托管理模式。

该县水利局和汇金公司作为涉案河道采砂的管理主体，在本案中并没有履行具体的过程管理职责，只是从结果层面核查是否有违法或违规行为，且明确要求分段采砂权经营人负责对所属采砂户进行有效的过程管理，并承担连带责任。在本案中，水利局主要活动是收取、扣除保证金和发放采砂许可证，汇金公司则是提供和收取河道砂石采运管理单，再无其他河道采砂的统一经营管理举措，实际上只是增加了汇金公司这一方当事人的旧模式，并没有体现其应得承担的落实采运管理单制度和严格运砂车辆管理。

在该县水利局和汇金公司疏于管理的前提下，中标人又无采砂设备和采砂技术人员，在付出了巨额的中标费用后，不得不对河道采砂进行管理，采砂权的时间段和采砂量是固定的，对不开票、少开票、超载等违反采运单制度和运砂车制度的行为进行管理，包括上路查票，对违约的采砂户进行合同约定的处理：要么收掉砂票，要么补交保证金。否则，中标人河道采砂过程中的合法利益必然会遭受到侵犯，还要承担严重的违约责任，甚至被取消开采经营资格。

因此，在该县水利局和汇金公司疏于管理的前提下，即使没有该县水利局的明确授权，十八塘砂石经销部也可以自行管理采砂市场，只要管理手段合理，就具有实质正当性。事实上，不但水利局对十八塘砂石经销部的运作模式十分了解，采砂户和运砂司机也从未报警。

（七）如何评价中标人收取采砂户违约金的行为？

本案中对采砂户的罚款实际上是收取采砂户违约金的行为，是十八塘砂石经销部依据合同进行管理的行为，具有合法性和合理性。

1. 十八塘砂石经销部与采砂户的合同明确规定了违约金条款

根据钟某某与该县水利局和汇金公司签订的合同内容可知，钟某某必须成立公司加强对所属采砂户的管理。因此，钟某某等人成立十八塘砂石经销部与所属采砂户签订了《该县横市河道砂石生产标售管理协议书》，该协议书既是平等主体之间的经济合同，也是管理者与被管理者之间的监管合同，合同中不但有砂石收购价格等合同条款，第7条违约责任项下第5款明确约定，采砂户无票发货、私自销售、未按实际数量开票的，每发现一次赔偿违约金为5000元，并视情节轻重终止合同或取消其作业。

2. 收取违约金是履行合同权利的行为，维护了正常的河砂采运秩序

由于十八塘砂石经销部与所属采砂户签订了前述合同，明确约定了违约条款，当采砂户不开票或少开票时，对其收取违约金（在本案中被称为"罚款"）是行使合同权利的行为，也是应水利局的要求对所属采砂户进行管理

的体现。本案中的采砂户确实存在少开票或不开票的情形，依据前述的管理协议书，十八塘砂石经销部有权履行合同权利，收取违约金，如因未开砂票，对朱某球砂场罚款 13 000 元；因少开砂票，对林某端砂场罚款 7000 元，对刘某长砂场罚款 3000 元。就这种违约金的收取方式而言，并没有采取暴力、威胁或软暴力等方式，拦车查票只是招手让司机停车而已。

（八）高额收取采砂户的违约金是否构成了寻衅滋事罪？

1. 寻衅滋事罪的立法目的

寻衅滋事罪脱胎于我国 1979 年《刑法》规定的流氓罪。流氓罪是指公然藐视国家法纪和社会公德、聚众斗殴、寻衅滋事、侮辱妇女或破坏公共秩序以及其他情节恶劣的行为。当时的流氓罪是特殊时代背景下的产物，国家正经历了十年动荡，百业待兴，社会秩序需要强有力的维护和保障。随着社会经济和法制建设的不断发展，流氓罪表现出诸多弊端，比如，流氓罪的行为类型比较笼统，司法实践中把刑法没有明文规定的妨害社会管理秩序行为，定为流氓罪的随意性很大，而且刑罚幅度过宽也容易造成量刑时畸轻畸重的现象。因此 1997 年《刑法》修订时，立法者取消了流氓罪，而是将其分解为强制猥亵侮辱妇女罪、猥亵儿童罪、聚众淫乱罪、聚众斗殴罪、寻衅滋事罪等罪。至此，寻衅滋事罪在《刑法》第 293 条中正式确立。

从寻衅滋事罪的确立过程可以看出立法者的目的，即一方面要避免重蹈流氓罪沦为"口袋罪"的覆辙，严格把握构成要件内容，限制犯罪成立范围；另一方面，要延续流氓罪时所要求的行为人主观上具有无视国家法纪等流氓动机的主观要件。目前刑法理论的通说和司法实践一般要求寻衅滋事罪的成立应当具备流氓动机，正是源于立法目的上的考虑。

2. 寻衅滋事罪的主要特征

在刑事司法实务中，一般认为，寻衅滋事罪需要行为人具备前述的流氓动机，主要表现为"为了满足耍威风、取乐等不正常的精神刺激或其他不健康的心理需求"。在刑法理论界，通说也认为，寻衅滋事罪的成立要求行为人出于寻求精神刺激，争强逞能等犯罪动机。

根据最高人民法院、最高人民检察院《关于办理寻衅滋事刑事案件适用法律若干问题的解释》第 1 条可知，行为人为寻求刺激、发泄情绪、逞强耍横等无事生非的行为才是刑法规定的"寻衅滋事"，因婚恋、家庭、邻里、债务等纠纷，实施殴打、辱骂、恐吓他人或者损毁、占用他人财物等行为的，一般不认定为"寻衅滋事"，但经有关部门批评制止或者处理处罚后，继续实施前列行为，破坏社会秩序的除外；行为人因日常生活中的偶发矛盾纠纷，借故生非，但矛盾系由被害人故意引发或者被害人对矛盾激化负有主要责任的，不能认定为寻衅滋事行为。

3. 钟某某等人高额收取采砂户违约金的行为不构成寻衅滋事罪

在本案中，钟某某公司对所属采砂户进行合同管理，依据合同收取违约金，也从无任何职能部门对这种行为予以处罚。因此，这不是寻衅滋事罪中的强拿硬要的行为，并不构成寻衅滋事罪。

虽然违约金和每一次采砂户违约所得相比，似乎有失公平，但和钟某某等人与该县水利局、汇金公司签订合同的违约条款相当，根据该合同，钟某某所属采砂户违法，水利局会扣除几千元到一万元保证金，造成损失的承担赔偿责任，票据不符的，还要扣减违规方两三倍的控制开采量，严重时水利局和汇金公司甚至有权单方终止合同，并支付拍卖成交价30%的违约金。从该县水利局2019年6月26日出具的《关于缴交河道砂石违约保证金的通知》可知，一次性收缴的违约金就是25 000元。

并且，根据水利部《河道采砂管理条例（征求意见稿）》第35条规定，伪造、涂改砂石合法来源证明的（改票），由县级以上地方人民政府水行政主管部门或者流域管理机构予以收缴，没收违法所得，处5万元以上10万元以下的罚款；第40条第1款还规定，在河道管理范围内装运、收购、销售没有合法来源证明的河道砂石的，或者窝藏、转移、收购、加工、代为销售或者以其他方法掩饰、隐瞒河道非法采砂所得的砂石的，没收违法所得和砂石，并处10万元以上30万元以下罚款。

因此，本案中十八塘砂石经销部收取采砂户的违约金并不违法，亦不失当，其目的并非赚取高额违约金，而是防止采砂户的违法行为导致十八塘砂石经销部承担法律责任，客观上也很好地维护了当地的河砂采运管理秩序，不能将收取采砂户违约金的行为认定为寻衅滋事罪。

（九）运砂司机偷砂或逃票的行为是否侵犯了中标人的利益？

1. 偷砂行为侵犯了中标人的利益

十八塘砂石经销部获得了采砂专属经营权后，其他主体当然不能未经许可擅自盗采河砂销售，这不但侵犯了非法采矿罪的法益，也侵犯了中标人的合法利益。因为根据赣州市的河砂开采管理文件，中标人取得的采砂经营权是限制河砂开采量且限时开采的，偷砂者不仅让付出巨额中标费的中标人无法及时收到砂石管理费，而且往往低价销售，扰乱河砂销售价格，该行为是涉嫌违法犯罪的非法采矿行为，也是盗窃他人财物的盗窃行为，是典型的不法侵害行为，这一直是刑法严厉打击的对象。

2. 司机逃票行为也侵犯了中标人的利益

在水利部门反复强调对全市河道采砂实行统一经营管理的背景下，要求严格按照"河道砂石采运管理单"进行统一管理，司机运输不开票、少开票的砂石，会导致根据砂票收取管理费（又称为"砂石资源费"）的中标人无法及时回收出让费用，遑论营利。故逃票行为本身具有违法性，也侵犯了十八塘砂石经销部的合法利益。《江西省河道采砂管理条例》第44条规定，违反该条例规定，运砂船舶（车辆）装运没有河道砂石采运管理单的河道砂石的，由县级以上人民政府水行政主管部门扣押违法运砂船舶（车辆），没收违法所得，并处1万元以上5万元以下罚款。违反该条例规定，收购、销售没有河道砂石采运管理单的河道砂石的，没收违法所得，并处1万元以上5万元以下罚款。赣州市《关于进一步加强河道采砂管理工作实施方案》要求汇金公司和水利局牵头，协调各部门对运砂车辆进行监管，对不按采运管理单载明事项运输河砂的车辆停止其运砂业务。

（十）如何理解法律中的自救（自力救济）行为？

1. 民法中的自救行为

《民法典》第1177条对自力救济进行了规定："合法权益受到侵害，情况紧迫且不能及时获得国家机关保护，不立即采取措施将使其合法权益受到难以弥补的损害的，受害人可以在保护自己合法权益的必要范围内采取扣留侵权人的财物等合理措施；但是，应当立即请求有关国家机关处理。受害人采取的措施不当造成他人损害的，应当承担侵权责任。"

自力救济是一项古老的制度，属于私力救济的范畴，希腊罗马时期的法典中即有明文规定。现代文明国家建立后，公民的权利主要由公权力保障，私力救济逐渐演进为公力救济，通过司法程序解决纠纷成为最主要的方式之一。从私力救济到公力救济的演进是一个漫长而交错的历史过程。随着历史的发展和社会经济进步，私力救济法律化，逐渐被纳入法律框架。相比于私力救济，公权力救济具有文明性、稳定性、强制性等诸多优点。现代社会中的自力救济，主要指权利人在特殊情况下不借助国家机关的公力，而以自己的力量来保护自己或他人权利的行为。

自力救济制度可以赋予公民在一定条件下的自我保护权利，是对国家权力在维护社会秩序和保护公民权益不及时情况下的有益补充。明确规定这种制度，对保护公民人身、财产权益安全具有重要的现实意义，也有利于对这种自力救济行为进行规范。因此，在民法典侵权责任编草案二审稿中增加了该制度。在《民法典》中规定自力救济制度具有重要意义：一是司法最终解决是现代法治的基本要求，但司法最终解决不等于唯一解决途径，只有纠纷达到一定的条件或标准后，才会纳入司法的视野。有些私力救济方式经过长期的演化已经形成一定的习惯和规范，有时候更能实现公正。二是我国法律中规定的正当防卫、紧急避险等制度，在性质上应当属于自力救济的范围。因此，将这一制度进一步赋予其法律、理论和实践基础。三是自力救济行为广泛存在，实践中出现了在合法权益受到侵害，来不及请求国家机关保护的情况下，受害人自己采取措施保护权益，反而被他人起诉侵权的案件。

就民法中自力救济的构成条件而言：一是情况紧迫且不能及时获得国家机关保护，这是前提条件；二是不立即采取措施将使其合法权益受到难以弥补的损害的，这是必要条件；三是只能在保护自己合法权益的必要范围内采取扣留侵权人的财物等合理措施，这是范围条件，"保护自己合法权益"把自助行为的目的揭示出来，实施自助行为不能超越保护自己合法权益这个范围，"必要范围""合理措施"主要是自助行为扣留的财物应当与保护的利益在价值上大体相当；四是应当立即请求有关国家机关处理，这是合法条件，自助行为结束后，行为人必须及时寻求公权力机关救济。若行为人怠于寻求公权力机关救济，或被公权力机关驳回，或被公权力机关认定行为超出必要限度，则不排除其行为不法性，仍须依侵权行为承担相应后果。"立即请求"指自助行为完成后，"情况紧迫"的阻却事由消失，受害人应当立刻、无迟延地向有关国家机关报告自己实施了自力救济的事实，由公权力及时介入处理。只有这样，自力救济才具有正当性，成为民法上的免责事由。同时该条明确规定，受害人采取的措施不当造成他人损害的，就突破了自力救济的必要性，应当承担侵权责任。

2. 刑法理论中的自救行为

除刑法明文规定的正当防卫与紧急避险以外，在社会生活中，正当行为主要还包括自救行为、正当业务行为、法令行为、基于权利人承诺或自愿的损害行为等其他正当行为，日本等国家是在刑法中明确规定的，但我国是通过其他法律予以规定并加以解决的。这类正当行为不具有需要刑罚处罚的危害性，其正当性同样阻却了其违法性，对其不能以犯罪论处。

刑法中的自救行为，又称为自助行为、自力救济，是指权利受到侵害的人，在无法按照正式的法律程序等待国家公权力救济时，以自己的力量求得权利恢复的行为。例如，盗窃罪的被害人，在犯罪人将要损毁盗窃的财物或者逃往外地等情况下，来不及通过法律程序挽回损失，便迅速从盗窃犯手中夺回财物的行为。

通常认为，自救行为只有具备以下条件，才能成为刑法中的正当行为：①不法侵害已经对自救人的合法权益造成了侵害。如果不法侵害正在进行，则应当认定为正当防卫或者紧急避险。②通过法律程序或者依靠国家公权力来不及或者不可能恢复权益。③行为人主观上必须具有自救的目的。④自救行为具有相当性。如果自救行为所侵害的权益明显超过被恢复的权益，则行为不具有正当性，不能排除其犯罪性。

（十一）如何评价本案中处罚运砂司机偷砂或逃票的行为？

在本案中，由于该县水利局和汇金公司对司机的偷砂行为和逃票行为不予查处，十八塘砂石经销部的利益面对紧迫的损害，无法及时获得该县水利局的公力救济，只能依靠自己成立稽查队通过流动巡查方式进行自救，对偷砂和逃票的行为进行的"罚款"，实际上收取的是侵权赔偿款，外观上路面巡查砂票的行为，目的则是维护自己的合法利益，而非寻求刺激、逞强耍横，扰乱公共秩序。

就合法性而言，十八塘砂石经销部的稽查队都是在确认偷砂或逃票等不法侵害事实的情况下，才要求偷砂者支付侵权赔偿款，当场制止偷砂行为的是正当防卫的行为，随后要求支付侵权赔偿款的则是自救的行为，均为公民可以实施的合法行为。不能因为稽查队的法律知识不健全，将其统称为罚款，就认为是擅自代替水利局进行非法执法，进而错误认定为寻衅滋事罪中的强拿硬要行为。此种情形事出有因，于法有据，不是寻求精神刺激、逞强耍横等无事生非的寻衅滋事行为，何况在本案中都只是以招手停车的方式进行查票，无一例报警情形。

就合理性而言，十八塘砂石经销部每次要求偷砂者缴纳的赔偿金额与相关规范文件比起来，金额明显偏低，收取的方式也符合自救行为的相当性。

根据《江西省河道采砂管理办法》第 37 条第 1 款可知，未取得河道采砂许可证从事河道采砂活动的，责令其停止违法行为，扣押主要采砂设备等工具，没收违法所得，可并处 1 万元以上 10 万元以下的罚款，造成损失的，责令其赔偿损失；《江西省河道采砂管理条例》第 41 条第 1 款则规定，未经许可河道采砂的，没收违法所得和非法财物，并处 1 万元以上 10 万元以下的罚款，砂石资源价值在 3 万元以上，或者两次以上未经许可河道采砂的，没收违法所得和非法财物，没收采砂船舶（机具），并处 10 万元以上 30 万元以下罚款。

况且，即使十八塘砂石经销部等人的赔偿要求过高，超出了保护自己合法权益的必要范围，不是每次都立即请求有关国家机关处理，造成运砂司机的损害，根据《民法典》第 1177 条之规定，也只是民事侵权行为，而非犯罪行为。事实上，运砂司机知道水利局的处罚会更重，所以愿意接受查票人员的查处，避免上报给水利局等职能部门带来更重的处罚，所以该行为事出有因，是迫于无奈的自救行为，而非寻衅滋事犯罪行为。

三、主要参考文献

1. 黄永主编：《中华人民共和国刑法立法背景与条文解读》，中国法制出版社 2021 年版。

2. 张明楷：《刑法学》（第 6 版），法律出版社 2021 年版。

3. 王尚新主编：《中华人民共和国刑法解读》（第 3 版），中国法制出版社 2011 年版。

4. 《刑法学》编写组编：《刑法学》，高等教育出版社 2019 年版。

5. 徐昕：《论私力救济》，广西师范大学出版社 2015 年版。

6. 菅从进、刘伟："自救行为三论"，载《山东社会科学》2005 年第 10 期。

7. 冷翠玲："自救行为之正当化基础探视"，载《学术交流》2013 年第 3 期。

8. 游伟、孙万恒："自救行为及其刑法评价"，载《政治与法律》1998 年第 1 期。

9. 贺秋华："自救行为论"，载《中国刑事法杂志》2005 年第 4 期。

犯罪形态论

第一节　复合行为犯的既遂与中止的认定：任某某等人聚众斗殴案

一、案例简介[1]

（一）案发背景

1. 两姓村民的积怨

江西省樟树市昌傅镇洛湖村、兰溪村、太平村等村的陈姓村民是大姓村民，有事互相照应，行事高调，周围的小姓村民对其颇有微词。任家村离昌傅镇街道很近，最近距离约 1 公里路程，由于任家村紧挨江西省双金园艺场（正处级单位），多数任家村村民在该园艺场上班，或外出经商，经济条件较好，瞧不起昌傅镇陈姓村民，双方素有积怨，时有矛盾纠纷发生。

2. 打斗之后的串联

2016 年 12 月 22 日任家村的任某因赌场纠纷持刀到昌傅镇四海宾馆理论，随后与该宾馆老板陈某滨发生打斗，陈某滨将任某砍伤。一些陈姓村民也拿了鱼叉和棍棒过来，后在村干部的劝说下回去了。次日早上，陈某滨的老婆简某叫人去洛湖村接部分陈姓村民去昌傅镇，兰溪村、太平村、新溪乡的部分陈姓村民也拿着扁担、棍子、鱼叉等工具陆续赶来，几十名陈姓村民一起

---

[1]　本案例于 2020 年 7 月入选教育部学位与研究生教育发展中心、全国法律专业学位研究生教育指导委员会的中国专业学位教学案例中心案例库，入库证书编号为 202003510027 号。本案的相关案情参见 [2017] 赣 0923 刑初 128 号一审刑事判决书、[2017] 赣 09 刑终 224 号二审刑事判决书、[2018] 赣 0982 刑初 35 号一审刑事判决书、[2018] 赣 09 刑终 174 号二审刑事判决书。

到昌傅镇上的昌顺酒店吃饭，说先看政府怎么处理，如果处理不当，就联手与任家村村民械斗，灭了任家村。但吃完饭后，陆续有陈姓村民离开，其余的人就到四海宾馆聊天，村小组长陈某文劝大家不要急，先听政府的，吃饭的费用应该算他们村上的。

（二）案发经过

1. 祠堂聚集的鼓声

昌傅镇干部严某如 22 日晚估计两姓村民会闹事，要求双金园艺场干部付某文做好任家村村民的劝说工作。23 日中午任家村有村民听闻陈姓村民在昌傅镇聚集，要灭了任家村，任某民带人敲响了任家村祠堂的鼓，随后便陆续有任家村村民带着鱼叉、梭镖、柴刀等器具来到祠堂，聚集商议对策。外地经商刚回家的任某某也到了祠堂，因为带领部分任家村村民在外经商，任某某在村里的威信较高。任家村村民任某革接到其母亲的电话得知祠堂有人敲鼓，到祠堂了解情况后回家拿了鱼叉返回祠堂。双金园艺场干部及时赶到现场，要求任家村村民解散，同时三次要求昌傅镇干部严某如及派出所所长丁某劝散陈姓村民，叫陈姓村民不要聚餐，以稳固任家村村民的劝解工作，但陈姓村民并未解散。任家村村民在祠堂继续聚集等待，任某某叫大家不要冲动，随后吃了"矮姑"送来的盒饭。

2. 路上持械的队伍

当天下午 2 时许，任家村村民听说陈姓村民朝任家祠堂打过来了，十分气愤，纷纷开始往外冲。任某某担心村民过于分散，四处乱窜，叫大家排好队行进，于是任家村 60 余人拿着鱼叉、梭镖、柴刀、铁棍等器具立即从任家村祠堂出发，在村口没有看见陈姓村民，听说对方在昌傅镇农业银行处摆好了驾驶，便沿铁路涵洞、双金加油站、昌傅镇红绿灯，列队向陈姓村民聚集的昌傅镇农业银行处前行。任某胜等四人手持用衣服包着的具有枪支外形的物体加入了队伍。任某生在钓鱼回来的途中碰到前去打架的任家村村民，了解情况后回家拿鱼叉也加入到任家村村民打架队伍。

3. 冲破阻拦的队伍

23 日 14 时 20 分左右，在得知任家村纠集近百人，手持自制砍刀、鱼叉等器具往昌傅镇方向列队前行后，公安民警和当地干部沿途多次对任家村一方进行劝说阻拦，任家村村民均不予理会。昌傅镇政府、昌傅派出所、双金园艺场工作人员在进昌傅镇口前 200 米处组成人墙拦住任家村村民，任某革、任某生等人见公安民警拉成人墙阻拦，便要民警让开并首先冲破防线，人墙被任家村村民强行冲破。当任家村村民行至昌博镇红绿灯处，看见100多米外的陈姓村民持木棍、鱼叉站在农业银行昌付分理处，便准备冲向陈姓村民，派出所干警、镇干部、双金园艺场干部手拉手组成人墙准备将任家村村民再次拦下，但人墙被任家村村民再次冲破。

4. 停止追赶的脚步

在昌博镇等待的陈姓村民听到有人讲任家村村民拿着家伙过来了，也拿着鱼叉、棍棒跑到农行门口去了。陈姓村民见100多米外的任家村村民人多势众，纷纷扔掉棍棒、铁棍等器具四处逃散。任家村部分村民冲破防线向持械的陈姓村民冲去，见陈姓村民跑了，便捡起陈姓村民扔掉的棍棒、铁棍，准备追赶陈姓村民。任某某见对方已经败退，便立即要求大家停止追赶，随后在公安民警与乡镇干部、双金园艺场工作人员和任某某的共同劝说下，任家村村民陆续返回了任家村。

（三）审理经过

1. 任某革、任某生案一审判决为聚众斗殴罪（既遂）

江西省樟树市人民法院审理任某革、任某生犯聚众斗殴罪一案，于2017年8月31日作出［2017］赣0923刑初128号刑事判决。该判决认为，任某革、任某生伙同他人成帮结伙持械积极参加聚众斗殴，人数多、规模大、社会影响恶劣，严重破坏了社会公共秩序，其二人的行为均已构成聚众斗殴罪。公诉机关指控的事实清楚，证据确实、充分，罪名成立。公诉机关提出本案二人系犯罪未遂的公诉意见，与庭审查明的事实和证据不符，本院不予支持。任某革如实供述自己的罪行，依法对其从轻处罚；任某生如实供述自己的罪行，依法对其从轻处罚，任某生有犯罪前科，酌情对其从重处罚，认定任某革、任某生犯聚众斗殴罪，均判处有期徒刑4年。

2. 任某革、任某生案二审改判为聚众斗殴罪（未遂）

一审没有委托律师的任某革、任某生对一审判决不服，均委托律师向宜春市中级人民法院提起上诉。2017年11月21日宜春市中级人民法院书面审理后作出了［2017］赣09刑终224号刑事判决，认为任某革、任某生持械积极参与斗殴，但并未与斗殴另一方发生正面冲突便被当地干部民警劝离，且未造成人员伤亡和财产损失，其行为属于犯罪未遂，故可对二人依法从轻处罚。原判定性准确，审判程序合法，但量刑偏重，判决撤销樟树市人民法院

［2017］赣0923刑初128号刑事判决第（一）（二）项，任某革、任某生犯聚众斗殴罪，均改判为有期徒刑三年。

3. 任某某等人案—一审判决任某某等人构成聚众斗殴罪（既遂）

江西省樟树市人民法院审理任某某犯聚众斗殴罪一案，于2018年4月28日作出［2018］赣0982刑初35号刑事判决。该判决认定，2016年12月23日上午，任某民因之前在陈某滨处吃了亏，同村的任某又被陈某滨砍伤，且听说陈姓村民在昌傅街上聚集扬言要灭了他们任家，遂带人来到任家祠堂纠集村民准备与洛湖村陈姓村民打架。不久任某某也来到了任家祠堂，他见来任家祠堂的村民不多，授意任某民去祠堂敲鼓召集村民，还说他是任家村的一分子也要去。任某民遂进祠堂敲了鼓，敲鼓后任家村村民拿着鱼叉、梭镖等器具陆续来到任家祠堂。当天下午2时许，任某某、任某民听说陈姓村民朝任家村打过来时，便走在前面领着手持鱼叉、梭镖、柴刀等器具的任家村村民60余人前往昌付镇与洛湖村陈姓村民打架，当村民走得比较散时，任某某整了下队形要大家走整齐。任某胜等4人得知要打架的事情后手持用衣服包着的枪支于途中加入打架队伍。公安民警和当地干部沿途多次对任某某、任某民一方进行劝说阻拦，任某某、任某民一方均不予理会。当任某某、任某民一方走到昌傅镇红绿灯处，看见洛湖村陈姓村民持木棍、鱼叉站在农业银行昌付镇分理处时，冲破公安民警和当地干部组成的人墙防线朝陈姓村民冲去，陈姓村民见任家村人多势众，便扔掉木棍、鱼叉逃跑，任某某、任某民一方的人员遂捡起陈姓村民扔掉的木棍、鱼叉继续追赶陈姓村民，后在公安民警、当地干部和任某某的劝说下，陆续返回了村庄。案发后任某某主动到案。

该刑事判决认为，公诉机关提出的任某某等人在聚众斗殴犯罪中，因意志以外的原因，犯罪未得逞，系犯罪未遂，与庭审查明的事实和证据相符，予以支持。任某某的辩护人提出聚众斗殴案中任某某等人系主动放弃犯罪，应认定为犯罪中止的辩护意见，与查明的公安干警等人员阻拦、械斗的另一方陈姓村民见任家村人员众多而逃跑等意志以外的原因而未得逞的事实不相符，该院不予采纳，应认定为犯罪未遂。任某某虽然主动到公安机关投案，但未如实供述聚众斗殴案中全部的犯罪事实，在该案中不应认定为自首。该判决认定任某某等人犯聚众斗殴罪，其中判处任某某有期徒刑5年6个月。一审宣判后，任某某明确表示不服判决，委托律师代为上诉。

4. 任某某等人案二审判决任某某等人构成聚众斗殴罪（既遂）

二审审理查明的事实、证据与原审判决认定的事实、证据一致。同时认为，犯罪中止和犯罪预备、犯罪未遂、犯罪既遂是故意犯罪在其发展过程中由于某种原因产生停顿所呈现的四种停止状态，统称故意犯罪停止形态。就同一犯罪行为而言，出现了一种犯罪停止形态后，不可能再出现另一种犯罪停止形态，犯罪停止形态彼此独立，不可能相互转化。本案中，聚众斗殴罪是行为犯，侵犯的客体是社会公共秩序，同案犯任某革、任某生（已判决）以及一方参与聚众斗殴，人数多达 60 余人，且罔顾当地干部、民警劝阻，手持鱼叉、梭镖、柴刀等凶器冲破人墙防线，朝聚集在农业银行昌傅镇分理处的陈某民一方冲击，陈某民见己方势屈逃离现场，虽未造成人员伤亡，但上述行为已严重影响社会稳定和人民群众的安全感、幸福感，严重破坏当地治安秩序，属聚众斗殴罪既遂，故对提出成立犯罪中止的意见不予采纳，对原审作出的犯罪未遂认定予以纠正，故任某某不构成犯罪中止，维持了一审对任某某的判决结果。

本案事实的主要证据如下：

（1）证人陈某新的证言。证实 2016 年 12 月 22 日晚上，他接到陈某滨的电话说任家村人又拿刀来闹事，要他赶快过去。他到四海宾馆看到有血迹，问陈某滨什么情况？陈某滨说任某拿柴刀上门闹事被他夺下并将任某砍伤。当时派出所的人也在，陈姓村民也拿了鱼叉和棍棒过来，后在村干部的劝说下回去了。次日早上，陈某滨老婆简某要他去村上接人，他就开车去了村上，他们村来了十几个人，一起去镇政府反映了情况，之后他带着村民到他开的昌顺酒店吃饭，后来他们村上又来了一些人，兰溪村陈家、太平村陈家、新余新溪乡陈家也来了一些人。村上人说先看政府怎么处理，如果处理不当，就与任家村械斗。吃完饭他看到其他陈姓村民陆续离开，他们村的也走了一些人。其余的人就到四海宾馆聊天，村小组长陈某文劝大家不要急先听政府的。在聊天的时候听到人讲任家村村民拿着家伙过来了，他们的村民也拿着鱼叉、棍棒跑到农行门口去了，他怕任家村村民砸店就回店里去了。陈姓村民不知道是谁叫来的，陈姓村民一起吃饭就是看政府怎么处理，处理不好就联手（用武力）跟任家村解决。吃饭的费用应该算他们村上的。

（2）证人陈某春、陈某元、陈某文的证言。证实因双金任家村人在陈某滨的四海宾馆闹事。2016 年 12 月 23 日洛湖村陈姓村民聚集了几十人拿扁担、棍子、鱼叉等工具在昌傅镇街上准备和任家村人打架。

（3）证人付某新、徐某、聂某等人的证言：证实昌傅双金任某被陈某滨砍伤，任某敲鼓聚集了六七十人要与陈姓村民打架，任家村村民拿了鱼叉、柴刀、枪等从任家村出来走到了昌傅街上，在见到陈某滨后任家村村民冲过去，因陈姓村民逃跑，双方未打起来，期间双金园艺场工作人员、民警、镇政府工作人员多次对任家村村民进行劝说和阻止的事实。并证实任某某、任某民、任某胜等人参与了斗殴。陈姓村民当时也拿了木棍等工具在昌傅街上聚集。

（4）证人陈某伟的证言：证实案发当天其在医院，从任某虎的手机上看到了他朋友发在微信朋友圈里的聚众斗殴的视频。

（5）证人付某武的证言：证实2016年12月23日他在广西从微信上看到昌傅镇打架的视频，他在视频上看到了罗某，他通过罗某得知是为了抢赌场的事情，任某民村上的人挨了刀，就摆了场子约对方的人打架，罗某、陈某等人也参与了，他们拿砍刀走在前面。

（6）证人付某芽的证言：证实他在微信上看到双金任家的人和昌傅洛湖陈家的人打架，几十个人，场面好大，拿刀、拿枪，刀划在地上起火花。周边的人听到说双金任家都会走远些，怕没事惹事。

（7）同案人任某革、任某生的供述。证实因为他们村上的任某被陈姓村民砍伤，他们在祠堂聚集后有六七十人，拿了鱼叉、砍刀等工具从村里出发到昌傅镇街上与陈姓村民打架，因陈姓村民逃跑，没打起来。并证实任某某、任某民等任家村人和一些外地人参与了斗殴，且他们和陈姓村民打架由任某某、任某民等人指挥。

（8）昌傅镇政府关于昌傅"12.23案"当天情况汇报：证实昌傅镇政府在12月23日早上收到洛湖村、兰溪村、峰溪村陈姓村民准备串联，陈、任两族可能会发生冲突的消息后，安排镇领导和镇干部到洛湖村、兰溪村、峰溪村做劝阻工作，三村的村干部均说不会去闹事，大部分群众散去。14时20分左右，镇政府得知任家纠集上百人，手持自制砍刀、鱼叉等凶器朝昌傅镇方向前行，集中镇干部、与先期赶到的专案组民警和派出所民警手拉手组成人墙阻止其前行，任家村人强行冲破人墙冲过镇政府门口。任家村人得知特警马上赶到才慢慢撤回任家。

（9）关于昌傅镇"12.23案"出警经过：证实2016年12月21日21时许，任家村村民任某民到四海宾馆与四海宾馆老板陈某滨发生打斗。22日晚任家村村民任某找陈某滨替任某民出头，与陈某滨发生打斗，任某受伤比较严重。23 日 14 时 20 分左右在得知任家村纠集近百人，手持自制砍刀、鱼叉等凶器往昌傅镇方向列队前行后，昌傅派出所干警和治安大队民警在近昌傅镇口前 200 米处组成人墙拦住任家村村民，但人墙被手持刀、枪、梭镖等凶器的任家村村民强行冲破，在昌傅镇门口昌傅派出所干警、镇干部、双金干部手拉手组成人墙将任家村村民再次拦下，但人墙再次被冲破，一直冲过镇政府门口。后在民警、镇干部、双金干部的共同劝阻下，任家村村民撤回了任家村。

（10）现场路线图、现场照片：证实任某某、任某民等几十人手持长柄柴刀、鱼叉、梭镖等物从任家祠堂出发沿双金农贸市场、铁路涵洞、双金加油站、昌傅镇红绿灯，步行几公里至陈姓村民所在的昌傅镇农业银行分理处与陈姓村民打架。

（11）樟树市农业银行昌付分理处监控视频、公安人员执法记录仪视频：证实案发当天聚众斗殴人员聚集地点；任家村祠堂前摆放砍刀、鱼叉的情况；公安民警及昌付镇、双金园艺场干部劝阻任家村村民及村民冲过公安民警阻拦的情况；参与聚众斗殴的人员几十人，规模较大；斗殴人员持砍刀、鱼叉及用衣服包裹疑似枪支等工具；任某某走在任家村人群前面、任某某经干警反复做工作最后劝阻任家村村民离开等事实。

（12）任某某的供述：供述了陈某滨砍伤了任某，陈姓村民还聚集三个陈姓村庄的人扬言要来任家村，他们任家村人不服气也召集了村民要去打陈姓村民。他听到任家祠堂响鼓后才到祠堂，看到双金园艺场的工作人员和昌傅派出所民警在，任家村村民有人拿了鱼叉、棍棒、柴刀。要他劝阻任家村村民，后来有人说陈姓村民打过来了，任家村村民就拿着东西到村口抵御，他没劝住。到了村口有人说陈姓村民在昌傅镇，任家村村民又赶去镇上，他就一直走到前面拦住他们，中途他还要他们不要乱走、走散了，走到昌傅镇政府门口附近时，看见陈姓村民拿着鱼叉、木棍等东西站在离他们 200 米左右的农业银行门口，虽然有政府工作人员和警察进行拦阻，但任家村村民还是有人朝陈姓村民冲过去，陈姓村民便逃跑了。他和政府人员极力地劝说，最后他们回去了。

（13）任某民的供述：供述了任某某授意其敲鼓召集村民，因为响鼓就是村上有大事，需要大家一起拿刀、拿叉到祠堂集合；任某某在任家村口碑很好，村上很多年轻人都跟着任某某一起混，在工地做活，也挣到了钱，村上的年轻人都很尊敬他，都叫任某某"老兄"，跟着任某某的人都叫他"老板"，跟着任某某挣钱，有面子。

（14）任某胜的供述：供述了案发当天参与斗殴的人员有任某某、任某民、任某彬、任某文、任世某、任某、任某革、喻某、"老壮"、"细伢"、曾某、任某民的五六个战友、任某某的两个舅子袁某波、袁某辉等人；他最后被任某某用脚踢才回去的。

（15）袁某辉的供述：供述了案发的原因、经过、参与人员。并供述了他们经过双金街上、铁路涵洞、粮站，再到加油站，在加油站的时候，他姐夫任某某还整了下队伍，要大家跟上走整齐一点，然后走到大马路上，最后到了昌傅镇街上。

（16）袁某波的供述：供述了案发当天他在新余接到"珠珠"（任世某）的电话说双金任家和洛湖陈家准备在昌傅镇打村架，叫他去帮忙，下午两点多赶回来，他姐姐的朋友开车送他到昌傅镇街上与任家村人汇合的，并接过一把砍刀，顺着昌傅镇任家村的人群向昌傅镇农业银行方向走去。期间有樟树市公安机关的人在中间劝说阻拦他们，不让他们向前走，但是没有拦住他们。走到了昌傅镇政府门口的时候，双金任家村的人群突然都加速冲向农业银行陈姓村民聚集的地方，他也拿着砍刀跟着人群向前冲，对面陈姓村民就直接开始逃跑被他们冲散了，陈姓村民散掉之后，任家村的村民就开始慢慢地往双金任家祠堂方向走。

（17）喻某的供述：供述了2016年12月22日他在任某彬新余罗坊开的赌场里看到任某彬，要任某彬还3万元钱，任某彬说次日去他家里拿，第二天吃完午饭开车和老婆余某一起到昌傅任家，约两点半到三点钟到双金农贸市场，看到很多人，包括任某、任某胜、任世某、任某坤、曾某、涂某虎、袁某波、任某民、任某彬，还有双金任家不认识的人，任某叫住他，说任家和另一个村庄要打架，叫他一起去，任某从手上提的装钓鱼竿的袋子里拿了一把单管猎枪给他，并跟他说拿去吓一吓不要开枪，然后他和任某胜、曾某、涂某虎手上拿了东西（被衣服裹着，不知道三人拿的是什么）就跟着五六十人的队伍一起从双金任家村往昌傅镇街走，走到大路红绿灯处派出所的人拦阻，没拦住，大部分人还是往前走，那时他看到任某某在队伍的前面，任某某当时在拦任家村的人，他和袁某波及另外两个不认识的人没有再往前走，他们在原地站了四五分钟，任家村人几十个人走到派出所门口马路上没有再往前走，隔另外一个村庄的几十个人有五六十米，然后任家村的几十个人原路返回，到了任家祠堂门口，他把枪给了任某、任某彬还了钱，他开车和老婆回新余了。

（18）曾某的供述：案发当天中午，"珠珠"（任世某）请他在双金的"金龙酒家"吃饭，还有任某昆、外号"鬼子"的。听到村上在打鼓，"珠珠"说村上出事了，饭后他们去祠堂看到村上很多人，在领鱼叉、砍刀，很多人拿着家伙已经往昌傅镇街上走了，于是他也拿了一把鱼叉跟着大队伍走，"珠珠"拿了一把柴刀，他们从任家祠堂出发，过了铁路涵洞之后，队伍停了一下，任某某在前面整了下队伍，还喊了下口号，但是他不记得口号是什么，意思是队伍要走整齐点。整队之后他们经过昌傅加油站来到了昌傅镇街上，遇到镇政府和派出所的人进行劝阻，可没有拦住，被他们冲散了。到红绿灯附近，一辆白色小汽车开了过来停在附近，他看到任某、任某胜、喻某三个人从车上下来走到队伍里面来，过了红绿灯之后他们遇到了陈姓村民并停了下来，他看到任某民站在队伍前面好激动，任某民说对面几百个人在等，不冲过去好丢面子，他当时就站在任某民旁边，看到任某某拦了任某民不让他冲过去，看到任家村人冲过去，陈姓村民在对面站了一下就转身跑了，还把手上的家伙丢在地上，见陈姓村民走了他们就冲了过去，队伍里有些人捡了一些他们丢下来的鱼叉、铁棍等家伙。过了没多久他们也转身离开，回村上祠堂去了。

（19）左某的供述。供述了2016年12月23日中午左右，他和罗某、杨某军、陈某，跟着任某民到他们村祠堂里去，到祠堂后，一会任某某来了，和任某民说了几句话后，任某民就去敲了鼓。过了一会儿，一辆白色小车从祠堂后面拖了一车砍刀放在任家祠堂里面，任某民拿了一把用钢管焊接的砍刀后，他和罗某、杨某军、陈某跟着也领了一把钢管焊接的砍刀，准备跟着任某民到昌付镇街上与其他村打架斗殴，不知道谁说了一句陈姓村民打过来了，然后大家气氛紧张地往外走，大概走了一百多米后，任某某赶到他们前面，他们从村里铁路桥下的隧道一路走到昌傅街上派出所门口，在昌傅街上农业银行门口看到大概有30多个陈姓村民在等他们，陈姓村民看到他们很多人就把手里的鱼叉、棍子之类的丢在地上跑了，他们过去捡起了陈姓村民的鱼叉和棍子，然后任某某就过来叫他们回去，他们也跟着任某某回去了。

（20）杨某军的供述。供述了案发的时间、地点、经过、参与人员等事实并供述指挥者是任某某，他们都是听任某某的。

（21）陈某的供述。供述了案发当天中午11点多钟，任某民叫他、左某、杨某军、罗某起床，说有事，任某民开车带着他们一起到了任家祠堂，10 分钟后，任某民的老板任某某来了，问任某民任某怎么被人砍了？任某民当时没有作声，跟着任某某往任家村人那边走，看见祠堂里面只有七八个人，任某某说："怎么没什么人呢"，然后有个矮子就进入到祠堂那里，任某民也跟着进去了，一会鼓响了，然后就陆陆续续有人过来，每个人过来的时候手里都会拿工具（叉子、长柄砍刀、铁棍）。他们在祠堂待了一段时间，任家村去洛湖陈家打探的人和任某某说，那边在昌傅镇农业银行已经摆好阵势了，下午 2 点多钟任某某领头带着他们拿着叉子、长柄砍刀、铁棍等就往昌傅镇农行方向走，在行进过程中任某某一直走在前面，走到加油站，因为队伍比较松散都已经走得脱节了，任某某说："不要乱七八糟的，走好一点"，在途中有人边走边喊"交出凶手，四海宾馆老板陈某滨"，他手里拿着铁棍跟在任家村村民后面，到了农业银行，两边的人没有打起来，当时还有一辆白色现代车子从外面开过来，车子上面坐了四五个人，手里拿着用衣服包着的东西，应该是枪。任家和陈家对峙的时候，任某某站在最前面，任某某对大家说"全部不要动手，回去回去"，有人说了陈家的人还拿着东西在农行门口，任家村这边的人就拿着砍刀往前冲了一下，任家村村民一冲陈姓村民就跑走了。任某某就过去把他们往回推，叫任家村村民不准过去，并且往回走。

二、本案的法律问题思考

（一）聚众斗殴罪是如何演进的？

1979 年《刑法》第 160 条规定："聚众斗殴，寻衅滋事，侮辱妇女或者进行其他流氓活动，破坏公共秩序，情节恶劣的，处七年以下有期徒刑、拘役或者管制。流氓集团的首要分子，处七年以上有期徒刑。"流氓行为是严重危害社会治安的行为，1979 年《刑法》将聚众斗殴、寻衅滋事、侮辱妇女以及其他流氓行为规定为流氓罪。对聚众斗殴行为，情节恶劣，需要予以刑事制裁的，是按照流氓罪定罪处罚的。由于流氓罪的规定过于笼统，实际执行中随意性较大，成了一个"口袋罪"，容易混淆罪与非罪的界限。

1979 年《刑法》通过后，随着社会治安形势严峻，刑事案件一直呈上升趋势，各种犯罪团伙非常猖獗，严重影响社会的正常秩序以及人民群众的正常生活。为了保证人民群众能够安居乐业，社会秩序健康稳定，经济持续发展，1983 年 8 月 25 日中共中央印发了《关于严厉打击刑事犯罪活动的决定》。

为此，1983 年 9 月 2 日第六届全国人民代表大会常务委员会第二次会议通过《关于严惩严重危害社会治安的犯罪分子的决定》（已失效，下同）对本条作了修改，提高了流氓罪的刑罚。该决定第 1 条规定，流氓犯罪集团的首要分子或者携带凶器进行流氓犯罪活动，情节严重的，或者进行流氓犯罪活动危害特别严重的，可以在刑法规定的最高刑以上处刑，直至判处死刑。

1997 年修订《刑法》时，明确了罪刑法定原则，原有的规定与这一原则相冲突，需要作出修改，故将流氓罪的规定分解为一些具体的罪名进行规定：①侮辱、猥亵妇女的犯罪（第 237 条）；②聚众斗殴的犯罪（第 292 条）；③寻衅滋事的犯罪（第 293 条）；④聚众淫乱的犯罪（第 301 条）等，并对各种犯罪的罪状作了明确规定，流氓罪的罪名不再适用。聚众斗殴是一种严重的侵犯公共秩序的犯罪，通常是不法团伙间成帮结伙打群架的行为，有不少是持凶器进行斗殴，极易造成人员重大伤亡，甚至造成周围群众的伤亡和财产损失，必须予以严厉惩处。1997 年修订《刑法》时，单独规定了聚众斗殴罪，并对该条作了以下修改：一是降低了刑罚，根据《关于严惩严重危害社会治安的犯罪分子的决定》的规定，流氓罪最高可以判处死刑，修订刑法时将法定最高刑确定为十年有期徒刑。二是规定了转化犯的规定，考虑到聚众斗殴可能造成人员的重大伤亡，明确规定致人重伤、死亡的，依照本法第 234 条故意伤害罪、第 232 条故意杀人罪的规定定罪处罚。三是明确了加重犯的具体情形，如多次聚众斗殴的，聚众斗殴人数多，规模大，社会影响恶劣的，持械聚众斗殴的等。

（二）聚众斗殴罪的犯罪客体是什么？

该罪的犯罪客体是社会公共秩序和他人轻伤以内的健康权。聚众斗殴罪是聚众犯的一种，聚众犯罪具有公然性、无组织性、激情性、暴力危险性和瞬间性等特征。而暴力性更是斗殴行为的主要特征，聚众斗殴行为具有极强的暴力性，而暴力所直接侵害的恰恰是他人的身体健康乃至生命。本罪行为人的目的旨在通过争强斗狠的斗殴行为争夺非法利益，而非对他人的生命和健康造成重大损害，即使现实地侵犯了他人的生命或重大健康权，也只是按照想象竞合犯或转化犯处理，不能以本罪论处。公共秩序在本质上依然是一种社会关系，但这种社会关系是由法律、道德和风俗习惯共同维护的，具体表现为一种安宁稳定的生活状态。

（三）如何理解聚众斗殴罪的"聚众"？

1997 年《刑法》总则中并没有对"聚众"这一概念加以定义或者解释，尽管有学者认为"刑法有义务对某些概念予以适当的解释"。几乎所有学者都认为，本罪在客观方面是复合了聚众行为和斗殴行为，并进而把聚众行为分为"纠集"和"结化"两种具体形式所谓纠集是指组织、指挥、策划的行为所谓结伙是指事态发展中的积极参加行为。也有学者把聚众行为分为纠集行为和聚合行为，前者指首要分子的组织纠集行为，后者为积极参加者和其他参与者的聚合行为。

但是，将"聚众"视为本罪的实行行为，会产生诸多困境：① "聚众"若是一种行为，则不具有概念的周延性。将聚众作为一种行为显然不能涵摄非斗殴目的的"聚众"、自然形成的"聚众"和斗殴中形成的"聚众"。② "聚众"若是一种行为，则首要分子会受到双重评价。有首要分子的"聚众"若是一种行为，则是一种对合行为，首要分子的纠集行为和其他参加者的聚合行为。在有首要分子的场合则会导致对首要分子的双重评价，首要分子既是纠集者，又是被纠集者，这在逻辑上又是一个悖论。③ "聚众"若是一种行为，则"其他积极参加者"不能构成本罪主体。"聚众"一词为动宾结构，聚众之人也就只能是首要分子，不能包括其他积极参加者。这样，本罪的主体只能是首要分子，其主体必须在聚众斗殴犯罪活动中起邀约、组织、指挥、策划等作用，即首要分子，对非首要分子不能认定为该罪。④ "聚众"若是一种行为，则有违刑法的谦抑性原则。从保障人权的视角出发，只有危害社会的行为达到了必须以刑罚处罚的危害程度才能予以刑法评价，仅有聚众行为，其社会危害性没有显露出来，直接将其视为实行行为纳入刑法规制范围，有违刑法的谦抑品格。

因此，"聚众"不是一种实行行为，而是本罪客观方面用以说明斗殴行为对公共秩序侵犯的一种外在的情势。将"聚众"理解为一种客观外在的情势，并不违背解释的原则。因为解释的实质的容许范围，与实质的正当性（处罚的必要性）成正比，与法律通常语义的距离成反比。犯罪的客观方面，不仅指危害社会而应当受刑罚惩罚的行为，还包括说明行为性质的犯罪结果、犯罪的手段、时间、地点及其他客观条件等行为的客观事实特征。如果说手段、时间和地点是所有实行行为的必要条件，那么"聚众"在通常情况下是作为行为的一种选择条件存在的，但对聚众斗殴实行行为而言，则是必须的（已成为构成要件）：只有在聚众的情势下发生的斗殴才能适用《刑法》第292条。

（四）如何理解聚众斗殴罪的斗殴行为？

1. 斗殴行为具有暴力性

斗殴是双方互相攻击对方身体的行为。其指向是对方的身体健康，而不是生命和财产。斗殴双方之所以实施斗殴行为，是因为双方都希望通过伤害对方身体的方式迫使一方退出特定利益的争夺，所以暴力性是斗殴行为的内在属性。如果仅仅是一般性的挑衅、追逐等不可能对身体健康构成威胁的行为，则不能认定为斗殴行为。聚众情势下的斗殴行为一经实行，其暴力性即构成了对公共秩序和对方成员健康权的侵害。而且，聚众情势下的斗殴行为通常是不法团伙之间大规模的打群架、械斗，往往事先都有一定的准备，如带有匕首、棍棒、枪支、爆炸物等凶器，极易造成一方或双方的人身伤亡。当然，斗殴的双方是否使用了凶器，并不是本罪的构成要件，即使聚众徒手斗殴，也可构成本罪。

2. 斗殴行为具有对合性

聚众斗殴中的"斗殴"，不同于一般意义上的"殴打"，一般认为"殴打"指的是一方打另一方，"斗殴"指的是双方互相殴打（厮打），即斗殴是一方殴打，而另一方以殴打相抵抗两方面因素结合所致。这就要求斗殴行为具有对合性的事实特征：互相搏斗的双方，都必须具有斗殴的主观故意，并且都为了压倒对方而实施暴力。首先，在客观方面要求双方都实施了殴打对方的行为，即一方殴打另一方的同时，另一方也殴打了本方；其次，在主观方面也要求具备这种对合性：本方行为人认为对方也具有殴打本方的故意（但对方的这种故意在客观上不一定存在）；最后，对向性不以对方构成本罪为必要。斗殴行为的对向性决定了本罪是对向犯，对向犯又称为对行犯、会合犯，是指犯罪构成上需要两个或两方以上的行为者对立地指向同一目标的犯罪行为。其规定形式有三种：参与者双方被科以同一法定刑、对参与者规定不同的法定刑、仅处罚参与者一方等情形。本罪无疑是第一种情形，但对向犯只是意味着犯罪的成立以存在对方的相对行为为前提，而不是以对方的行为成立相应犯罪为前提，所以对方的斗殴行为是否构成聚众斗殴罪不影响本方行为的定罪。

3. 斗殴行为的非法性

之所以对斗殴行为进行强烈的否定性评价，不在于其手段本身的非法，而是因为其目的的非法。古时斗殴行为被解释为："相争为斗，相打为殴"，即"斗"本身表明了其行为的非法目的：对非法利益的争夺。质言之，斗殴行为本身就含有违法之意，而且是双方的不法，不是单方的违法，其主观意图都是以侵害对方为目的。只有相互搏斗的双方均基于非法的动机和目的才能称之为斗殴。如果一方违法，而一方合法，就不能称其为斗殴。斗殴行为的非法性只能限定为行为最终目的的非法，而不是动机的非法，因为动机本身只是引发行为的内心冲动，是行为人的内在需要与自身行为的一种实然联系，这种联系本身不存在合法与非法的法律评价。同时，这种目的的非法也不是犯罪目的的非法，而是行为最终目的的非法：对非法利益的争夺，犯罪目的的实现只是争夺非法利益的手段而已。所争利益的非法决定了争夺手段的非法，而所谓利益的非法性即是：对斗殴各方而言，都明知本方不具有支配该利益的法律资格，这种非法利益往往表现为争夺势力范围、确定社会地位或争风吃醋等。

（五）陈姓村民在本案中是否具有过错？对量刑有何影响？

陈姓村民率先串联聚集，首先向任家村村民整体进行挑衅，后来不主动提前撤离，在斗殴即将发生的时候因为打不过才逃跑，对引发此次群体性事件存在一定的过错，可以作为任家村一方的酌定量刑情节予以考量。

陈姓村民率先将任某民和陈某滨之间的个人争斗升级到两族人之间的争斗，据任某民、陈某新所言，2016 年 12 月 22 日晚上 8 点，陈某滨就纠集了陈姓村民组长和村民持械到四海宾馆，第二天早上陈某滨老婆简某就叫陈某新接陈某文等组长、队长到昌付镇，有组织地纠集兰溪、太平、新溪和洛湖等四个村的陈姓村民，并放话说如果政府处理不好，就铲平任家村，还几乎买空了昌付镇的锄头、耙子、钢管等械具。昌付镇综治办工作人员付某新证实，陈姓村民由洛湖村组长陈某文纠集，且 23 日中午左右确实有十多个陈姓村民持械冲向任家村，才导致已经被劝停的任家村村民再次反击。

据双金园艺综治委情况汇报可知，昌付镇党委书记严某如 22 日晚就知道陈姓村民会闹事，故要求付某文场长做好任家村村民劝说工作；但任家村村民并未因为任某被打就聚众报复，而是因为听说数个村的陈姓村民在昌付镇聚集，才击鼓聚集商议对策；园艺场领导当天三次要求严某如书记及丁所长劝散陈姓村民，叫陈姓村民不要聚餐，以稳固任家村村民的劝解工作；因陈姓村民始终聚集，拒不解散，最终无法劝散任家村村民。双金园艺场长付某文也证实，任家村村民是在 23 日中午 12 点才敲鼓聚集的，付某文还曾打电话要求派出所丁所长解散昌付镇上的陈姓村民，以帮助劝说任家村村民。

事实上，2016 年 12 月 23 日早上昌付镇政府收到陈姓村民串联消息后，曾安排镇领导和镇干部对三个村的陈姓村民进行劝阻，但大部分陈姓村民仍然持械聚集到昌付镇，一直等到当天下午任家村村民到来。据昌付镇政府的情况汇报可知，一直到此次事件结束后的当天下午 4：30，在镇干部的劝说下，洛湖村陈姓村民才勉强表示不会再去闹事。陈某春、付某新、陈某新等数人还证实，陈家村人不但一开始就在昌付镇持械聚集了 60 人至 70 人，吃饭时还有 40 人至 50 人，六桌人吃饭的费用由他们村结算，听到任家村村民过来时，他们不是退回，而是持械冲向任家村村民。

因此，四个村的陈姓村民对本案的发生具有明显过错，根据《江西省高级人民法院〈人民法院量刑指导意见（试行）〉实施细则》的规定，因对方的过错引发犯罪或对方对矛盾激化引发犯罪负有责任的，可以减少基准刑的 20% 以下。

（六）本案中是否发生了斗殴的行为？聚众斗殴罪是否既遂？

1. 本案没有发生斗殴的行为

斗殴是殴打对方身体的行为，本案中多人证实双方至少在 50 米的距离就分开了，不存在打斗的行为。即使双方持械见面，对公共秩序造成了破坏，也不能将其认定为斗殴行为，更不能据此认定构成了聚众斗殴罪的既遂。

本案二审判决书认为，任某革、任某生等人冲向陈姓村民一方的行为造成了破坏当地治安秩序的结果，就认定为聚众斗殴罪既遂。但是，聚众斗殴罪中的斗殴行为不是一方冲向另一方的行为，"斗殴行为即是攻击对方身体的行为，……要求对人身的暴力达到一定程度"，即要求斗殴双方以暴力方式互相殴打或搏斗。而冲向对方只是进行殴打的准备行为，并非直接殴打的行为。何况，多人证实，陈姓村民一看到任家村村民人多，还没等对方冲过来就扔掉凶器逃跑了，双方"没打起来"。因此，本案只有聚众斗殴罪的聚众行为，并无斗殴行为。

2. 本罪的犯罪停止形态为犯罪未遂或犯罪预备

尽管聚众斗殴罪的犯罪客体是公共秩序，但只有通过聚众斗殴这一行为来危害这一客体的，才能对其以聚众斗殴罪论处，并非任何危害了公共秩序的行为都直接以聚众斗殴罪处罚。就聚众斗殴罪的实行行为结构而言，学界存在单一行为犯和复行为犯的争论，但两种观点均认为单纯的"聚众"不是聚众斗殴罪中需要处罚的既遂状态。

本案的二审判决书在分析任某某是否构成犯罪中止时，认为聚众斗殴罪是行为犯，但在认定聚众斗殴的既遂状态时，该判决又将聚众斗殴罪作为结果犯处理，以客观上发生了破坏治安秩序的结果为由，认定本案已经既遂。进而以犯罪既遂之后，不可能再出现其他停止形态为由，认为本案不可能构成犯罪中止。

我国的犯罪既遂标准向来是犯罪构成要件齐备说，即要求该罪的所有犯罪构成要件全部具备，才是该罪的犯罪既遂。由于犯罪类型不同，既遂标志也有差异：结果犯以犯罪结果是否发生为既遂标志，危险犯以特定危险是否出现为既遂标志，行为犯则以实行行为是否完成为既遂标志。既然本案二审判决书认定聚众斗殴罪是行为犯，在认定聚众斗殴罪的既遂状态时理应坚持行为犯的既遂标准：行为犯的实行行为是否实施完毕，尤其是复行为犯更要考察最后一个行为是否实施完毕。因此，本案二审判决书竟然以结果犯的既遂标准认定聚众斗殴罪这一行为犯的既未遂问题殊不妥当。

（七）本案中聚众斗殴罪是何种犯罪停止形态？

就本罪的实行行为结构而言，学界存在单一行为犯和复行为犯的争论，但两种观点均认为单纯的"聚众"不是聚众斗殴罪中需要处罚的未遂状态。

复行为犯的学者认为，聚众是本罪的实行行为之一。所谓复行为犯，是指一个独立的基本犯罪构成的客观方面包含数个不独立成罪的实行行为的犯罪，从实质上可划分为紧密型复行为犯和松散型复行为犯。从聚众与斗殴的关系来看，二者应当是一种松散的关系类型，而对于松散型复行为犯，在修正形态的未完成形态的犯罪构成中不以整体性考察为必须，只要开始实施了第一个实行行为就已具备应当追究刑事责任的社会危害性，则只实行聚众行为未实行斗殴行为的应当构成聚众斗殴罪的未遂犯或中止犯（在其他构成要件具备的情况下），如有的地方司法机关认为，斗殴一方或者双方人员已纠集，在途中或者斗殴现场，因公安机关查获、制止等原因而斗殴未逞的，可以聚众斗殴罪（未遂）处罚。

单一行为犯的学者认为，聚众斗殴罪不是复行为犯，而是单一行为犯。……即使在斗殴之前，有的行为人实施了纠集他人的行为，这种纠集他人的行为也只是聚众斗殴罪的预备行为，如同购买凶器只是杀人罪的预备行为一样。

此种观点认为，斗殴行为才是聚众斗殴罪的实行行为。还有人认为，聚众犯中的聚众无论理解为预备行为还是实行行为，都存在诸多无法调和的困境，聚众应是多数行为主体的客观状态，是用以说明行为危害性程度的一种客观外在的情势。

如前所述，将聚众斗殴中罪的"聚众"认定为一个客观外在的情势，则本罪只是单一行为犯。由于本案没有发生斗殴，说明实行行为尚未着手，本案的具体犯罪形态应是犯罪预备或者预备阶段的犯罪中止。因此，即使坚持认为本案需要予以刑罚处罚，也只能将其视为聚众斗殴罪的预备行为进行处罚。根据《江西省高级人民法院〈关于常见犯罪的量刑指导意见〉实施细则》的规定，对于预备犯，综合考虑犯罪行为的性质、实施程度和危害程度等情况，可以比照既遂犯减少基准刑的50%以上或者依法免除处罚。

（八）根据同案同判的基本原则，任某某的二审判决书结果是否妥当？

本案与任某革、任某生案实为同一个案件，只是分案处理为了两个案件，其犯罪的停止形态理应予以统一认定。任某革、任某生案一审判决书（［2017］赣0982刑初128号）认定本案构成聚众斗殴罪既遂，但并未生效。任某革、任某生上诉后，2017年11月21日江西省宜春市中级人民法院作出了［2017］赣09刑终224号判决书，否定了［2017］赣0982刑初128号判决书认定的聚众斗殴罪既遂，还特别对此进行了深入分析：任某革、任某生持械积极参与斗殴，但并未与斗殴另一方发生正面冲突便被当地干部民警等人劝离，且未造成人员伤亡和财产损失，其行为属于犯罪未遂，故可对二人依法从轻处罚。

任某某作为与任某革、任某生本为同一个案件的共同犯罪人，尽管一审判决时认定本案是聚众斗殴罪的未遂，但最终作出终审判决的法院——宜春市中级人民法院并没有保持同案同判，在只有上诉的情况下，直接将本案认定为犯罪既遂，最终造成本案一案四审，认定犯罪停止形态完全错开，明显违背了同案同判的基本原则。

（九）本案中任某某的行为是否构成了共犯中的犯罪中止？

根据《刑法》第24条之规定，就共同犯罪中的共同实行犯而言，即使在行为终了之前，行为人只是自己放弃犯罪还不是犯罪中止，必须成功阻止既遂状态的出现，才是犯罪中止，至于其他实行犯是否参与了中止行为，则不影响行为人的中止认定。在本案中，任某某赶在斗殴行为发生之前，积极劝退任家村村民，有效阻止了斗殴行为的发生，任某某本人理应成立犯罪中止。

1. 任某某在两村村民对峙时就放弃了斗殴意图，主动劝回村民

任某某参与任家村村民聚集，是因为听信了陈姓村民要灭了任家村的说法，作为任家村的一员，任某某只是想保护任家村，到现场看到陈姓村民不会灭了任家村，知道传言不实，便立即彻底放弃了斗殴意图，并决定积极劝阻任家村村民，争取避免两村械斗。诚如二审判决书认定的那样，袁某辉、喻某、曾某、任某民、陈某等人均证实，在任家村村民和陈姓村民对峙的时候，任某民往前冲的时候，任某某就进行了阻拦，"全部不要动手，回去回去"，"不要去！不要去！"只是这次的阻拦没有效果，任家村村民怕丢面子，在任某民的带领下还是冲过去了。因此，任某某主观上具有犯罪中止的自动性，即基于自己的意志主动劝阻同村村民不要进行斗殴。

2. 任家村村民追击陈姓村民，随时可能发生斗殴，犯罪过程没有结束

二审判决书认定，任家村村民对沿途干警的劝说无动于衷，最后还冲破了公安民警和当地干部组成的人墙防线，此时的陈姓村民虽然有部分人见状逃跑，但任家村村民仍然在继续追赶陈姓村民，随时可能发生斗殴。昌付镇副镇长夏某和樟树市公安局治安大队曾某冲均证实，陈姓村民逃跑的时候，任家村村民还是冲过去了，此时镇干部和警察的劝阻对任家村村民没有任何效果，"根本就没用"。这就意味着聚众斗殴这一过程并没有结束，一旦任家村村民追上陈姓村民，即将发生大规模斗殴行为，形势十分危急。换言之，此时的聚众斗殴这一过程并没有停止下来，而是在继续发展的过程之中，对任某某来说，具备犯罪中止成立的时空性。

3. 任某某有效阻止了斗殴行为的发生

在前述干警劝说和人墙阻止失败后，任某某在关键时刻觉悟到行为的危害性，并挺身而出，赤手空拳挡在队伍的前列，并以呼喊、手推、脚踢等方式阻拦任家村村民继续追赶，虽然被任家村村民骂作"汉奸"，但最终劝返了任家村村民，成功阻止了斗殴的发生。这也为本案一、二审判决书所认可。

因此，任某某不但彻底放弃了聚众斗殴的犯罪意图，在客观上也的确实施了劝阻行为，并阻止了斗殴的发生，完全具备犯罪中止的自动性、时空性和有效性特征，理应成立犯罪中止。即使将任某某的劝阻行为视为阻止斗殴行为发生的因素之一（实际上民警和干部的劝阻已经不能发挥作用），也应认定为犯罪中止，因为犯罪中止中并不要求中止行为单独防止既遂状态的出现，

"如果根据行为人的意志，求助于或借助于他人的行为而使犯罪既遂没有出现的，也应当认定为犯罪中止"。甚至有学者认为，"共犯人为消除自己的行为与结果之间的因果关系作出了真挚的努力，即使由于其他原因导致结果没有发生的，也应认定为中止犯"。

在聚众斗殴罪尚未既遂的情况下，无论是构成犯罪预备，还是构成了犯罪未遂，认定了任某某有效阻止了斗殴，本案中的任某某就构成了犯罪中止。任某某被认定犯罪中止，其聚众斗殴罪应在有期徒刑 3 年以下量刑，二审判决应当对此予以改判。

（十）如何全面分析一审刑事判决书？

明确刑事二审阶段不同于刑事一审阶段的特点，全面分析一审判决书的控辩争议焦点、事实认定、证据采信、法律适用等方面的具体问题，指出一审判决书中可能存在的事实认定错误（如本案没有发生斗殴行为，是因为陈姓村民已经逃跑、多人的劝说，还是因为任家村村民停止了追击）、法律适用错误（如任某某在其他人员劝解无效的情况下要求任家村村民停止追击，是否构成了犯罪中止，而其他人在任某某等人劝说后是主动停止了追击，还是被迫停止了追击）等情形，为后续的刑事辩护工作奠定了基础。然后结合一审判决内容提出自己的见解，要求针对性强、有理有据、全面充实。

（十一）如何有效会见？

由于不服一审刑事判决的上诉时间只有 10 日，辩护人接受委托后应及时会见，做好会见的准备工作，根据一审判决内容的分析拟定会见提纲，会见时除了提交通常会见的材料外，还应携带一审判决书并听取其上诉的意见，向其介绍二审相关程序和权利，核实关键事实和证据，讨论可能维护的合法权利及具体路径，与其沟通并确定上诉思路，确立二审辩护的具体目标。

（十二）如何及时撰写并提交上诉状？

根据一审判决内容分析的要点，列出二审期间阅读的案卷材料（包括检察院移送的全部案卷材料和一审法院的案卷材料），无论是否为本案的一审辩护律师，确定需要尽快重点阅读的材料，尤其是全面阅读一审庭审笔录，要确认是否有未经质证的证据作为定案证据使用，是否有非法证据排除的申请未予审查，必要时可依法查看一审法院的庭审录音录像。然后根据前述分析和阅卷情况，及时协助或代理撰写并提交上诉状，做到格式规范、请求明确、理由充分。

（十三）如何精读全案材料，制作阅卷笔录并撰写辩护词？

采用摘录法、列表法、图示法等方法对案例中所列证据（包括任某革、任某生案的一审、二审判决内容）制作详细的阅卷笔录，就任某某可能涉及的犯罪中止、自首、主从犯、被害人过错等各种定罪量刑的法定情节和酌定情节进行梳理，核查各种证据之间对相关案件事实的证明效力是否一致，还需要补充哪些证据材料。同时，结合阅卷情况和对相关刑法相关条文的理解，撰写辩护词，并根据二审法院开庭的决定做好开庭准备。制作阅卷笔录和辩护词，阅卷笔录要全面细致、互相对应，辩护词要层次分明、逻辑清晰、论证充分。

三、主要参考文献

1. 黄永主编：《中华人民共和国刑法立法背景与条文解读》，中国法制出版社2021年版。

2. 高铭暄、马克昌主编：《刑法学》（第8版），北京大学出版社、高等教育出版社2017年版。

3. 陈兴良主编：《刑法各论精释》，人民法院出版社2015年版。

4. 周道鸾等主编：《刑法的修改与适用》，人民法院出版社1997年版。

5. 《刑法学》编写组编：《刑法学》（上册·总论），高等教育出版社2019年版。

6. 郑飞：《行为犯论》，吉林人民出版社2004年版。

7. 张明楷：《刑法学》（第6版），法律出版社2021年版。

8. 李希慧主编：《妨害社会管理秩序罪新论》，武汉大学出版社2001年版。

9. 陈兴良：《规范刑法学》，中国人民大学出版社2012年版。

10. 陆诗忠："对复行为犯若干基本问题的检讨"，载《江淮论坛》2014年第1期。

11. 苏雄华："不只是行为：关于聚众的另行解读"，载《重庆理工大学学报（社会科学版）》2010年第5期。

第二节　必要共犯的认定：刘某某介绍贿赂案

一、案例简介[1]

某县计生委 2012 年出台文件，超生户缴纳了社会抚养费后，需要计生办出具上户证明，派出所才能办理上户，作为回报，镇政府会返还社会抚养费的 3% 给该镇派出所作为办案经费。但在实际操作中，只要派出所所长同意，并缴纳一定的上户费给派出所，就可以为超生小孩办理户口。刘某某（女）自 1990 年至案发前在赣州市某县公安局某镇派出所工作，系该所行政编制在职正式民警，因病长期休假在家。

2012 年至 2013 年期间，因超生小孩上学需要户籍，某镇未缴纳计划外生育社会抚养费的村民陈某甲、郭某丙等人找到刘某某，请求帮忙办理计划外生育且未缴纳社会抚养费的小孩户口，刘某某告知陈某甲等人要收取 6500 元至 12 000 元不等才能办理好，陈某甲等人表示同意，并将钱款和办理户口所需资料交给刘某某。

刘某某与该派出所所长幸某某的关系不好，为获得幸某某的同意，便找到派出所所长的朋友李某甲，提出由李某甲（中国人民财产保险公司在该镇分部的经理），请他出面找某镇派出所时任所长的幸某某（另案处理）帮忙办理户口，并以每个小孩 5000 元的标准送给幸某某，其余 1000 元作为李某甲的辛苦费，李某甲表示同意。后李某甲找幸某某帮忙，幸某某以为是李某甲亲友超生的小孩，便同意办理共计 13 名小孩的户口，每个小孩收取了 5000 元的上户费，共计 65 000 元。

刘某某又以同样的标准找到该镇社区街道办主任卢某甲出面找幸某某帮忙办理户口，卢某甲则找到幸某某的司机卢某乙（另案处理），以每个小孩 5000 元的标准给卢某乙，让卢某乙出面找幸某某帮忙，后卢某乙找幸某某帮忙，幸某某以为是卢某乙亲友超生的小孩，便同意办理共计 8 名小孩的户口，每个小孩收取了 3000 元的上户费，共计 24 000 元。

案发后，刘某某、李某甲被侦查部门传唤到案，李某甲在被追诉前主动

---

〔1〕　参见［2015］崇刑初字第 6 号一审刑事判决书。

交代了向幸某某介绍贿赂的行为。

本案主要有以下证据：

（一）书证

（1）周某某、江某甲等人的常住人口信息和户成员信息各 27 份，证明周某某、江某甲等人出生日期等身份信息、办理户籍的时间以及监护人等家庭成员身份信息情况。

（2）曾某甲、曾某乙等人的出生医学证明副页，证明曾某甲、曾某乙等人的出生日期、父母亲姓名等情况。

（3）刘某某、李某甲常住人口信息 2 份，证明 2 份，证明刘某某、李某甲的出生日期等身份信息，具备完全刑事责任能力，无违法犯罪前科。

（4）赣州市某县编制办证明 1 份、某县公安局工资改革信息审核表 1 份、某镇派出所证明 2 份，证明刘某某是某县公安局某镇派出所的行政编制在职正式民警，具有国家工作人员身份，刘某某在某镇派出所户籍室工作，某镇派出所只有一名叫刘某某的民警，无同名同姓同音的人。

（5）幸某某常住人口登记表 1 份、康府〔2009〕61 号、〔2014〕22 号文件，证明幸某某于 2009 年 5 月至 2014 年 3 月担任某县公安局某镇派出所所长，具有国家工作人员身份。

（6）非税收入资金缴款复印件 1 份，证明李某甲向崇义县人民检察院退缴赃款 3 万元。

（7）某镇计生办证明 1 份，证明周某某等计划外生育的小孩在办理户口前未缴纳社会抚养费。

（8）归案情况说明 2 份，证明赣州市人民检察院于 2014 年 4 月 12 日将刘某某涉嫌滥用职权罪、受贿罪一案交由崇义县人民检察院侦查，崇义县人民检察院于同日立案侦查，并对刘某某进行传唤，4 月 13 日刘某某到案并被刑事拘留，刘某某到案后否认其存在违法犯罪行为，侦查机关在侦查刘某某一案时，发现刘某某伙同李某甲收受当事人的钱财，并通过李某甲将部分钱财送给某镇派出所时任所长幸某某，侦查机关在对李某甲询问时李某甲主动交待了其犯罪行为。

（二）证人证言

1. 证人幸某某的证言

证明 2012 年至 2014 年 1 月，幸某某在担任某县公安局某镇派出所所长期间，李某甲和卢某乙找到幸某某，要求幸某某帮忙为计划外生育未缴纳社会抚养费的幼儿上户口，李某甲是以每名幼儿5000元的标准送钱给幸某某，幸某某总共为李某甲办理了36名幼儿的户口，收受了李某甲所送的钱财共计18万元。卢某乙是以每名幼儿3000元的标准送钱给幸某某，幸某某总共为卢某乙办理了48名幼儿的户口，收受了卢某乙所送的钱财共计14.5万元。幸某某在收受了李某甲、卢某乙给得钱后，就为这些计划外生育未缴纳社会抚养费的幼儿的出生证上签字，户籍窗口看见幸某某的签字就会为这些幼儿办理户口。

2. 证人卢某乙证言

证明2013年卢某甲找到卢某乙，请卢某乙帮忙送钱给幸某某为一些小孩办理户口，并按每名小孩5000元的标准将钱和上户资料给了卢某乙，卢某乙则以每名幼儿3000元至4000元不等的标准，陆续送了32 000元钱给幸某某，共为周某某、江某甲、郭某乙、卢某丙等8名小孩办理好了户口，自己大概得了0.8万元。

3. 证人卢某甲证言及辨认笔录

证明2013年某镇派出所户籍民警刘某某找到卢某甲，请卢某甲帮忙送钱给幸某某为一些小孩办理户口，并按每名小孩6000元的标准将钱和上户资料交给了卢某甲，刘某某一共请卢某甲为13名小孩办理户口，卢某甲能够记起名字的小孩有周某某、江某甲、郭某乙、卢某丙等8人，卢某甲收到刘某某给的钱后，按每名小孩5000元的标准将钱和上户资料给了卢某乙，由卢某乙送钱给幸某某帮忙为小孩办理户口。自己得了0.8万元。卢某甲辨认出了刘某某。

4. 证人黄某甲、刘某乙证言

证明2013年10月，黄某甲请刘某乙帮忙为自己的未缴纳社会抚养费的外孙周某某办理户口，刘某乙找到某镇派出所民警刘某某，刘某某提出要800元办理出生证，7500元办理户口，刘某乙将信息告诉黄某甲后，黄某甲将8300元钱和户口本通过刘某乙给了刘某某后，刘某某为周某某办理好了户口。

5. 证人江某乙、廖某某、陈某乙证言

证明2013年11月，江某丙找江某乙为其没有缴纳社会抚养费的孙子江某甲办理户口，江某乙又找到廖某某帮忙，廖某某与某镇派出所民警刘某某联系后，刘某某说办理户口要6500元钱，廖某某将此情况告诉江某乙后，江某乙将 6500 元钱和户口本等资料给了廖某某，廖某某将户口本等资料交给了陈某乙，刘某某在陈某乙开的早餐店内，拿走户口本等资料为江某甲办好户口后，廖某某将 6500 元钱送给了刘某某。

6. 证人陈某甲、范某甲证言及辨认笔录各 1 份

证明 2013 年 7 月、8 月，某镇派出所民警刘某某主动提出花 7000 元就可以为陈某甲的未缴纳社会抚养费的孙女范某乙办理户口，第二天陈某甲的儿子范某甲在该镇唐南加油站把 7000 元钱和户口本等给了刘某某，没多久刘某某就把范某乙的户口办好了。陈某甲、范某甲辨认出了刘某某。

7. 证人李某乙、曾某甲证言

证明 2013 年 12 月，李某乙请陈某甲帮忙为自己小叔子曾某甲的二个未缴纳社会抚养费的小孩曾某甲、曾某乙办理户口，陈某甲与刘某某联系后，刘某某说要 14 000 元，陈某甲告诉李某乙后，李某乙将办理户口需要的户口本等资料和 14 000 元钱给了陈某甲，陈某甲将钱和资料给了刘某某后，一个星期后刘某某就为曾某甲、曾某乙办理好了户口。

8. 证人郭某丙、郭某丁、郭某戊证言

证明 2013 年 6 月，郭某丙找到某镇派出所民警刘某某为自己未缴纳社会抚养费的儿子郭某 E 办理户口，刘某某说办户口要 7500 元钱，几天后郭某丙将户口本、出生证和 7500 元钱交给刘某某，之后刘某某就为郭某 E 办好了户口。2012 年年底，郭某戊请郭某丁帮忙为自己收养的孙女郭某己办理户口，郭某丁找到某镇派出所民警刘某某后，刘某某说办理户口要 7500 元，办理出生证要 800 元钱，郭某戊将 8300 元钱和户口本给了郭某丁，郭某丁将钱给了刘某某的半个月后，刘某某就为郭某己办理好了户口。

9. 证人刘某丙证言

证明 2013 年 8 月，刘某丙打电话给某镇派出所民警刘某某，请刘某某为自己没有准生证未缴纳社会抚养费的女儿郭某乙办理户口，刘某某说可以但是要 7000 元钱，之后刘某丙丈夫就将 7000 元钱和户口本等给了刘某某，半个月后刘某某就为郭某乙办理好了户口。

10. 证人黄某甲证言及辨认笔录

证明 2012 年 12 月，黄某甲找到某镇派出所民警刘某某，请刘某某为自己没有准生证的儿子黄某乙办理户口，刚开始刘某某说要 2000 元，黄某甲将 2000 元钱和户口本等给了刘某某后，一段时间后，刘某某又说还要加钱，一

直到 2013 年上半年刘某某为黄某乙办理好户口，黄某甲一共给了刘某某 7500 元。黄某甲辨认出了刘某某。

11. 证人徐某甲证言及辨认笔录

证明 2013 年下半年，卢某丁找到徐某甲请徐某甲为自己儿子卢某丙办理户口，徐某甲去该镇卖米那条街附近找到某镇派出所民警刘某某的家里后，刘某某说上户口需要 10 000 元钱，徐某甲将此情况告诉卢某丁后，卢某丁将 10 000 元钱和出生证给了徐某甲，徐某甲在刘某某家里将 10 000 元钱和出生证、户口本给了刘某某，大约过了一个月后，刘某某就为卢某丙办理了户口。徐某甲辨认出了刘某某。

12. 证人谢某甲证言

证明 2013 年下半年，谢某甲通过别人找到某镇派出所民警刘某某，请刘某某为自己的外孙女钟某甲办理户口，几天后，刘某某来到谢某甲家中，说办户口需要 7500 元钱，当天谢某甲就将 7500 元钱和上户资料给了刘某某，一二十天后，刘某某就为钟某甲办理好了户口。

13. 证人严某甲、严某乙、严某丙证言、严某乙辨认笔录

证明 2012 年严某甲找到严某乙，帮忙为自己计划外生育没有缴纳社会抚养费的儿子严某丁办理户口；严某乙知道某镇派出所民警刘某某一直收钱帮别人办理户口，就找到刘某某帮忙，刘某某说办户口要 1000 元钱，严某甲就给了 1000 元钱给严某乙，但严某乙怕刘某某办不好户口就没把 1000 元钱给刘某某，只是把严某甲的户口本和严某丁的出生证给了刘某某，到了 2012 年底的时候，刘某某告诉严某乙要 7500 元才能上到户口，严某甲又将 7500 元钱给了严某乙，严某乙就把 7500 元钱给了刘某某，2013 年春节的时候，刘某某就为严某丁办理好了户口。严某丙知道严某丁的户口是严某甲找到刘某某办理的。严某乙辨认出了刘某某。

14. 证人卢某戊证言

证明 2012 年正月，卢某戊听朋友说某镇派出所民警刘某某经常收钱为超生的小孩办理户口，就打听到刘某某的电话，请刘某某为自己计划外生育的女儿钟某甲办理户口，刘某某说要 7500 元钱，卢某戊在该镇街上卖米的商行将 7500 元钱和户口本交给刘某某后，年底刘某某就为钟某甲办理好了户口。

15. 证人郭某庚、刘某丁、谭某甲证言

证明 2012 年 7 月、8 月，郭某庚找到某镇派出所民警刘某某，请刘某某

为自己计划外生育未缴纳社会抚养费的儿子郭某辛办理户口，刘某某说要12 000元钱，郭某庚先把4500 元钱和户口本给了刘某某，刘某某给郭某辛办理好了户口后，郭某庚又给了刘某某 7500 元。2013 年 11 月，刘某丁请谭某甲帮忙为自己计划外生育未缴纳社会抚养费的孙女刘某戊办理户口，刘某丁把 6500 元钱、户口本等材料给了谭某甲，谭某甲和某镇派出所民警刘某某联系后，谭某甲在家中把 6500 元钱和户口本等给了刘某某，快过年的时候，刘某某就为刘某戊办理好了户口。

16. 证人邹某甲、李某丙证言及邹某甲辨认笔录

证明 2013 年邹某甲和朋友张某甲聊天时说到自己女儿李某丁还没有办理好户口的事情，之后张某甲就说找到了某镇派出所一个叫刘某某的女民警可以帮忙办理户口。几天后邹某甲在张某甲的陪同下在该镇大街上把户口本和李某丁的出生证以及 8000 元钱给了刘某某，一个星期后刘某某就把李某丁的户口办好了。邹某甲的老公李某丙知道邹某甲通过张某甲找到某镇派出所民警刘某某给了 8000 元钱后，刘某某就为李某丁办理好了户口的事情。邹某甲辨认出了刘某某。

17. 证人郭某壬证言

证明 2013 年 12 月，郭某壬通过某镇派出所公示栏找到某镇派出所民警刘某某的电话后，打电话给刘某某请其为自己计划外生育未缴纳社会抚养费的儿子郭某圭办理户口，刘某某说要 7000 元钱，之后郭某壬就将 7000 元钱和户口本等给了刘某某，2014 年 1 月份，刘某某就为郭某圭办理好了户口。

18. 证人郭某 A 证言

证明 2013 年上半年，郭某 A 找到某镇派出所民警刘某某为自己的儿子郭某 B、女儿郭某 C 办理户口，刘某某说办理户口需要 13 500 元钱，之后郭某 A 就把 13 500 元钱和办理户口要用的户口本等材料给了刘某某，2013 年 7 月，刘某某为郭某 B、郭某 C 办理好了户口。

19. 证人徐某乙证言

证明 2010 年 9 月，徐某乙找到某镇派出所一个姓刘的女民警为自己没有缴纳社会抚养费的儿子徐某丙、女儿徐某丁办理户口，该民警说要 1200 元钱，徐某乙把 1200 元钱和户口本等给该民警，之后该民警说办理户口还要加钱，直到 2013 年过年前该民警为徐某丙、徐某丁办理好户口时，徐某乙一共给了该民警 7000 元钱，但该民警说还要再给 5000 元钱，徐某乙因为没有带

那么多现金，就写了一张欠条给该民警。

20. 证人李某丁、叶某甲、申某甲证言

证明 2012 年至 2013 年，在某镇派出所户籍窗口办理户口需要提交婴儿的出生证、准生证、父母结婚证，没有准生证计划外生育的要有计生办开具的上户证明，由所长审批后，户籍室根据领导批示办理。近几年来，某镇派出所没有以单位名义收过来办户口群众的钱。

（三）供述与辩解

1. 刘某某供述与辩解

证明刘某某在帮助某镇部分群众的子女办理了户口手续，并收受了钱财，并将要办理户口小孩的出生证、户口本等证件和收受的钱财全部给了李某甲和卢某甲，由李某甲和卢某甲送给幸某某，办理好户口。刘某某共作十次供述，均有反复且不稳定，其中第一次讯问、后三次讯问均不承认帮忙办理过户口，也不承认收取过钱财。其余六次讯问或只承认帮人办理户口收取的钱财全部给了李某甲、卢某甲，自己没有得任何好处还贴了钱，或只承认找李某甲、卢某甲帮人办理户口，没有收取任何费用也没有给二人费用。

2. 李某甲的供述、自书材料、辨认笔录

证明 2012 年至 2013 年期间，刘某某以帮忙为计划外生育未缴纳社会抚养费的幼儿上户口为由，找到李某甲并提出每办理一名幼儿的户口就给李某甲 6500 元钱或 6000 元钱，其中 1500 元钱和 1000 元钱是给李某甲的好处费，另外 5000 元钱由李某甲送给某镇派出所时任所长幸某某，帮这些幼儿办理户口。刘某某通过李某甲送钱给幸某某一共为 20 个左右的幼儿办理了户口，其中李某甲能够回忆起名字的有范某乙、曾某甲、曾某乙、郭某 E、郭某己、黄某乙、钟某甲、郭某辛、李某丁、郭某 D、郭某 B、徐某丁、徐某丙 13 名小孩。李某甲能辨认出刘某某。

二、本案的法律问题思考

（一）介绍贿赂罪是如何演进的？

1979 年《刑法》第 185 条将受贿罪、行贿罪和介绍贿赂罪一起进行规定：向国家工作人员行贿或者介绍贿赂的，处 3 年以下有期徒刑或者拘役。1997 年修订《刑法》时，将受贿、行贿和介绍贿赂分条作了规定。当时考虑介绍贿赂也是形成受贿罪的一个环节，如犯罪人在被追诉前能够主动交待其犯罪行为，有利于查处受贿犯罪，所以，增加了一款：介绍贿赂人在被追诉前主动交待介绍贿赂行为的，可以减轻处罚或者免除处罚的规定。这样规定，既可以及时惩处受贿犯罪，也对介绍贿赂人改过自新给予出路，是我国宽严相济刑事政策的一种体现。2015 年《刑法修正案（九）》对本条作了一处修改，即对介绍贿赂罪的处罚中增加了"并处罚金"的规定。受贿、行贿和介绍贿赂是一个贿赂犯罪链条，行贿犯罪此次都增加了并处罚金的规定，介绍贿赂同样需要增加并处罚金的规定。

（二）如何理解介绍贿赂罪的基本特征？

根据《刑法》第 392 条之规定，介绍贿赂罪是指向国家工作人员介绍贿赂，情节严重的行为。本罪的罪状是典型的简单罪状，法律条文仅仅规定了犯罪名称，没有具体描述犯罪构成特征，但这并不意味着本罪的犯罪构成模糊不清。

关于何为"介绍贿赂"，就司法解释而言，最高人民检察院发布的《关于人民检察院直接受理立案侦查案件立案标准的规定（试行）》明确规定："介绍贿赂"是指在行贿人与受贿人之间沟通关系、撮合条件，使贿赂行为得以实现的行为。就学理解释而言，朱孝清等司法实务人员早就认为，介绍贿赂罪系犯罪人在行贿人与受贿人之间"穿针引线"的行为。而在主流刑法学教科书中，均一致认为：介绍贿赂罪是指在行贿人与受贿人（仅限国家工作人员）之间沟通关系、撮合条件，使贿赂行为得以实现的行为。据此，介绍贿赂罪应具有以下基本特征：

1. 必须存在与之联系的行贿人

介绍贿赂罪以贿赂行为完成为入罪条件，而贿赂行为包括行贿行为和受贿行为，故介绍贿赂罪成立之时，必有已经完成的行贿行为。事实上，行为人往往是在获知行贿人的行贿信息以后，才可能"向国家工作人员介绍贿赂"，因为行为人不可能自己无中生有地编造虚假的行贿信息，进而自己贴钱进行所谓的介绍贿赂。

2. 必须存在与之直接联系的受贿人——国家工作人员

介绍贿赂人在居间介绍中联系的另一端就是受贿方，但这里的受贿方根据《刑法》第 392 条的规定，只限于依照法律从事公务的"国家工作人员"这种自然人主体，不包括国家机关、国有公司、企业、事业单位、人民团体等单位，也不包括其他非国家工作人员。换言之，这里的受贿方仅指受贿罪的犯罪主体，不包括单位受贿罪的犯罪主体，也不包括介绍贿赂罪的犯罪主体。

3. 客观上实施了"穿针引线"的撮合、沟通行为

诚如上述司法解释规定的那样，介绍贿赂罪的实行行为是指行为人在行贿方与受贿方之间沟通关系、撮合条件的"穿针引线"的过程，介绍贿赂人即穿针人，"针""线"分别代表受贿人和行贿人，介绍贿赂人必须直接与二者接触，并在二者之间往返穿梭，使"针""线"合为一体：完成贿赂行为。张明楷教授明确指出了介绍贿赂罪的基本内涵：所谓"向国家工作人员介绍贿赂"，是指行为人明知某人欲通过行贿谋取国家工作人员的职务行为，而向国家工作人员提供该信息；在此基础上，情节严重的才成立介绍贿赂罪。

4. 主观上必须明知是国家工作人员而对其介绍贿赂

根据《刑法》第14条、第392条之规定及主客观相统一的原则，介绍贿赂罪的犯罪人在主观上不但要认识到行贿人的行贿意图，更要认识到受贿方是可以利用职务便利为行贿人谋取利益的国家工作人员，而非国家机关、国有公司、企业、事业单位、人民团体等单位。如果行为人误以为是向单位介绍贿赂，则以对象事实认识错误的原则进行处理，即在超出了构成要件范围的情况下，以行为人的主观认识内容为准认定主观罪过，而不是以客观发生的事实来认定行为人的主观罪过，这不是公诉人在法庭上说的主观归罪或唯主观论，而是主客观相统一原则的基本要求。

（三）如何区分介绍贿赂罪与行贿罪或受贿罪的帮助犯？

介绍贿赂罪并非行贿罪与受贿罪的帮助犯，由于介绍贿赂罪与行贿罪和贿赂罪帮助犯的法定刑差异很大，应严格区分介绍贿赂行为与贿赂犯罪的帮助行为。介绍贿赂行为不应包括转交贿赂、索取贿赂、收受贿赂等行为，因为这些行为超出了居间介绍的范围，已经是参与行贿罪或受贿罪的行为了。将二者混为一谈，必然会否定行贿罪与受贿罪的共犯，或者变相取消介绍贿赂罪。诚如黎宏教授指出的那样："就介绍贿赂罪与行贿罪的共犯的界限而言，一般来说，仅仅只是在行、受贿双方之间沟通关系、撮合条件，而没有其他更多行为的话，可以将该行为认定为介绍贿赂，但居中介绍之后又帮助转交财物的话，就超出了介绍贿赂的范围，而成为行贿的帮助了。"

（四）刘某某在本案中是否利用了受贿罪中的职务便利？

2003年11月13日最高人民法院发布的《全国法院审理经济犯罪案件工

作座谈会纪要》规定："利用职务上的便利"是指利用职务上主管、负责、承办某项公共事务的职权。至于"公共事务"（即公务）的概念，该座谈会纪要也明确指出："从事公务，是指代表国家机关、国有公司、企业、事业单位、人民团体等履行组织、领导、监督、管理等职责。公务主要表现为与职权相联系的公共事务以及监督、管理国有财产的职务活动。"

受贿罪的"利用职务上的便利"的核心是与公务相关的职权及便利条件。由于公务职权能够为他人带来利益，故他人为了获得公务职权带来的利益，往往向有公务人员行贿，公务人员则将手中的公务职权与对方进行交易，获取贿赂。受贿罪的显著特点就是"以权谋私"，所以"利用职务之便"实施受贿犯罪的行为人，首先必须合法地拥有相应的权力，拥有相应的权力也就是说要拥有相应的身份。在我国从事公务必须具备相应的合法身份，这种身份的取得至少具备形式上的合法性，即必须是经过法定的形式而产生的，在我国主要有选举、任命、聘用、委派、委托等几种方式。

"以权谋私"还必然要求所利用的便利条件必须与其职权之间存在着必然的因果关系，即便利条件是因为特定的职务条件而形成的，不具有相应的职务就不可能形成这样的便利条件为其所用。所以，这里的职务之便不是利用工作中对作案地点、时间的熟悉，这些仅仅是工作中形成的便利条件，与职权没有必然的因果关系。"利用职务之便"的认定还应注意与利用过去的职务便利的区分。最典型的是已离、退休国家公职人员利用过去职务上的便利。虽然国家公职人员已经离、退休，不再是国家公职人员了，但在现实社会中，其往往还有相当大的影响力，这种影响力正是其在原职权或者地位上形成的便利条件。但这并不是受贿罪中的职务便利，而是利用影响力受贿中的影响力了。至此，受贿罪的职务便利就是能够为行贿人谋取利益的，代表国家机关、国有公司、企业、事业单位、人民团体等履行的组织、领导、监督、管理等职责。

在本案中，尽管村民们认为刘某某是派出所的警察，请她帮忙办理户口，但交给刘某某的款项并非正常的派出所收费项目，而是请求刘某某转交的行贿款。更为重要的是，他们也知道刘某某长期病休在家，并无实际的职务权力，需要刘某某再去找其他人办理上户口事宜。刘某某也是说要找其他人才能办理，且刘某某只是普通警察，也不存在利用自己的职务或地位形成的便利条件。因此，在本案中刘某某并没有利用自己作为警察的职务便利。

（五）没有刘某某的供述，能否根据村民和李某甲、卢某甲的言词证据证明转交贿赂款的事实？

根据本案审理时最高人民法院《关于适用〈中华人民共和国刑事诉讼法〉的解释》（法释〔2012〕21号）第104条第3款之规定，"证据之间具有内在联系，共同指向同一待证事实，不存在无法排除的矛盾和无法解释的疑问的，才能作为定案的根据"，即要求任一定罪事实必须要有2个以上互相印证的证据予以证实。在本案中，要指控刘某某转交了相应超生小孩的上户款，必须证明两个基本事实：刘某某收取上户款的事实和转交上户款的事实，且每一个事实均需要至少2个的证据证实，故转交任何一个超生小孩上户款的事实必须要有4个互相印证的证据。

现有证据只能证实刘某某转交了3名小孩的上户款，其余15名超生小孩上户款中，均只有村民一方证言证实将上户款交给了刘某某，也只有李某甲或卢某甲1人供述或承认了收到了刘某某转交的上户款，均无刘某某的相应供述，由于每次交款都只有刘某某和另一方存在，实际上现有证据就所针对的证明对象而言，均为孤证，在客观上不能排除是李某甲或刘某某直接收取了这些小孩的上户款的合理怀疑。因此，现有证据无法证明其余15名超生小孩上户款，达不到确实充分的程度，对该犯罪事实应不予认定。

（六）刘某转交贿赂款的行为是帮助行贿的行为，还是介绍贿赂行为？

刘某某是通过李某甲和卢某甲办理超生新生儿上户的，并未与幸某某发生联系。事实上，刘某某与幸某某关系不好，李某甲是幸某某关系很好的朋友，幸某某才会同意办理超生小孩上户事宜。刘某某叫卢某甲帮忙办理超生小孩上户，但刘某某并不知道卢某甲找的是卢某乙。卢某乙并不知道从卢某甲手里接过来的超生小孩上户资料是刘某某给的。

刘某某只是将行贿信息、上户款转交给李某甲和卢某甲，并未和真正的受贿方幸某某进行过联系，但李某甲和卢某乙要么没有利用自己的职务便利，要么都不具有国家工作人员身份。既然刘某某不和受贿方进行任何联系，当然谈不上在行贿方、受贿方之间介绍贿赂。

因此，刘某某转交上户款的行为不是介绍贿赂的行为。如前所述，介绍贿赂是指在行贿人与受贿人（仅限国家工作人员）之间沟通关系、撮合条件，使贿赂行为得以实现的行为，不能包括转交贿赂的行为。但刘某某并未与受贿方联系，只是转交上户款和上户材料给李某甲和卢某甲，央求他们帮忙转交给派出所办户口，这已经不是沟通、撮合贿赂的居间沟通或撮合行为，而是帮助行贿方行贿的行为了。

（七）为超生小孩上户是否为"谋取不正当利益"？

根据《刑法》第389条、第391条之规定，无论是构成行贿罪，还是构成对单位行贿罪，必须具备"谋取不正当利益"这一基本要素，但本案中为超生小孩上户不是"谋取不正当利益"。

1. 关于"谋取不正当利益"的应有理解

最高人民法院、最高人民检察院《关于办理行贿刑事案件具体应用法律若干问题的解释》第12条明确规定："谋取不正当利益"，是指行贿人谋取的利益违反法律、法规、规章、政策规定，或者要求国家工作人员违反法律、法规、规章、政策、行业规范的规定，为自己提供帮助或者方便条件。

根据我国《立法法》第79条、第80条之规定，法律的效力高于行政法规、地方性法规、规章；行政法规的效力高于地方性法规、规章；地方性法规的效力高于本级和下级地方政府规章；省、自治区的人民政府制定的规章的效力高于本行政区域内的较大的市的人民政府制定的规章。因此，如果规定为特定行为性质的法律、法规、规章、政策不一致或互相矛盾时，理应按照上位法的规定予以确定，而不是相反。

2. 为超生小孩上户符合法律、法规和规章规定，不是"谋取不正当利益"

从法律和行政法规层面看，没有不缴纳社会抚养费就不予上户口的规定。根据1958年1月9日全国人民代表大会常务委员会通过的现行仍然有效的《户口登记条例》第7条之规定，向婴儿常住地户口登记机关申报出生登记既是一项义务，也是一项权利。2001年12月29日第九届全国人民代表大会常务委员会第二十五次会议通过的《人口与计划生育法》第41条只是规定：计划外生育子女的公民，应当依法缴纳社会抚养费，未在规定的期限内足额缴纳应当缴纳的社会抚养费的，自欠缴之日起，按照国家有关规定加收滞纳金；仍不缴纳的，由作出征收决定的计划生育行政部门依法向人民法院申请强制执行。2002年8月2日国务院发布的《社会抚养费征收管理办法》（已失效）第8条也只是对《人口与计划生育法》第41条的内容进行了重申，仍无不缴纳社会抚养费就不予上户的规定。

从部门规章看，不但严厉禁止限制超计划生育的婴儿落户的做法，而且早就强调必须为超生婴儿落户。根据公安部、原计划生育委员会1988年12

月 25 日发布的《关于加强出生登记工作的通知》（［88］公治字 106 号）针对"有些地方违反国家户口管理规定，搞'土政策'，不给超计划生育的婴儿申报户口"这一情况，第 2 条十分明确地规定："任何地方都不得自立限制超计划生育的婴儿落户的法规。对未办理独生子女证、没施行节育手术、超计划生育婴儿的人，以及早婚、非婚生育婴儿的人，应当给予批评教育直至进行行政和经济处罚，但对婴儿都应当给予落户。"国务院第六次全国人口普查领导小组、公安部《关于在第六次全国人口普查前进行户口整顿工作的意见》第 1 条再次明确规定："对其中未申报户口的不符合计划生育政策的出生人口，要准予登记，……"但并没有为超生小孩上户设置前置条件。

就地方法规而言，也没有规定不给未缴纳社会抚养费的超生小孩上户。1990 年 6 月 16 日江西省第七届人民代表大会常务委员会第十五次会议通过，2014 年 1 月 16 日江西省第十二届人民代表大会常务委员会第八次会议修正的《江西省人口与计划生育条例》第 57 条第 2 款也只是规定："计划外生育的，应当对其征收社会抚养费。"

就地方规章而言，明确规定了超生小孩上户的具体程序。根据 2012 年 10 月 30 日发布的《江西省常住户口登记管理规定（试行）》第 19 条规定："婴儿（包括违反计划生育政策出生的婴儿）出生后应在一个月内，持以下证明材料向婴儿父亲或母亲常住户口所在地公安派出所申报出生登记：（一）《出生医学证明》；（二）父母的居民户口簿、居民身份证；（三.）父母的《结婚证》（非婚生的除外）。无《出生医学证明》的，当事人应当向卫生行政部门申请补发。"

至此，为没有缴纳社会抚养费的超生小孩上户于法有据，几十年来一直符合法律、行政法规、地方法规、部门规章、地方政策的相关规定，不是"谋取不正当利益"。刘某某办理的上户小孩的出生证等依法应有的材料齐全，故刘某某帮忙办理的超生小孩上户的行为并非行贿中的"谋取不正当利益"。

3. 该县政府出台限制超生小孩上户的规定严重违法，已被严令禁止

该镇分管计生工作的副镇长申某雷证实，该县计生委 2012 年出台了一个文件，文件规定超生户缴纳了社会抚养费后，需要计生办出具上户证明，该镇派出所才能办理上户，作为回报，镇政府会返还社会抚养费的 3% 给该镇派出所作为办案经费，这充分说明这个文件的确为新生儿上户设置了缴纳社会抚养费这一前置条件。所以，该县地区超生小孩上户需要结婚证、准生证、

出生证、上环证、结扎证、计生部门开具的同意上户证明、派出所所长签字等程序。该县禁止为未缴纳社会抚养费的超生小孩上户口是严重的违法行为，据该镇派出所原所长幸某某供述，早在2009年5月至2011年5月，该派出所凭村委会开具的证明和其他相关材料就可以为计划外出生的小孩上户口，并按照每人次200元的标准违规收取了4万元"上户费"；但2010年底因计划生育工作不力，该县受到黄牌警告后，要求派出所配合政府计划生育政策，要以缴纳社会抚养费的计生证明作为新生儿上户的前置条件。除此之外，即使缴纳了社会抚养费，如果没有结扎或上环，也不能上户口；而且，为了控制出生性别比例，即使不是超生的孩子也会因为性别问题不能按时上户口。因此，该镇派出所不是根据国家法律、法规和规章为新生儿上户口，而是根据该县的"土政策"来上户口，只是那些合法不合土政策的由派出所所长签字即可上户口。本案其他人也证实，计划外生育的孩子要上户口除了要提交正常的材料外，还得有计生办出具的缴纳社会抚养费的上户口证明，并由所长签字，才能到户籍室办理上户口。

江西省公安厅已经发现了"部分地方将新生儿落户与计划生育工作绑定，对违反计划生育的新生儿申报户口设置各种限制条件等问题"，已于2014年7月3日发布了《关于进一步加强出生登记管理工作的通知》，要求各设区市公安局、卫生局、人口计生委："依法保障出生人口申报户口登记的法定权利。各地不得自立限制新生儿落户规定，坚决反对出生登记与计划生育工作绑定。特别是对未婚生育、超计划生育等违反计划生育政策出生的人口申报户口登记，严禁设立任何前置程序和附加条件，不得将户籍登记与社会抚养费征收、落实长效节育措施相挂钩。……对持有《出生医学证明》的新生儿，公安派出所根据其父母申请、居民户口簿、结婚证（非婚生不需提供）和新生儿《出生医学证明》，当场予以办理。……对基层单位仍不按户口登记管理规定随意设立新生儿落户限制条件的，发现一起依法查处一起。"这一规定是严格执行法律法规的重申和强调，更应加强落实。

（八）超生小孩上户口后是否还需要缴纳社会抚养费？为超生小孩上户口是否谋取了少缴社会抚养费的不正当利益？

本案中的超生户之所以迟迟不缴纳社会抚养费，是因为该县计生部门怠于行使职责，没有进行有效的催缴，过于依赖派出所的上户口职责设置的前提条件。因为超生小孩上小学时必须要有户籍，否则就没有学籍，故超生小孩家长一定会上户口。本案中超生小孩家长在小孩上了户口获得学籍以后，也不会再主动缴纳社会抚养费了，而社会抚养费远远高于交给刘某某上户口的款项。以此观之，刘某某为超生家长办理户口的行为减少了他们的支出，不用缴纳更高的社会抚养费，就可以办好户口，所起作用达到了减少社会抚养费收入的效果。

但是，如前所述，为超生小孩上户口设置限制的前提条件本是违法行为，派出所收取高额的费用绕过县政府的违法规定，虽然实质上维护了超生小孩上户口的权利，可收取的费用利用了单位的职权，是典型的单位受贿罪（如果幸某某为单位收取这些费用后再据为己有，则涉嫌构成贪污罪，如果直接据为己有再指使他人办理户口，则构成了受贿罪）。收取超生户的社会抚养费和为超生小孩办户口本是不同的职能部门的职责，互不牵连，即使没有钱缴纳社会抚养费，派出所也必须为超生小孩办户口，反之亦然，即使为超生小孩上了户口，超生户依然具有缴纳社会抚养费的法定义务。

因此，本案中的超生户不但枉费了办户口的费用，还需要缴纳社会抚养费，该义务并无因为计生部门的懈怠而免除。即使刘某某和超生小孩的家长在主观上自以为就此免除了社会抚养费的缴纳，也不能反过来将为超生小孩上户口的行为视为"谋取不正当利益"的行贿行为。

（九）刘某某主观上对贿赂款的去向认识是否影响行为定性？

由于介绍贿赂罪中的受贿方是国家工作人员，这就要求行为人主观上必须知道受贿方仅是国家工作人员个人，而非国家机关等单位。由于李某甲、卢某甲等人如何交付上户款，刘某某并不知情。如果刘某某根本不知道幸某某收取的上户费为幸某某个人所有，因为她作为该所的警察，知道派出所留有办户口的指标，所长同意就可以办户口，所以她有可能认为自己转交的费用是给派出所收取的办户口费用，是用于所里面的开支的费用。

因此，如果刘某某在主观上认为贿赂款是交给单位的，只是需要所长同意而已，才会去找和所长关系好的人，则其主观上存在事实认识错误，不具有介绍贿赂罪中"向国家工作人员介绍贿赂"的犯罪故意，根据主客观相一致的原则，该事实认识错误超出了介绍贿赂罪的犯罪构成，不能在介绍贿赂罪的犯罪构成中进行等价评价，当然阻却了介绍贿赂罪的犯罪故意的成立，故刘某某不可能构成介绍贿赂罪。

相反，如果刘某某知道需要向幸某某行贿，尽管她本人没有接触派出所所长，但她与其他转交贿赂款的李某甲、卢某甲、卢某乙一样，在主观上都具有"向国家工作人员介绍贿赂"的犯罪故意，在符合其他构成要件的情况下，有可能构成介绍贿赂罪的共犯。

（十）如果刘某某明知行贿对象是幸某某，是否构成了介绍贿赂罪？

如前所述，如果刘某某明知行贿对象是幸某某，主观上就具备了"向国家工作人员介绍贿赂"的犯罪故意。在本案中，刘某某转交上户款和上户材料给李某甲和卢某甲，已经超出了沟通、撮合贿赂的行为，实际上是帮助行贿方行贿的行为了，若行贿方构成行贿罪，则刘某某构成了行贿罪的共犯。但本案中为超生小孩上户口是谋取正当利益的表现，故超生的村民不构成行贿罪，刘某某也就不会单独构成行贿罪的共犯了。

需要指出的是，可以将已经超出了沟通、撮合贿赂的转交贿赂款行为，评价为沟通、撮合贿赂行为，事实上转交贿赂款对贿赂活动所起的促进作用远远大于简单的沟通、撮合贿赂的行为。换言之，为了谋取正当利益，沟通、撮合贿赂的行为尚且需要刑罚处罚，那么为了谋取正当利益转交贿赂款的行为，更应当对其予以刑罚处罚。实际上，转交贿赂款的行为同时符合介绍贿赂罪和行贿罪的共犯，二者之间是法条竞合的关系，在从一重罪处罚的原则下，一般是以行贿罪的帮助犯论处。但在不构成行贿罪的共犯情况下，依然是充足介绍贿赂罪的构成要件的，在其主观上具有"向国家工作人员介绍贿赂"的犯罪故意时，应对其以介绍贿赂罪论处。

三、主要参考文献

1. 黄永主编：《中华人民共和国刑法立法背景与条文解读》，中国法制出版社 2021 年版。

2. 朱孝清："略论介绍贿赂罪"，载《法学》1990 年第 2 期。

3. 高铭暄、马克昌主编：《刑法学》（第 5 版），北京大学出版社、高等教育出版社 2011 年版。

4. 张明楷：《刑法学》（第 6 版），法律出版社 2021 年版。

5. 黎宏：《刑法学》，法律出版社 2012 年版。

6. 《刑法学》编写组编：《刑法学》，高等教育出版社 2019 年版。

7. 马斯："如何区分介绍贿赂与行、受贿犯罪共犯行为"，载《人民检察》2016 年第 20 期。

第三节　法条竞合犯：田某辉等人奸淫幼女案

一、案例简介[1]

2014 年 4 月中旬，田某辉与在永定城区××国际大酒店 KTV 工作的向某君（另案处理）达成以 2 万元价格由向某君联系处女与其发生性行为。向某君联系何某（不满 16 周岁）物色对象。黄某甜（不满 16 周岁）得知此事后，让何某回复向某君可以找到处女。

同年 4 月 24 日 15 时许，黄某甜、何某、田某蝶（不满 16 周岁）在永定城区某某酒店 303 房间商量决定找处女去，从中盈利。15 时许，何某和黄某玲在某某酒店 303 房间等候，黄某甜、田某蝶两人来到永定中学大门口伺机作案。不久，覃某怡和孟某迪（二人另案处理）相继到了该校大门口遇见黄某甜、田某蝶。黄某甜、田某蝶要求覃某怡和孟某迪帮忙找个处女。孟某迪发现认识的被害人秦某某（13 岁 2 个月）正朝大门口走来，便说秦某某是处女，并把秦某某叫到跟前。黄某甜、田某蝶与覃某怡、孟某迪将秦某某夹在中间一起朝西溪坪火车北站方向走去。途中，黄某甜、田某蝶对秦某某说邀她一起出来是叫她卖淫去的，秦某某不同意，田某蝶威胁秦某某说，你现在不干也得干。当走到 7 路公交车站台要上车时，秦某某不上车被黄某甜、田某蝶和覃某怡强行拖上了车。孟某迪独自乘车回家。黄某甜、田某蝶和覃某怡将秦某某带至某某酒店 607 房间后与何某一起采取殴打、威胁手段迫使被害人秦某某就范。由于被害人秦某某脸上被打红了，黄某甜、何某、田某蝶及黄某玲逼迫秦某某化妆后乘车去××国际大酒店与向某君见面。向某君问秦某某年纪有多大时，黄某甜、何某、田某蝶将本来不满 14 周岁的秦某某说成 15 岁，被害人秦某某不敢出声。在去张家界××酒店的车上向某君又问黄某甜，秦某某到底有没有 15 岁，黄某甜也觉得秦某某没有 15 岁。之后，向某君再三叮嘱黄某甜等人与嫖客见面时一定要说秦某某是初二的学生妹。

当晚 21 时许，向某君等人将被害人秦某某带到张家界某某酒店 8628 房间，不久覃某怡离开酒店。在 8628 房间，向某君收取了田某辉人民币 20 000

---

[1] 参见［2015］张定刑初字第 163 号一审刑事判决书。

元的好处费。田某辉在 8628 房间对被害人秦某某进行了两次奸淫。黄某甜、何某、田某蝶和向某君一直在 8627 房间守候。被害人秦某某回到 8627 房间时，向某君从其包中取出 10 000 元现金拿走 200 元后交给何某，何某从中给被害人秦某某 2000 元，给田某蝶 1000 元，何某和黄某甜分得 3400 元。23 时许，黄某甜、何某送被害人秦某某到永定城区文昌阁时被秦某某的亲属扭送至公安机关。

2014 年 5 月 11 日，田某辉主动到公安机关投案。2015 年 2 月 13 日，田某辉与被害人秦某某及其亲属达成协议。即田某辉赔偿给被害人秦某某精神抚慰金人民币 1 060 000 元（其中 60 000 系田某辉自愿为黄某甜、何某、田某蝶每人负担 20 000 元的赔偿费），已付 800 000 元，并约定结案时给付余款 260 000 元，被害人秦某某及其亲属书面对四人的行为表示谅解。

本案主要证据如下：

（1）田某辉的供述证明，2014 年 4 月 18 日向某君说（又名向琴）给他找个处女见红（流血）可克服倒霉运气，他赞成。24 日 20 时许，他和张利胜、程启军三个人在张家界某某酒店 8628 房间打麻将时，向某君和几个姑娘把秦某某送到张家界某某酒店 8628 房间时，他看秦某某身高有一米六七以为她有十五六岁了，他第二次问秦某某年龄时她说她是 1998 年出生的。他给向某君付了 20 000 元钱后，在张家界××酒店 8628 房间与秦某某发生了两次性行为。他和秦某某性交时秦某某只有痛苦状但她并没有反抗。

（2）黄某甜供述证明，2014 年 4 月 24 日晚上，是她和田某蝶、覃某怡从永定中学门口将秦某某强行拖上 7 路公交车，然后和何某、田某蝶、黄某铃、覃某怡等人让秦某某化妆后从永定城区的某某酒店的 607 房间将秦某某带到张家界某某酒店 8628 房间，在她们的守候下，迫使秦某某与他人卖淫。在永定城区的某某酒店 607 房间的厕所里秦某某不愿意卖淫他还动手打了她，其他人就吓唬她。他从向某君给他们的 9800 元中分得 3400 元，何某也分得 3400 元，田某蝶分得 1000 元，还经过何某的手给秦某某 2000 元。她认为秦某某和孟某迪是初一学生其年龄也和孟某迪差不多，不过十三四岁。

（3）何某供述证明，2014 年 4 月 24 日晚上，黄某甜和田某蝶、覃某怡将秦某某带到永定城区的某某酒店后，她和黄某甜、田某蝶、黄某铃、覃某怡等人对秦某某化妆后强行将秦某某带到张家界某某酒店 8628 房间与他人卖淫，秦某某不愿意，黄某甜还动手打了她。她劝黄某甜莫打秦某某。向某君给他们几个人的好处费是 9800 元，经过她的手分给黄某甜 3400 元，给田某蝶 1000 元，给秦某某 2000 元，她本人分得 3400 元。覃某怡没有起到什么作用就没给她分钱。

（4）田某蝶供述证明，2014 年 4 月 24 日晚上，她和黄某甜、覃某怡等人强行将秦某某拖上 7 路公交车到永定城区的某某酒店 607 房间，再和何某、黄某铃等人强行将秦某某带到张家界某某酒店 8628 房间与他人卖淫，秦某某不愿意卖淫，黄某甜还动手打了她，她和其他几个人就连哄带骗地吓唬她。向某君给他们几个人的好处费是 9800 元，经过她的手分给黄某甜 3400 元，给田某蝶 1000 元，给秦某某 2000 元，她本人分得 3400 元。秦某某看上去比她小，不过十二三岁。

（5）同案犯黄某玲证言证明，她和何某是在永定城区的某某酒店与黄某甜、田某蝶、覃某怡一起将秦某某带到张家界某某酒店 8628 房间的，秦某某看上去不过十三四岁，化妆后可以看像十四五岁。她没有分得钱，她只知道田某蝶分得 1000 元钱。

（6）同案人覃某怡证言证明，2014 年 4 月 24 日，她们学校放学了，她在路口碰见黄某甜和田某蝶，田某蝶说要看一下谢某慧，她把谢某慧叫来后，黄某甜说谢某慧下巴是做的、假的就放她走了。大约 5 分钟后，孟某迪来了。黄某甜问孟某迪女孩呢，孟某迪说没有。这时秦某某来了，孟某迪问黄某甜这个女孩要不要得，黄某甜说要得并要孟某迪把秦某某拖来。孟某迪把秦某某喊过来后，黄某甜把秦某某邀着并借口问秦某某是不是骂过她的一个朋友，秦某某说没有。黄某甜就邀着秦某某说回去。当她们一起走到西溪坪火车北站 7 路公交车站台附近时，黄某甜当着她的面讲要把秦某某卖了。秦某某不同意。她问田某蝶为什么要卖秦某某，田某蝶说是没钱用了，黄某甜则说她已经几次放了一个老板的鸽子，这次干不成就惨了。车子开到文昌阁上面站台下车后，她看到黄某甜、田某蝶一起把秦某某拖到附近巷子一个宾馆，化妆后就到××国际酒店与一个姓向的"妈咪"见面，妈咪见到秦某某说了句"怎么是这个女孩，看起来好小"。并叮嘱"你们见到老板后要说自己十四五岁了，都是在学校读书的"。她们把秦某某带到张家界某某酒店六楼房间后，不一会她就走了。

（7）同案人孟某迪证言证明，2014 年 4 月 24 日，她们学校放学了，黄某甜和另外一个女的问她有没有姑娘，她说都放学回家了。不一会她旁边初一年级的秦某某正朝学校门口走过来，她问黄某甜"要不要得"，黄某甜说"要得"。她就把秦某某叫到她们面前，黄某甜叫秦某某一起走，她们一起走到西溪坪火车北站后，她就乘车回家了。她看秦某某的年龄和她自己差不多，不过十二三岁，发不发育都讲不好。

（8）被害人秦某某陈述证明，她是永定中学初中一年级学生。2014年4月24日放学后准备回家时，在学校大门口遇见田某蝶和另外一个不知名字的同学，还有另外两个女的她都不认识。孟某迪喊她过去后问她是不是骂过她一个朋友，她说没有骂过。黄某甜说没事，要她和她一起走，不会打她的。接着黄某甜用手腕勾着她的脖子强拉着她往西溪坪火车北站方向走去。孟某迪到北站后就回家了。另外三个女的把她强行带上7路公交车到区武装部旁边站台下车后就把她带到一个小旅社六楼房间关到厕所里。那个黄某甜问她"你卖身干不干"，她说"不干，我还是个小孩"，接着就被打了三耳光。旁边几个女的就威胁说不干会死在这里。那五个女的还逼着他换了包臀裙子、丝袜和高跟鞋到附近化妆店化妆，化妆师问"这是哪个，化妆准备干什么去的"，她准备讲她是被挟持的，黄某甜就用手搭在她的脖子上，因为害怕她就不敢出声了。化妆后，那五个女的就把她带到××国际酒店，从××国际酒店走出来的向某君问黄某甜"她有多大？"她准备讲她才13岁的时候，那个女的又把她脖子勾住了，并说她有15岁了，在某某中学读初中三年级，她就不敢再讲了。然后，她们七个人乘坐一辆的士到了张家界某某酒店8628房间。房间里有三个男人在打麻将，有个胖个子男的还给那几个女的一人200元钱，她不要这200元钱是向某君硬塞给她的，这200元钱又被其中一个女的拿走了。之后向某君又把她们带到8627房间，这时那五个女的要她见到老板后不要说只有13岁和初一学生，要说是初三学生，1998年出生属虎的。向某君得到胖男的给的1万元钱后准备离开，并对她说，"我已经拿了别人的钱，你就不能走了"。由于带她一起来的几个女的守在8627房间，她想跑也不敢跑。胖男的力气太大，她想推也推不开。在这个房间她被奸淫两次，当那个男的要第三次奸淫时，她说身体不舒服，胖男又看到床上有血才放过她。她刚开门就被向某君把她拉进8627房间里去了。之后，那四个守着她的女的把她带到开始换衣服的那个旅社，她们叫她换了原来的衣服。那两个送她的女的，被她姐姐秦某3抓住送到派出所了。

（9）证人程某君证言证明，他当天下午（4月24日）和田二（指田某辉)、张某胜三个人在张家界某某酒店 8628 房间打麻将，一个 40 多岁叫老全的在旁边看。田二接完电话后，19 时许，××国际酒店 KTV 妈咪向某君带来五六个小姑娘进了房间。田二给几个小姑娘一人打了 200 元的"红钱"后，向某君就把几个姑娘带进了 8627 房间。之后，张利胜说不打麻将了他也就回家了。4 月 25 日中午他才知道田某辉搞的那个姑娘不满 14 岁。

（10）证人张某胜证言证明，2014 年 4 月 24 日下午，他和田某辉、程某军在张家界某某酒店打 20 元一炮的"长沙麻将"直到 21 时，旁边还有一个没打麻将的全某国。20 时许，××国际酒店 KTV 妈咪向某君带来六个年轻女孩子，田某辉还给她们一人 200 元的小费，就叫她们到隔壁 627 房间去了。他们玩了个把小时就回了，后面发生了什么他就不知道了。

（11）证人全某国证言证明，2014 年 4 月 24 日下午，张家界某某酒店 8627 房间、8633 房间是田某辉喊开的，8628 房间他在 4 月 23 日就开了的但没退房，是续用。他到张家界某某酒店 8628 房间是田某辉喊他去的，他去后看到"张三"、程某军和田某辉在打麻将，他进房间后只玩手机游戏。19 时许，××国际酒店 KTV 妈咪向某君带来五六个女孩子，田某辉问那几个女孩子有多大年龄，没人回答他。张某胜觉得很吵闹，几个姑娘就到隔壁 8627 房间去了。21 时许，张三说不打麻将了就都散了。她拿了 8633 房间钥匙洗澡后也就回家了。他还是第二天接到田某辉的电话才知道田某辉嫖宿幼女的事情。

（12）证人张某某证言证明，她是秦某某的母亲。秦某某的年龄才 13 岁，看上去也只有 13 岁。她虽然身高有 1.58 米，但还没有发育完全，胸部隆起不明显。

（13）证人秦某 2 证言证明，秦某某是他的小女儿，是 2001 年 2 月 9 日出生的，是永定中学初一年级学生。他和他大女儿秦某 3 在文昌阁肯德基附近把强迫秦某某卖淫的两个姑娘抓住送到派出所了。

（14）证人张某钏证言证明，她是秦某某的班主任老师。她平时看秦某某只能看出 13 岁左右，她身高约 1.6 米，身子还没怎么发育，第二性特征不明显。一般成年人看秦某某只能看出十三四岁的样子。

（15）证人覃某英证言证明，田某蝶是她的女儿，是 1999 年农历 9 月 28 日、公历 11 月 5 日出生的已满 14 岁了。田某蝶平时不太愿意在家里待，她到底在外面干什么也不愿意说。她要管 8 岁的小儿子，所以很少管她。

（16）证人朱某玉证言证明，黄某甜是她的外孙女，她的父母离婚后一直跟随她长大。黄某甜是 1999 年 11 月出生的，已经满了 14 岁。

（17）证人何某 1 证言证明，何某是她的女儿，1998 年 6 月 11 日出生，已经满 15 岁了。何某不听她的话，现在坏了事应受法律制裁。

（18）人身伤害医学鉴定书证明，张家界市人民医院 2014 年 4 月 25 日作出的医鉴字［2014］第 10 号人身伤害医学鉴定书鉴定结论记载：被鉴定人秦某某的处女膜 3 点、9 点新鲜裂伤，阴道前庭多处浅表挫裂伤。

（19）物证鉴定书证明，张家界市刑事科学技术研究所 2014 年 7 月 5 日作出的张公物鉴（法物）字［2014］147 号物证鉴定书鉴定意见记载：①支持从 1 号检材（指现场房间内床单上提取的血迹）为田某辉所留；②支持从 2 号、3 号检材（指现场房间内棉被上提取的血迹和现场房间厕所垃圾篓内提取的卫生纸的血迹）为被害人秦某某所留。田某辉对此结论无异议，被害人秦某某的父亲秦某 2 表示对鉴定意见有异议，拒绝在鉴定意见通知书上面签字。

（20）书证证明：①扣押清单和非税收入一般缴款书记载：公安机关暂扣收入黄某甜人民币 2200 元、何某人民币 4600 元、被害人秦某某人民币 2300 元。②永定中学证明记载：秦某某出生于 2001 年 2 月 9 日，田某蝶出生于 1999 年 11 月 5 日，线索来源及抓获经过证明，何某、黄某甜是秦某 2 2014 年 4 月 25 日扭送至公安机关；5 月 10 日凌晨在某某网吧抓获田某蝶、黄某铃；5 月 11 日 14 时许，田某辉主动到永定公安分局刑警大队投案；③户籍材料证明，田某辉是具有刑事责任年龄的人，黄某甜、何某、田某蝶均属不满 16 周岁的未成年人，被害人秦某某至案发时年龄仅 13 岁 2 个月。

（21）辨认笔录证明：2014 年 4 月 25 日 19 时黄某甜在公安人员陈利明组织下从 12 张不同女性照片中辨认出 7 号是秦某某被强奸案的同伙向某君。4 月 28 日 11 时，证人张某胜从 12 张不同的男性照片中 8 号是田某辉。5 月 10 日 14 时，田某蝶从 12 张不同女性照片中辨认出 7 号就是向某君。4 月 25 日 19 时，何某从 12 张不同女性照片中辨认出 7 号就是向某君。4 月 28 日 13 时，被害人秦某某在 12 张不同男性照片中分辨不出哪个是田某辉。在同一时间秦某某从 12 张不同的女性照片中辨认出 7 号照片就是向某君。

（22）现场勘验检查笔录证明：2014 年 4 月 25 日 9 时至 10 时 25 分永定公安分局技术室主任宋宏成和张立彬、金勇军对张家界某某酒店 8628 号房间进行勘验检查发现：在白色被套内侧 60 厘米×30 厘米的范围内可见大量血迹；

在白色床单中间位置可见 16 厘米×5.6 厘米×10 厘米范围的两处血迹；在床单靠边上位置可见 6 厘米×1 厘米范围的血迹。在厕所马桶一侧的垃圾篓内可见一坨带血的卫生纸。

（23）现场方位图、现场平面图证明：张家界某某酒店位于某大学张家界学院学校大门对面的澧水河岸边，是秦某某被强奸案的现场。

（24）相关照片证明，张家界某某酒店 8628 房间的被套、床单上的血迹和带血的卫生纸。

（25）视频资料证明，2014 年 4 月 24 日田某辉、黄某甜、何某、田某蝶均到了张家界某某酒店 8628 房间即作案现场，有作案时间。

（26）通话详单证明，2014 年 4 月 24 日田某辉与向某君、向某君与何某有通话联系。

二、本案的法律问题思考

（一）我国刑法对奸淫幼女的相关行为是如何规制的？幼女是否排除在卖淫类犯罪之外？

对幼女性权利的侵犯，除了普通人实施的性侵行为之外，还有职业性的淫促者[1]实施的性侵行为。我国刑法关于奸淫幼女行为的规制罪名先后主要包括奸淫幼女型强奸罪、组织卖淫罪、协助组织卖淫罪、强迫卖淫罪、引诱幼女卖淫罪、嫖宿幼女罪和容留、介绍卖淫罪。可以将其大致分为三个阶段：

1. 统一规制时期

在 1979 年《刑法》中，有关奸淫幼女的罪名只有一个，《刑法》第 139 条第 2 款规定："奸淫不满十四岁幼女的，以强奸论，从重处罚。"此时的刑法未将幼女纳入相关卖淫罪的犯罪对象。该时期的显著特点是将奸淫幼女行为统一在奸淫幼女罪下进行规制，并无其他相关的补充罪名。刑法如此规定也不会让引诱、容留幼女卖淫行为人因为罪名差异而受到和强奸罪不一致的刑罚，反而可以用奸淫幼女罪对所有奸淫幼女的行为进行处罚。因为有共犯理论的存在和类推规定的存在，所以使得奸淫幼女的行为得到了统一的规制。但是由于只考虑了致人重伤或死亡的加重情节，虽然有"情节特别严重"的

---

〔1〕 淫促者是指促使卖淫活动发生的组织卖淫者、强迫卖淫者、协助组织卖淫者、引诱卖淫者、容留卖淫者和介绍卖淫者。

兜底性规定，但因没有规定判断的标准，忽略了其他对幼女性权利侵害较重的情形，使得刑法对于奸淫幼女的各种情形几乎是同等的评价，有违反罪责刑相一致原则之嫌，不利于对幼女性权利的保护。

2. 差别规制时期

1991 年《全国人民代表大会常务委员会关于严禁卖淫嫖娼的决定》（本章以下简称《决定》）规定，强迫不满 14 岁的幼女卖淫的（包括引诱不满14 岁的幼女卖淫的），处 10 年以上有期徒刑或者无期徒刑，并处 1 万元以下罚金或者没收财产；情节特别严重的，处死刑，并处没收财产。1992 年 12 月11 日最高人民法院、最高人民检察院《关于执行〈全国人大常委会关于严禁卖淫嫖娼的决定〉若干问题的解答》规定，引诱不满 14 岁的幼女卖淫的，依照《决定》第 2 条第 1 款关于强迫不满 14 岁的幼女卖淫的规定处罚，定强迫他人卖淫罪；但同时规定，容留、介绍不满 14 岁的幼女卖淫的，只是容留、介绍他人卖淫罪"情节严重"的具体表现之一。这意味着立法者已经认识到淫促者对幼女性权利的危害远远大于强奸犯所造成的危害，因为淫促者侵犯幼女性权利不仅时间更长、次数更多，而且完全摧毁了幼女的人生观、价值观，使幼女从此走上甚至安于出卖肉体的卖淫行业。

1997 年全面修订《刑法》时，强奸罪保留了前述规定，强迫卖淫罪则将"强迫不满 14 周岁的幼女卖淫的"规定为加重犯，处 10 年以上有期徒刑或者无期徒刑，并处罚金或者没收财产；情节特别严重的，处无期徒刑或者死刑，并处没收财产。但该次修订将强迫幼女卖淫和引诱幼女卖淫进行了区分，第359 条第 2 款单独规定了引诱幼女卖淫罪，引诱不满 14 周岁的幼女卖淫的，处 5 年以上有期徒刑，并处罚金。此次修订还新增了组织卖淫罪、协助组织卖淫罪、介绍卖淫罪，但并未强调也并未排除幼女这一犯罪对象。同时，此次修订又区分了卖淫幼女和非卖淫幼女，第 360 条第 2 款增设了嫖宿幼女罪，嫖宿不满 14 周岁的幼女的，处 5 年以上有期徒刑，并处罚金。2013 年最高人民法院、最高人民检察院、公安部、司法部印发《关于依法惩治性侵害未成年人犯罪的意见》（本章以下简称《性侵意见》）虽然规定介绍、帮助他人奸淫幼女的，以强奸罪的共犯论处，但又重申了引诱幼女卖淫罪的内容，还强调强迫卖淫罪的犯罪对象包括幼女。据此，这一时期基本上将幼女分为卖淫幼女和非卖淫幼女并进行差别保护，且只推定非卖淫幼女没有性行为能力。

3. 趋于统一的规制时期

2015 年 8 月 29 日《刑法修正案（九）》删除了嫖宿幼女罪，取消了强迫卖淫罪的死刑刑种，以数罪并罚取代原有的包容犯规定，去掉了强迫幼女卖淫这一加重情节规定，只是规定"组织、强迫未成年人卖淫的，依照前款的规定从重处罚"，该罪情节使加重犯抽象化，内容更加灵活。由此，为加大性侵幼女的打击力度，嫖宿幼女的行为又被视为奸淫幼女的行为，直接以强奸罪论处，似乎统一了对幼女性权利的刑法保护。但是，由于引诱幼女卖淫罪的继续保留，很难确定强迫卖淫罪、组织卖淫罪中的"未成年人"是否包括了幼女，也无法将幼女排除在介绍、容留卖淫罪之外。2017 年最高人民法院、最高人民检察院发布的《关于办理组织、强迫、引诱、容留、介绍卖淫刑事案件适用法律若干问题的解释》（本章以下简称《2017 年解释》）又将"强迫不满十四周岁的幼女卖淫"和强迫三人以上未成年人卖淫，一起规定为强迫卖淫罪的加重情节，但组织卖淫罪、协助组织卖淫罪、介绍、容留卖淫罪都只是强调犯罪对象为未成年人时，予以从重或加重处罚，并未提及幼女是否属于其犯罪对象。因此，当下对淫促者侵犯幼女性权利的规定朝着统一保护幼女性权利的方向前行，但很不彻底，致使幼女的身影时常出没于涉淫类犯罪之中。2020 年《刑法修正案（十一）》在强奸罪中新增了"在公共场所当众奸淫幼女的"和"奸淫不满十周岁的幼女或造成幼女伤害的"两种情形。目前关于奸淫幼女相关规定的修改虽呈现出统一规制的趋势，但幼女并未全部排除在卖淫类犯罪之外。

（二）如何理解幼女性权利的内涵及其性承诺能力？

对性权利的详尽界定始于《性权宣言》，其共列举包括性自由权、性自主权、性完整权、性的身体安全权、性私权、性平等权、性快乐权、性情感表达权、性伴侣自由选择权、生育责任自由选择权、性资讯权、全面性教育权、性保健权等共 11 项性权利。但性权利不仅包括《性权宣言》所列举的 11 项性权利，还应当包括性救济权，这 12 项性权利共同构筑了一个较为完整的性权利体系。

与其他法律权利一样，性权利的能力也应有性权利能力和性行为能力的区分，支配性权利的人"必须是具备性行为能力的人"。性权利能力始于出生、终于死亡，是指公民依法享有性权利的资格，公民从出生开始就平等地享有性权利，幼女在性权利能力方面与成人不应当存在差别，这是每个公民实施性行为的前提。性行为能力是指公民通过自身的行为（包括但不限于性行为）依法享有性权利的能力，这是性法律关系产生、变更或消灭的主体要件，具有性行为能力的人，可以依法行使自己的各项性权利。但是，公民主动行使的性权利只有达到一定年龄且正确理解该项权利的内容后，才能真正地行使这些性权利，否则反而会对自己的性权利和身心健康造成严重损害。具言之，只有对公民进行保障的被动性的性平等权、性资讯权、全面性教育权、性保健权和性救济权的行使才不需要以公民对其正确理解为前提，其他七项主动性的性权利的行使都需要以正确认识为前提。根据我国《刑法》第236条第2款和第237条第3款的规定可知，我国未满14周岁的幼女对上述七项主动性的性权利是无法正确理解的，并且没有相应的行为能力，即使幼女同意行使这些权利在法律上也是无效的，一律绝对推定为违背幼女的意愿。

因此，与成人性权利相比，未满14周岁的幼女性权利内涵旨在性权利的有效保护，而非主动性的性权利行使。质言之，幼女作为独立个体有能力享有被动的性自由权：性平等权、性资讯权、全面性教育权、性保健权和性救济权，而其他主动性的性权利因其无法正确理解而无实际行使的行为能力，故幼女对主动的性权利作出的任何同意或承诺并无法律效力。

（三）如何认定行为人对"幼女"的明知？

刑法中对于行为人强奸幼女的主观罪过认定，根据幼女年龄的不同进行了区分。根据前述《性侵意见》，犯罪对象区分为12周岁以下幼女与12周岁至14周岁的幼女，相应的主观认定标准区分为"推定为明知"和"对于例外从严把握"。

对12周岁以下幼女，直接推定行为人明知对方为幼女，且不允许反驳。一方面，立法者认为12周岁以下的幼女确有严格保护的必要；另一方面，立法者亦认为12周岁以下的幼女相对于其他年龄段的女性更具主观识别的特殊性。该年龄段的幼女在绝大多数情况下是可以从其身体特征、谈吐、衣着等各方面进行区分的，12周岁以下的幼女，处于身体初步发育、价值观启蒙的幼年期，在这个年龄段发生的侵害毫无疑问会影响她们的一生。因此即便是12周岁以下的幼女偶尔展现出成人化的一面，刑法亦对其进行严格保护，加重行为人的注意义务。但《刑法》第16条的规定决定此种情形下的主观罪过认定依然存在，即根据低龄幼女的身体特征直接推定行为人明知其为幼女，而非不问行为人主观罪过的严格责任。

对已满 12 周岁不满 14 周岁的幼女，采取"对于例外从严把握"的证明责任倒置的原则。相对于 12 周岁以下幼女的"绝对保护"，《性侵意见》中对 12 周岁到 14 周岁的幼女采取视情况从严保护的姿态。12 周岁到 14 周岁幼女例外地会出现过度早熟难以区分的情况。从实际的角度出发，这一年龄段的幼女在学识、阅历方面确实更加成熟，存在其过于成人化而导致无法判断或者判断失误的可能性。故虽然推定行为人明知对方为幼女，但如果行为人确实不知道对方为幼女的，也可以认定其主观上对幼女不明知，从而否定其在幼女同意情形下的犯罪故意。

（四）如何理解奸淫幼女型强奸罪与涉幼女卖淫类犯罪的关系？

罪刑法定原则是刑法最基本的法定原则，依据现有刑法分开规制的规定，似乎只能对淫促者以涉淫类犯罪论处。但根据法条竞合犯的基本原理，当行为人的行为触犯两个罪名犯罪构成的"重合"部分时，便形成了法条竞合犯，就其具体犯罪形态组合而言，包括基本犯与基本犯的法条竞合，也包括基本犯与修正犯（包括停止形态和共犯形态）的法条竞合。

就强奸罪和涉淫类犯罪而言，两者之间虽不存在包含关系，但在淫促者促使幼女卖淫过程中，由于幼女不具有性权利的行为能力，绝对推定违背其意愿发生性行为，此时会同时符合强奸罪的犯罪构成和涉淫类犯罪的犯罪构成，实属交叉型的法条竞合犯。

虽然强奸罪的起刑点为 3 年有期徒刑，强迫卖淫罪、组织卖淫罪和引诱幼女卖淫罪的起刑点都是 5 年有期徒刑，在起刑点上后者重于前者，似乎从一重处会导致最终依然以涉淫类犯罪论处。但相较于其他在卖淫活动之外侵害幼女性权利的行为人而言，淫促者对幼女性权利的侵犯更为严重，完全可以将其视为"奸淫幼女情节恶劣"，从而以强奸罪的加重情节论处，即应当在 10 年有期徒刑至死刑之间对其进行处罚，从而以强奸罪统一处罚。具言之，在淫促者侵犯幼女性权利的过程中，如果嫖宿者明知或应当知道对方是幼女而嫖宿，对淫促者以强奸罪的共犯论处，并无不妥。

（五）如果嫖宿者对幼女不明知，对幼女明知的淫促者应如何处理？

如果嫖宿者确实不明知对方为幼女而嫖宿，由于嫖宿者缺乏强奸罪的犯罪故意，并不构成强奸罪，在没有实行犯的情况下，对淫促者侵犯幼女性权利的行为以强奸罪处罚似乎有违共犯从属性的基本理论。其实在这种情况下，刑法保护的法益已经遭受了实际的侵害，只是直接侵害的行为人缺乏相应的主观罪过罢了，但相应的淫促者对此却具有相应的主观罪过，此时直接侵犯的嫖宿者实际上被淫促者利用了，实为刑法中"利用无故意人之行为"的间接正犯。德国刑法学者也认为："当一个幕后人把实施人置于一种排除故意的行为构成错误之中，使其在无罪责或者最多是无认识过失的情况下行为时，这个幕后人的间接行为人身份是没有争论的。"

只是一般的间接正犯是直接利用侵犯法益的实行行为人，而在淫促者侵犯幼女性权利过程中，淫促者既利用了嫖宿者对幼女的不知情，也利用了幼女对性行为的懵懂无知，为了收取嫖资，促成了嫖宿者对幼女性权利的客观侵害。这种间接正犯更容易促成法益侵害的发生，理应对其以间接正犯论处，故对其以强奸罪论处不存在刑法理论上的空白或漏洞。

（六）涉幼女卖淫类犯罪何时对性侵幼女的淫促行为适用？

如前所述，奸淫幼女型强奸罪与涉幼女卖淫类犯罪发生法条竞合时，应当优先适用强奸罪的加重犯进行处罚。但是，幼女卖淫类犯罪也并非对幼女保护毫无价值，事实上，在客观上可以对幼女性权利的保护起到补充适用的作用。在强奸罪无法对行为人惩处发挥作用时，涉淫类犯罪也可以根据抽象符合说进行补充适用。若淫促者确实不知被侵害对象为幼女，此时，不管嫖宿者主观态度为何，淫促者与嫖宿者之间都缺乏侵害幼女性权利的共同故意，但可以将幼女抽象评价为"他人"，从而对淫促者以卖淫类犯罪进行论处。

当淫促者不知被侵害对象为已满12周岁不满14周岁的幼女，嫖宿者明知被侵害对象为幼女并仍然在客观上实施了奸淫幼女的行为时，嫖宿者显然成立奸淫幼女型强奸罪，但因二人缺乏共同犯罪的故意，即使淫促者有组织、强迫、引诱、介绍、容留"他人"卖淫的主观故意和客观行为，也不成立强奸罪的共犯或间接正犯。虽然淫促者行为客观上帮助了嫖宿者奸淫幼女，但是主观上缺乏对幼女奸淫的故意，主观上只有组织、强迫、引诱、介绍、"容留"的故意。此时，可以将幼女抽象评价为他人，根据主客观相统一的原则，可将淫促者行为定性为相应的卖淫类犯罪进行处罚即可。

当淫促者与嫖宿者主观上都不明知被侵害对象为幼女，且被侵害幼女已满12周岁不满14周岁时，二者都不构成奸淫幼女型强奸罪。对于幼女被奸淫的法益侵害结果，就淫促者而言，即便是主观上缺乏对幼女的认识，但由于其主观上存在组织、强迫、引诱、介绍、容留"他人"卖淫的故意，且客观上实施组织、强迫、引诱、介绍、容留"他人"卖淫的行为，此时根据抽象符合说，将幼女抽象评价为"他人"，依据主客观统一的原则，淫促者构成组织、强迫、引诱、介绍、容留卖淫罪。当然，此时就嫖宿者而言，因其已经证明自己确实对幼女不明知，缺乏强奸罪的主观故意，无法评价为强奸罪，只能评价为嫖娼这一违法行为，对其予以治安管理处罚即可。

（七）本案中田某辉是否明知被害人秦某某为"幼女"？

尽管田某辉辩解他看到秦某某身高有一米六七，以为她有十五六岁了，他第二次问秦某某年龄时，秦某某说她是1998年出生的，他和秦某某性交时秦某某只有痛苦状，但她并没有反抗。这些辩解与其他证据矛盾，并不能证明他确实不知道秦某某是幼女。如证人程某君证言证明，他看到几个人都是小姑娘，这就意味着行为人明知其为未成年人，具有很重的注意义务，如果意欲与其发生性关系，必须尽可能确认其已满14周岁，否则涉嫌构成强奸罪。

本案中秦某某的母亲张某某的证言证明，秦某某的年龄才13岁，看上去也只有13岁，她虽然身高有1.58米（不是田某辉辩解的一米六七），但还没有发育完全，胸部隆起不明显。秦某某的班主任老师张某钊的证言也证明，平时看秦某某只能看出13岁左右，她身高约1.6米，身子还没怎么发育，第二性特征不明显，一般成年人看秦某某只能看出十三四岁的样子。这充分说明秦某某的身体没有发育成熟，很容易识别为14周岁以下的幼女，田某辉的辩解不能成立，故其主观上对秦某某可能是幼女是明知的，应当承担强奸罪的刑事责任。

（八）本案中强迫秦某某卖淫的行为人应当如何评价？

本案中除黄某甜、何某、田某蝶均属不满16周岁的未成年人外，其他人都已年满16周岁。经营KTV的向某君在见到第二性特征不明显的秦某某时，就知道其年龄不到14周岁，所以才会问"她有多大？"覃某怡的证言更是证明，向某君看到秦某某后还说"怎么是这个女孩，看起来好小"，并叮嘱"你们见到老板后要说自己十四五岁了，都是在学校读书的"。本人也供述秦某某看上去不过十三四岁，化妆后可以看着像十四五岁，这说明向某君虽然被告知秦某某有15岁，但主观上已经明知秦某某不满14周岁。虽然向某君没有直接通过暴力等方式强迫秦某某卖淫，但她在拿到了田某辉给的2万元钱后，对秦某某说，"我已经拿了别人的钱，你就不能走了"，还放任其他几个女孩守在案发的8627房间，这也是强迫卖淫的手段。本案其他16岁以上的行为人本来就知道秦某某不满 14 周岁，还通过暴力等方式强迫秦某某隐瞒年龄去卖淫。因此，结合前述分析，向某君等已满 16 周岁的人同时构成了强迫卖淫罪和强奸罪，应对其择一重罪处罚。

黄某甜、何某、田某蝶虽然不满 16 周岁，无法构成强迫卖淫罪，但同时构成了强奸罪的帮助犯，对其应以强奸罪论处。

（九）如何评价本案中的量刑结果？

如前所述，在淫促者同时构成了强迫卖淫罪和强奸罪的法条竞合犯时，应择一重罪处罚，但为了保护秦某某不被贴上卖淫女的标签，应当对其以强奸罪论处。由于强迫卖淫是职业化的行为，被害幼女面临被不特定的多数人性侵的危险，危害更为严重，具有强迫幼女卖淫罪的法定从重情节。因此，对其以强奸罪论处时，最终的量刑结果不能低于强迫卖淫罪的量刑结果，即应当对其以强奸罪的加重犯论处，即使根据从犯减轻处罚的规定，最终也应当在 5 年以上 10 年以下有期徒刑的量刑幅度内确定其宣告刑。

田某辉在本案中以金钱交易幼女的性服务，不但严重侵犯了幼女的性权利，实际上还变相唆使了向某君等人实施了强迫幼女卖淫的行为，更是将黄某甜、何某、田某蝶等不满 16 周岁的人变成了犯罪人，尽管其具有自首、积极赔偿被害人损失获得被害人家属谅解等从宽情节，对其也应当在 5 年以上10 年以下有期徒刑的量刑幅度内确定其宣告刑。

三、主要参考文献

1. 黄永主编：《中华人民共和国刑法立法背景与条文解读》，中国法制出版社 2021 年版。

2. 周啸天："'组织、强迫、引诱幼女卖淫'规定再解读"，载《华东政法大学学报》2016 年第 2 期。

3. 鲍遂献：《妨害风化犯罪》，中国人民公安大学出版社 1999 年版。

5. 车浩："强奸罪与嫖宿幼女罪的关系"，载《法学研究》2010 年第 2 期。

6. 李拥军："性权利存在的人性基础——中国当代性行为立法不能省略的维度"，载《华东政法大学学报》2008 年第 3 期。

7. 何立荣：《性权利的刑法规制研究》，中国法制出版社 2017 年版。

8. ［德］克劳斯·罗克辛：《德国刑法学总论》（第 2 卷），王世洲等译，法律出版社 2005 年版。

9. 张明楷:《刑法学》(第 6 版),法律出版社 2021 年版。

10. 苏雄华、冯思柳:"淫促者性侵幼女的刑法规制研究——基于 124 份判决书的实证分析",载《江西社会科学》2019 年第 2 期。

第五章

刑事责任论

第一节　自首的认定：肖某某高利转贷案

一、案例简介[1]

2017 年 4 月 27 日，肖某某以经营果园的名义从某县农商银行贷款 230 万元，受托支付于经营农资的谢某龙农商银行账户中，到账后肖某某指使谢某龙将贷款全额转入肖某某父亲肖某寿农商银行账户（该账户实际控制人为肖某某）中，肖某某再将贷款全额转入其农商银行账户中，在该账户中凑足 500 万元转贷给袁某福，约定月利息 22.5 万元（月利率 4.5%），袁某福按季度支付利息。2017 年 5 月 26 日，肖某某还清了该笔贷款，本息共计 230.211 217 万元。按比例计算，肖某某高利转贷 230 万元共收到袁某福利息为 10.35 万元，支付银行利息为 1.225 057 万元，肖某某获得违法所得 9.124 943 万元。

2018 年 1 月 11 日，肖某某以经营果园的名义向某县农村商业银行富商支行贷款 320 万元，受托支付于经营农资的谢某龙农商银行账户中，到账后肖某某指使谢某龙将贷款全额转入肖某某父亲肖某寿农商银行账户（该账户实际控制人为肖某某）中，肖某某再通过龙祥食品有限公司的 POSS 机将贷款全额转入其农商银行账户中，后肖某某将该笔贷款中的 250 万元转贷给陈某，约定月利率为 3%，肖某某按季度支付利息。2019 年 1 月 4 日，肖某某还清了该笔贷款，贷款期间应付银行利息 22.93 755 万元（其中 250 万元贷款的利息为 17.919 961 万元），陈某付给肖某某 250 万元借款的利息共计 80.5 万元，

---

[1]　参见［2021］赣 0704 刑初 184 号一审刑事判决书。

肖某某获得违法所得 62.580 039 万元。

2021 年 3 月 13 日因涉嫌构成强迫交易罪公安机关对肖某某刑事立案，办案民警于 2021 年 3 月 15 日通过电话联系上肖某某，要求肖某某到办案机关接受调查，当天 10：35 肖某某主动到了指定地点接受讯问。2021 年 4 月 26 日办案机关决定对肖某某高利转贷案立案侦查。案发后，肖某某认罪认罚，其家属于 2021 年 8 月 13 日退清全部违法所得共计人民币 717 049.82 元。后因强迫交易罪的涉案事实不构成犯罪，该县人民检察院仅向法院起诉了肖某某高利转贷罪。

本案主要证据如下：

（一）书证

（1）谢某龙的银行交易明细，证明：2018 年 1 月 13 日肖某某转账 320 万元至谢某龙账户，次日谢某龙将该 320 万元转账至肖某寿的账户。

（2）陈某的银行交易明细，证明：2018 年 1 月 22 日，肖某某工商银行尾号 2878 账户向他工商银行尾号 3374 的账户转账 500 万元。他共支付给肖某某利息 161 万元。

（3）王某华的银行交易明细，证明：2018 年 2 月 7 日，王某华农行为尾号 5389 的账户向肖某某农商行尾号 1323 的账户转账 150 万元。

（4）钟某荣的银行交易明细，证明：2020 年 1 月 16 日，钟某荣通过转账 100 万元给肖某某。

（5）肖某某 2018 年 1 月 11 日贷款资料，证明：2017 年 7 月肖某某与某县农商行签订了最高额担保合同，2018 年 1 月 11 日向某县农商行提出借款 320 万元，320 万元于 2018 年 1 月 13 日发放到位，肖某某于 2018 年 12 月 25 日归还贷款。

（6）肖某某银行交易明细及还贷明细、POS 机开户信息、交易流水，证明：肖某某向农商银行富商支行贷款 320 万元后，共向银行支付利息 22.93 755 万元。

（7）肖某某账户、陈某账户历史明细，证明：通过刷 POS 机，肖某某于 2018 年 1 月 22 日连同贷款的 250 万元共转账给陈某 500 万元。

（8）陈某银行卡明细清单，证明：陈某共支付肖某某利息 161 万元。

（二）证人证言

（1）证人谢某龙的证言，证明：2018 年 1 月 11 日，肖某某在某县农商行有一笔 320 万元的贷款，受托支付到了他农商银行账户里，到账当天他应肖某某的请求将 320 万元全额打到肖某寿的账户上。

（2）证人陈某的证言，证明：2018 年 1 月初，他因资金周转向肖某某借款 500 万元，月利率 3 分。1 月 22 日，肖某某转了 500 万元到他账户，他通过工行账号和中国银行卡共转了 120 余万元的利息给肖某某，又委托朋友陈某兴用其建设银行卡转了 45 万元利息给肖某某，他共支付给肖某某 170 万元利息。

（3）证人冯某的证言，证明：2018 年快过年的时候，肖某某打电话向他借款 200 万元，因为他和肖某某拆借次数比较多，很信任肖某某，就答应借钱给肖某某，1 月 22 日他转了 200 万元给肖某某，因为肖某某当时还欠他 50 万元，两人约定这 50 万元续借，当作借款 250 万元。从第二个月开始，肖某某每月支付 7.5 万元利息，2018 年 10 月以后肖某某就没有再支付利息了，他共收到肖某某给付的利息共计 80 万元左右。后来肖某某说要起诉陈某，他才知道肖某某把这 250 万元转借给了陈某。

（4）证人王某华的证言，证明：2018 年 1 月的某一天，肖某某向他借 150 万元用于资金周转，月利息按 1 分算，他答应了。2018 年 2 月 7 日，他就将 150 万元转给了肖某某。肖某某一共支付了 11 个月的利息给他，共计 16.5 万元。他与陈某没有经济往来，也没有通过肖某某名义借钱给陈某。

（5）证人钟某荣的证言，证明：2020 年 1 月的一天，肖某某因资金困难，向他借款 100 万元。2020 年 1 月 16 日，他通过中国银行卡转了 100 万元给肖某某，2020 年 10 月 28 日肖某某通过银行卡转账归还了他 100 万元借款。这笔钱纯粹是帮肖某某的忙，他没有收取任何利息。2018 年他没有借钱给肖某某，也没有借用肖某某名义借钱给他人。

（三）肖某某的供述与辩解

（1）肖某某于 2021 年 3 月 18 日在回答"你说一下你的社会经历以及从事的经营活动？"时，供述其 2012 年还是 2013 年开始，他还会放贷给一些做生意的老板，放贷的资金有的是向朋友冯某、李某借的，还有的是自有资金，还有从银行贷款出来的钱。肖某某于 2021 年 4 月 12 日供述了其从银行高利转贷 230 万元一个月给袁某福的详细经过。

肖某某于 2021 年 4 月 29 日供述：2018 年 1 月份，陈某因做工程资金短缺，向他借款 500 万元用于资金周转，月利率 3 分。他当时手上没钱，冯某和某县人民医院司机李某华提出各出资 250 万元之后，他回复陈某说愿意借钱。500 万元中有 250 万元是冯某的，另外 250 万元他从银行贷款后替李某华垫付的，他借给陈某 500 万元后，可能过了一个多月，李某华才把 250 万元还给他。他替李某华垫付的 250 万元是他在某县农商银行贷的款。

（2）肖某于 2021 年 6 月 7 日供述：他之前说的某县人民医院司机是叫王某华。这 250 万元的资金来源他记错了，其中 150 万元是王某华的，另外 100 万元是某县人民医院的书记钟某荣的。他借给陈某的 500 万元中，有 250 万元是冯某的、150 万元是王某华的、100 万元是钟某荣的。陈某打给他的所有利息，他全部都给了冯某、王某华、钟某荣，他个人没有得过一分一毫。

（3）肖某于 2021 年 6 月 10 日供述：他在 2018 年 1 月 11 日向某县农商行的贷款，账面上看是直接将贷款中的 250 万元转借给了陈某，并向陈某收取利息，但是他在借钱给陈某的同时，以个人名义向王某华和钟某荣借了 250 万元，陈某付给他的这部分利息，他全部都转给了王某华和钟某荣，实际上没有一分一毫进了他个人的口袋。他应该给了冯某 80 万元左右利息。

（4）肖某某于 2021 年 8 月 4 日供述：他和冯某各出资 250 万元借给陈某后，陈某向他支付了一百六七十万元利息，他分了一半利息给冯某，他大概得了 60 多万元利息。

二、本案的法律问题思考

（一）刑法中自首的概念和价值是什么？

刑法中的自首是指犯罪嫌疑人犯罪以后自动投案，如实供述自己的罪行，或者被采取强制措施的犯罪嫌疑人、被告人和正在服刑的罪犯，如实供述司法机关还未掌握的本人其他罪行的行为。由于自首是犯罪嫌疑人出于自己的意志而主动将自己交付国家追诉，表现出犯罪嫌疑人所具有的接受国家审查和裁判的自觉性，进而体现出一定的认罪或悔罪态度以及其人身危险性已经在一定程度上得到减弱。因此，我国刑法在坚持罪责刑相适应原则的前提下，充分考虑刑罚个别化的原则，设置了自首制度，将其规定为从宽处罚的情节。

自首制度的价值在于：其一，它对于分化瓦解犯罪势力，感召犯罪分子主动投案，激励犯罪分子悔过自新，减少因犯罪而造成的社会不安定因素，具有积极的作用；其二，它有利于迅速侦破刑事案件，及时惩治犯罪，提高刑事法律在惩治和预防犯罪中的作用；其三，它是兼顾惩罚犯罪功能和教育矫治罪犯功能的刑罚裁量制度，使刑罚目的的实现过程在一定程度上因犯罪人的自动归案而拓展到犯罪行为实施之后、定罪量刑之前的阶段，促使罪犯的自我改造更早开始。

（二）刑法中的自首制度是如何演进的？

鼓励自首和坦白从宽是我国司法实践中长期坚持的刑事政策，为了更好地体现和执行这一政策，对自首的条件及处罚作具体明确的规定十分必要。1979 年《刑法》第 63 条规定："犯罪以后自首的，可以从轻处罚。其中，犯罪较轻的，可以减轻或者免除处罚；犯罪较重的，如果有立功表现，也可以减轻或者免除处罚。"但是，1979 年《刑法》只是直接使用了自首这一用语，没有明确界定自首的条件，实践中对何为自首存在不同认识，造成了司法实践中在自首认定上的不一致。为了统一标准，增强操作性，最高人民法院、最高人民检察院、公安部发布《关于当前处理自首和有关问题具体应用法律的解答》，对怎样认定自首、如何看待"送子女或亲友归案"、对自首者如何处罚、如何看待"立功"、如何执行"坦白从宽"的政策等问题作了解答。

随后的相关单行刑法对自首的处罚作了进一步的补充规定。1982 年 3 月 8 日第五届全国人民代表大会常务委员会第二十二次会议通过的《关于严惩严重破坏经济的罪犯的决定》第 2 条规定："凡在本决定施行之日以前犯罪，而在一九八二年五月一日以前投案自首，或者已被逮捕而如实地坦白承认全部罪行，并如实地检举其他犯罪人员的犯罪事实的，一律按本决定施行以前的有关法律规定处理。凡在一九八二年五月一日以前对所犯的罪行继续隐瞒拒不投案自首，或者拒不坦白承认本人的全部罪行，亦不检举其他犯罪人员的犯罪事实的，作为继续犯罪，一律按本决定处理。"1988 年 1 月 21 日第六届全国人民代表大会常务委员会第二十四次会议通过的《关于惩治贪污罪贿赂罪的补充规定》第 2 条第 3 项规定："……个人贪污数额在 2000 元以上不满 5000 元，犯罪后自首、立功或者有悔改表现、积极退赃的，可以减轻处罚，或者免予刑事处罚，由其所在单位或者上级主管机关给予行政处分。"

1997 年修订《刑法》时主要作了三处修改：一是，明确了自首的定义，且为了统一标准，便于司法机关具体操作，明确了自首的适用条件。二是，对自首的处罚原则作了更加从宽的规定。将"犯罪后自首的，可以从轻处罚"修改为"对于自首的犯罪分子，可以从轻或者减轻处罚"。将"犯罪较轻的，可以减轻或者免除处罚"修改为"犯罪较轻的，可以免除处罚"。这样规定，进一步体现了宽严相济的刑事政策，加大了鼓励犯罪行为人主动投案自首，积极悔过自新的力度，有利于促使罪犯自动投案接受法律处理以得到从宽，也为司法机关侦破案件提供了有利条件，节约了司法资源。三是，扩大了自首的适用范围，增加了"以自首论"的规定。以自首论的规定，扩大了自首的范围，解决了理论界长期争论、司法实践中做法不一的问题，便于司法机关具体操作。对于犯罪行为人来说，即使已经被采取强制措施或者在服刑期间，也还有机会通过如实供述自己尚未被司法机关掌握的其他罪行以成立自首，争取获得宽大处理。这样，罪犯只要愿意悔罪自新，其重新做人的机会和途径永远畅通。

需要指出的是，2011 年《刑法修正案（八）》对本条再次作了修改。为进一步体现宽严相济的刑事政策，司法体制和工作机制改革要求提出，完善从重、从轻和减轻处罚情节的法律规定，确保均衡适当量刑。有关部门建议将"自首"以及"以自首论"之外，犯罪嫌疑人"如实供述自己罪行"的认罪情况也规定为法定从宽量刑情节。这种"如实供述自己罪行"的情形就是我们平时常说的"坦白"。"坦白从宽"是我国司法实践中长期坚持的一项刑事政策。对坦白罪行者给予一定程度从宽处理，一直是司法机关量刑时广泛运用的一种酌定情节。有关司法解释也已经明确把认罪作为一种从轻情节，从而使得坦白作为酌定从宽情节的地位，一定程度上得到明确认可。如 1984 年最高人民法院、最高人民检察院、公安部发布的《关于当前处理自首和有关问题具体应用法律的解答》第 5 条 "如何执行'坦白从宽'的政策"规定："坦白通常是指犯罪行为已被有关组织或者司法机关发觉、怀疑，而对犯罪分子进行询问、传讯，或者采取强制措施后，犯罪分子如实供认这些罪行的行为。对于罪犯确能坦白其罪行的，依照刑法第五十七条的规定，视坦白程度，可以酌情从宽处理。" 2003 年最高人民法院、最高人民检察院、司法部发布的《关于适用普通程序审理"被告人认罪案件"的若干意见（试行）》（已失效）和《关于适用简易程序审理公诉案件的若干意见》（已失效）；2009 年 3 月最高人民法院、最高人民检察院联合发布的《关于办理职务犯罪案件认定自首、立功等量刑情节若干问题的意见》；2010 年 12 月最高人民法院发布的《关于处理自首和立功若干具体问题的意见》等对此都有规定。虽然司法实践中认罪作为一项重要的从宽量刑情节被广泛运用，但由于没有明确的法律规定，被告人认罪作为一种酌定的量刑情节，完全依靠法官的经验，实践中各方面掌握的尺度往往不一致，容易造成量刑的不统一，同时，也影响其在鼓励罪犯如实供述罪行方面作用的发挥。为此，《刑法修正案（八）》在自首和以自首论的情况之外，将"如实供述自己罪行"的情形明确规定为法定量刑情节，进一步落实"坦白从宽"的刑事政策，有利于鼓励罪犯如实认罪，分化犯罪，统一量刑尺度。

（三）自首有哪些种类？

对自首的分类问题有两种见解：一种见解立足于《刑法》第67条的规定，将自首分为一般自首和特别自首（有的称为"准自首"）；另一种见解认为，《刑法》第164条第4款、第390条第2款、第392条第2款所作的规定，自首既包括刑法总则规定的自首，也包括刑法分则规定的自首，自首的种类就可以划分为一般自首（《刑法》第67条第1款）、准自首（《刑法》第67条第2款）和特别自首（《刑法》第164条第4款、第390条第2款和第392条第2款）。但是，刑法分则中关于行贿犯罪和介绍贿赂犯罪自首的规定，在实践中完全可以根据具体情况确定为一般自首或者准自首，故自首实际上还是两种类型。

（四）一般自首有哪些成立条件？

根据《刑法》第67条第1款的规定，一般自首是指犯罪嫌疑人在犯罪以后自动投案，如实供述自己罪行的行为。

自动投案，是指犯罪事实或者犯罪嫌疑人尚未被司法机关发觉，或者虽被发觉，但尚未受到讯问、未被采取强制措施时，犯罪嫌疑人主动、直接向公安机关、人民检察院或者人民法院投案。

（1）"自动"是指犯罪嫌疑人在归案之前，基于其本人的意志而投案，投案行为必须实行于犯罪嫌疑人归案之前。犯罪事实虽然已被司法机关发觉，但犯罪嫌疑人尚未被发觉，或者犯罪事实和犯罪嫌疑人均已被发觉，但司法机关尚未对犯罪嫌疑人进行讯问或者采取强制措施。此外，下列情形也应视为自动投案：犯罪嫌疑人的罪行尚未被司法机关发觉，仅因形迹可疑被有关组织查询、教育后自动投案的；犯罪嫌疑人在犯罪后逃跑，在被通缉、追捕的过程中自动投案的；经查实犯罪嫌疑人确已准备去投案，或者正在去投案。投案必须是犯罪嫌疑人向有关机关或者个人承认自己实施了特定犯罪，并将自己置于有关机关或者个人的控制之下，等待接受国家司法机关的审查和裁判。

第一，犯罪嫌疑人必须向有关机关或者个人承认自己实施了特定犯罪。一方面，一般要求犯罪嫌疑人直接向国家司法机关即公安机关、检察机关或者审判机关投案。但考虑到实践中的具体情况，从鼓励犯罪嫌疑人自首和体现自首的本质等方面考虑，对于犯罪嫌疑人向其所在单位、城乡基层组织或者其他有关负责人投案的，犯罪分子因病、伤，或者为了减轻犯罪后果，而委托他人先代为投案的，或者先以信函、电报投案的，也应视为投案。另一方面，犯罪嫌疑人投案之后必须向有关机关或个人承认自己所犯的特定之罪。即不能仅空泛地承认实施了犯罪，而必须承认自己实施了特定犯罪或承认某一特定犯罪系自己所为。具体而言，在犯罪事实未被发觉的情况下，只要承认本人实施何种特定犯罪即可；在犯罪事实虽已被发觉，但犯罪人尚未被发觉的情况下，只要承认某一特定犯罪系自己所为即可；在犯罪事实和犯罪人均已被发觉，但犯罪人尚未归案的情况下，只要承认自己是某一特定犯罪的行为人即可。

第二，犯罪嫌疑人必须将自己置于有关机关或个人的控制之下，等待国家司法机关的审查和裁判。这是"投案"的应有之义。"投案"应当既包括犯罪嫌疑人向有关机关或者个人承认自己实施了特定的犯罪，也包括将自己置于有关机关或个人的控制之下，等待国家司法机关的审查和裁判。如果犯罪嫌疑人自动投案后又逃跑的，不能认定为自首。与此相似，犯罪嫌疑人自动投案并供述罪行后又推翻供述，意图逃避制裁的，或委托他人代为自首，而本人拒不到案的，或匿名将赃物送回司法机关或原主处的，或用电话、书信等方式匿名向司法机关报案或指出赃物所在的，也不能认定为自首。

（2）犯罪嫌疑人必须如实供述自己的罪行。所谓如实供述自己的罪行，是指犯罪嫌疑人自动投案后，如实交待自己的主要犯罪事实。

第一，犯罪嫌疑人供述的必须是犯罪的事实。即犯罪嫌疑人所供述的是根据刑法的相关规定已经构成犯罪的行为事实。无论行为人主观上是否认为自己供述的是犯罪的事实，只要根据刑法的规定并结合其供述的事实能够认定其行为构成犯罪的，都属于如实供述自己的罪行，在具备自首的其他条件时，就成立自首。

第二，犯罪嫌疑人对犯罪事实必须如实供述。由于自首是犯罪嫌疑人主动投案并自愿接受国家司法机关的审查和裁判，在相当程度上体现了其认罪、悔罪的态度，因而可将自首作为对犯罪嫌疑人从宽处罚的根据。如果犯罪嫌疑人虽然自动投案，也交待了一些犯罪事实，但出于各种动机，故意在一些重要事实或情节上作虚假交待，均不能认为是如实供述而成立自首。只要其对主要犯罪事实作了如实供述，就应当认为是如实供述。犯罪嫌疑人自动投案并如实供述自己的罪行后又翻供的，不能认定为自首；但在一审判决前又能如实供述的，应当认定为自首。但是，犯罪分子自动投案并如实供述罪行后，为自己进行辩护，或者提出上诉，或者补充或更正某些事实的，这都是法律赋予被告人的权利，应当允许，不能视为翻供。

第三，犯罪嫌疑人供述的必须是自己的犯罪事实，即自己实施并应由本人承担刑事责任的犯罪事实。共同犯罪案件中的犯罪嫌疑人，除如实供述自己的罪行外，还应当供述所知的同案犯，主犯则应当供述所知其他同案犯的共同犯罪事实，才能认定为自首。

第四，犯罪嫌疑人供述的必须是自己的主要犯罪事实。对于何谓主要犯罪事实，应当从两个方面理解：一方面，主要犯罪事实包括决定犯罪嫌疑人的行为性质以及影响对其裁量刑罚的事实、情节；另一方面，在犯罪嫌疑人犯数罪的情况下，应区分情况认定犯罪嫌疑人是否如实供述了自己的主要犯罪事实。在犯罪嫌疑人所犯数罪为异种数罪的情况下，如果犯罪嫌疑人自动投案后，仅如实供述所犯全部数罪的一部分，而未供述另一部分犯罪的，则只认定其所供述的犯罪成立自首，未交待的犯罪不成立自首。在犯罪嫌疑人所犯数罪为同种数罪的情况下，如果如实供述了所犯数罪中主要的罪行，而基于某种客观原因确实不能供述其他罪行的，应认定全案成立自首。虽然投案后没有交待全部犯罪事实，但如实交待的犯罪情节重于未交待的犯罪情节，或者如实交待的犯罪数额多于未交待的犯罪数额的，一般应认定为如实供述自己的主要犯罪事实。无法区分已交待的与未交待的犯罪情节的严重程度，或者已交待的犯罪数额与未交待的犯罪数额相当的，一般不认定为如实供述自己的主要犯罪事实。

（五）本案中肖某某被电话传唤到案是否为自动投案？

本案中肖某某于2021年3月15日10：35经电话传唤后主动到了指定地点接受讯问，如实陈述了涉嫌构成强迫交易罪的相关事实，并将自己置于司法机关的控制之下。电话传唤后主动归案，与现场传唤后的被动归案不同，主要依靠犯罪嫌疑人的自觉性到案，是自动投案的一种形式。根据最高人民法院发布的《关于处理自首和立功具体应用法律若干问题的解释》（本章以下简称《解释》）第 1 条第 1 项的规定，自动投案是指犯罪事实或者犯罪嫌疑人未被司法机关发觉，或者虽被发觉，但犯罪嫌疑人尚未受到讯问、未被采取强制措施时，主动、直接向司法机关投案。犯罪嫌疑人经公安机关电话传唤后到案的情况，符合上述《解释》的规定，应视为自动投案。

1. 电话传唤不属于强制措施

《刑事诉讼法》第六章规定的"强制措施"并不包括传唤。传唤和作为强制措施的拘传不同，传唤是使用电话或传票通知犯罪嫌疑人在指定的时间自行到指定的地点接受讯问的诉讼行为，它强调被传唤人到案的自觉性。而拘传则是强制犯罪嫌疑人依法到案接受讯问的一种强制措施。通常情况下，拘传适用于经过依法传唤，无正当理由拒不到案的犯罪嫌疑人，在本案中《传唤证》上也特别注明："无正当理由拒不接受传唤的，可以依法拘传。"

因此，传唤与拘传有着本质的不同，法律也从未将传唤包括在强制措施之内。本案中肖某某被电话传唤后归案，完全符合前述《解释》第 1 条第 1 项规定的"在未受到讯问、未被采取强制措施之前"的时间范围。

2. 经传唤归案具有自动投案的主动性

犯罪嫌疑人经传唤后，自主选择的余地很大，其可能选择主动归案，也可能拒不到案，甚至逃跑，而其能主动归案，就表明其有认罪悔改、接受惩罚的主观目的，即具有归案的自动性和主动性。前述《解释》中尚有"犯罪后逃跑，在被通缉、追捕过程中，主动投案的"以及"通知犯罪嫌疑人的亲友，将犯罪嫌疑人送去投案的"视为自动投案的规定，与之相较，而仅仅受到传唤便直接自行归案的，若不视为自动投案，不符合鼓励主动到案、减少司法资源浪费的立法初衷。

在本案中，电话传唤本身对肖某某并没有实际控制作用，不能视为是抓获的方式，肖某某基于自己的意志主动到案，真诚地将自己置于司法机关的控制之下，接受法律的评价，理应认定为自动投案。

3. 司法实践中一直将传唤后如实供述依法认定为一般自首

最高人民法院针对典型案例，多次重申传唤后如实供述应认定为一般自首。2011 年 8 月 24 日最高人民法院发布的《关于反规避执行的九起典型案例》中周明利拒不执行判决、裁定案明确表示："鉴于周明利经电话传唤后主动到案，如实供述了其罪行，属于自首。"2015 年 9 月 18 日最高人民法院公布 19 起发生在校园内的刑事犯罪典型案例中的周某某故意伤害案明确表示："被告人周某某……，次日按公安机关的传唤时间及时到案，且如实交待了犯罪事实，其行为体现了投案的主动性和自愿性，依照法律规定，可视为具有投案自首情节。"2016 年 11 月 30 日最高人民法院发布 6 起依法审理拒执刑案典型案例中的北京诺缘建筑工程有限公司、郑汝妹拒不执行判决、裁定自诉案明确表示："鉴于被告人张庆国经公安机关电话传唤后到案，归案后如实供述其犯罪事实，系自首，依法可从轻处罚。"

2021 年 2 月 2 日最高人民法院刑三庭负责人针对王某金被传唤后到案并如实供述的事实表示应依法认定为一般自首："根据刑法规定，犯罪以后自动投案，如实供述自己的罪行的，是自首。……2005 年 1 月 17 日王某金因形迹可疑被河南省荥阳市公安局索河路派出所干警传唤……经讯问，王某金主动交待自己实施了 6 起强奸、杀人作案。……依法可以认定王某金具有自首情节。"

（六）本案中肖某某被电话传唤到案是否视为高利转贷罪的投案方式？

本案肖某某接到传唤电话后自动到案，如实供述了涉嫌强迫交易罪的相关事实，尽管后来由于涉案的强迫交易事实不构成强迫交易罪，肖某某对该事实的主动投案和如实供述，虽然不构成强迫交易罪的一般自首（自首以所供述的事实成立犯罪为前提），但其自动投案的方式依然对后续的其他犯罪事实的供述有效。不能因为肖某某不构成强迫交易罪，就对之前肖某某自动投案的事实弃之不顾，孤立地站在高利转贷罪的立案节点，因肖某某自动到案后被采取了强制措施，就将肖某某视为是被采取了强制措施的犯罪嫌疑人，从而要求其必须符合特殊自首的条件，才构成特殊自首。因此，对犯数罪（无论是异种数罪、还是同种数罪）的犯罪嫌疑人而言，其首次到案的方式就是所有后续供述事实构成的犯罪的到案方式。

（七）本案中肖某某对第二起金额更大的高利转贷事实供述前后不一，能否认定为自首？

如前所述，肖某某因涉嫌构成强迫交易罪，经电话传唤到案，是自动到案的方式之一，如果其对被指控的全案事实或主要事实均如实供述，理应认定为一般自首。

1. 在高利转贷罪立案之前，肖某某就主动供述了230万元的高利转贷罪事实

本案于2021年3月13日因涉嫌构成强迫交易罪对肖某某刑事立案，但司法机关于2021年4月26日才决定对肖某某高利转贷案立案侦查。肖某某于2021年3月18日在回答指向不明的"你说一下你的社会经历以及从事的经营活动？"时，就主动供述：2012年还是2013年开始他还会放贷给一些做生意的老板，放贷的资金有的是向朋友冯某、李某借的，还有的是自有资金，还有从银行贷款出来的钱。肖某某于2021年4月12日供述了其从银行高利转贷230万元一个月给袁某福的详细经过。据此，肖某某早在高利转贷罪立案之前提供线索，随后即供认了230万元的高利转贷犯罪事实，理应认定为如实供述。

2. 肖某某对第二起犯罪事实供述前后虽有差异，但不影响犯罪的认定和刑罚的裁量

肖某某对高利转贷给陈某250万元的供述前后不完全一致，但根据《刑法》第67条第1款和最高人民法院发布的《解释》第1条的规定，并不影响对其高利转贷罪的认定和量刑，应当认定肖某某构成了一般自首。

肖某某于2021年4月29日第一次供述了从银行高利转贷250万元给陈某的事实，只是在这次供述中认为是帮王某华等贷款再转贷给陈某，与后续为自己贷款再转贷给陈某的供述略有差异，但这种差异并不影响对该起犯罪事实的认定。因为无论被告人肖某某是为他人进行高利转贷，还是为自己进行高利转贷，都是肖某某为了转贷牟利，以自己的名义到银行套取资金，然后转贷给陈某，且收取陈某利息的也是肖某某自己，至于转贷利息这种违法所得最后给了谁，这是犯罪之后犯罪所得的处理，无法否定肖某某构成了高利转贷罪的事实，至多影响王某华等人是否构成共犯而已。

事实上，肖某某多次供述自己此次高利转贷最终没有得一分钱是客观事实，结合常识判断，肖某某自己冒着犯罪的危险高利转贷，然后又以同样的金额和利息向他人借款，不合常理。明显是王某华等人不愿意承认帮其转贷的事实，避免成为共犯，肖某某最终在配合指控的情况下承认是自己为自己转贷，自己获得了所有转贷利息。无论这种情况是否存在，从法律的角度进行分析，肖某某都构成了高利转贷罪，差别在于是单独犯罪，还是共同犯罪，故这种差异性供述对肖某某以高利转贷罪论处并无影响。

根据 1998 年最高人民法院发布的《解释》第 1 条规定可知，如实供述自己的罪行，是指犯罪嫌疑人自动投案后，如实交代自己的主要犯罪事实，并非全案所有的犯罪事实和具体细节。2004 年 3 月 23 日最高人民法院发布的《关于被告人对行为性质的辩解是否影响自首成立问题的批复》更是明确指出："被告人对行为性质的辩解不影响自首的成立。"

即使认定肖某某对第二笔转贷事实的前几次供述不是如实供述，但只要在一审判决前如实供述自己罪行的，也成立自首。根据《刑法》第 67 条第 1 款，犯罪嫌疑人自动投案后，在一审判决前才如实供述自己罪行的，应当认定为自首。据此，肖某某对第二起转贷给陈某的 250 万元事实的供述同样构成自首。

三、主要参考文献

1. 黄永主编：《中华人民共和国刑法立法背景与条文解读》，中国法制出版社 2021 年版。

2. 张明楷：《刑法学》（第 6 版），法律出版社 2021 年版。

3.《刑法学》编写组编：《刑法学》，高等教育出版社 2019 年版。

4. 吴贵森："罪数形态下的自首认定问题"，载《河北法学》2015 年第 9 期。

5. 张阳："论自首中'如实供述'的司法认定"，载《河南财经政法大学学报》2013 年第 2 期。

6. 最高人民法院刑事审判第一庭编著：《最高人民法院自首、立功司法解释：案例指导与理解适用》，法律出版社 2012 年版。

7. 邓晓霞：《自首制度的理论与实践反思》，中国政法大学出版社 2016 年版。

第二节　立功的认定：邝某某非法采矿案

一、案例简介[1]

2011 年 5 月间，邝某某、骆某鸿、谢某光、潘某钦、钟某华、潘某东伙

---

〔1〕　参见［2014］赣中刑一抗字第 6 号二审刑事裁定书。

同同案人谢某传、邝某珍（均另案处理）经商议共同出资合伙开采稀土矿，并约定由钟某华及同案人谢某传负责租山和管理，邝某某负责记账，骆某鸿、潘某东负责矿里开支单据签字、监督，谢某光、潘某钦负责协助管理，同案人邝某珍负责出资。随后，邝某某等人在未取得采矿许可证的情况下，雇请民工擅自在转租谢某勋位于某县文峰乡石排村下角寨山场，采用原地浸矿的方式非法开采稀土。2011 年 7 月至 2011 年 9 月间，钟某华、谢某光、潘某钦等人将生产的稀土运往广东销售给他人，得款人民币 60 余万元，邝某某、骆某鸿、谢某光、潘某钦、钟某华及同案人邝某珍各分得人民币 8 万余元，潘某东分得稀土氧化物 800 余公斤，销售得款人民币 11 万余元。2013 年 9 月 11 日，某县矿产资源管理局将邝某某等人涉嫌非法采矿案件移送至某县公安局立案侦查。同日，某县公安局民警将邝某某、骆某鸿、谢某光、潘某钦、钟某华、潘某东传唤归案。案发后，潘某东退回所得赃款人民币 11 万元。经江西省国土资源厅作出鉴定意见，邝某某等人非法开采稀土造成稀土资源破坏为 6.78 吨，价格 210 800 元/吨，非法采矿造成的矿产资源破坏价值为人民币 1 429 224 元。

另查明，2013 年 12 月 30 日，故意伤害犯罪嫌疑人赵某盛在邝某某规劝下到公安机关投案；2013 年 12 月 6 日，故意伤害案犯罪嫌疑人刘某锋在骆某鸿规劝下到公安机关投案；2013 年 12 月 27 日，故意伤害案犯罪嫌疑人林某泉在谢某光规劝下向公安机关投案；2013 年 12 月 27 日，故意伤害案犯罪嫌疑人沈某在潘某钦规劝下到公安机关投案；2013 年 12 月 6 日，滥伐林木案犯罪嫌疑人潘某福到某县森林公安局投案。在审理期间，邝某某、骆某鸿、谢某光、潘某钦、钟某华的家属已向法院退回部分赃款。

本案的主要证据有：矿产资源涉嫌犯罪案件移送书，受案登记表，归案情况说明，扣押决定书及清单，立案决定书，网上追逃信息表，律师会见笔录，讯问笔录，户籍登记表，证人洪某龙、刘某权、钟某瑞等人的证言，邝某某等人的供述等。

原审法院认为，邝某某、骆某鸿、谢某光、潘某钦、钟某华、潘某东违反矿产资源法的规定，在未取得采矿许可证的情况下擅自采矿，造成矿产资源破坏，情节特别严重，其行为构成非法采矿罪，公诉机关指控的罪名成立，予以支持。本罪依法应处 3 年以上 7 年以下有期徒刑，并处罚金。鉴于邝某某、骆某鸿、谢某光、潘某钦、潘某东具有规劝他人投案的立功情节，依法可以从轻或减轻处罚。邝某某、骆某鸿、谢某光、潘某钦、钟某华、潘某东认罪态度较好，具有悔罪表现，并且潘某东有提前退出行为，依法可以从轻处罚。依法作出一审判决：①邝某某犯非法采矿罪，判处有期徒刑 2 年 2 个月，并处罚金人民币 150 000 元。②骆某鸿犯非法采矿罪，判处有期徒刑 2 年 2 个月，并处罚金人民币 150 000 元。③谢某光犯非法采矿罪，判处有期徒刑 2 年 2 个月，并处罚金人民币 150 000 元。④潘某钦犯非法采矿罪，判处有期徒刑 2 年 2 个月，并处罚金人民币 150 000 元。⑤钟某华犯非法采矿罪，判处有期徒刑 3 年，并处罚金人民币 150 000 元。⑥潘某东犯非法采矿罪，判处有期徒刑 1 年 9 个月，并处罚金人民币 100 000 元。

该县人民检察院对上述判决提起抗诉，认为邝某某、骆某鸿、谢某光、潘某钦在羁押期间书写规劝信，通过辩护人曾某达、陈某智、黎某祥、陈某文从看守所传递给邝某某等人的亲属或朋友，然后再转交给被规劝的犯罪嫌疑人的行为违反了《看守所管理条例》的有关规定，其规劝行为存在违法性，证据来源不合法，一审判决以来源不合法的证据认定邝某某、骆某鸿、谢某光、潘某钦具有立功情节，属于适用法律错误。

上级人民检察院支持该县人民检察院的抗诉，认为一审判决认定原审邝某某、骆某鸿、谢某光、潘某钦在羁押期间以书信的方法规劝他人投案，具有立功情节，属于适用法律错误，理由如下：①根据《看守所管理条例》第 34 条规定，人犯与其居住境内的近亲属通信，须经办案机关同意。原审邝某某、谢某光、潘某钦在羁押期间，未通过看守所和办案机关的许可同意，通过律师将规劝信转递给其亲友，再由其亲友转交给被规劝人，其行为违反了《看守所条例》的规定，该证据来源不合法。②虽然原审邝某某、谢某光、潘某钦将想规劝他人投案的想法向看守所民警报告过，但在交给律师规劝信时并未向监管民警报告，未得到监管机关批准，看守所也出具了没有收到规劝信件的证明。③立功必须是犯罪分子本人实施的行为，而本案中拿着规劝信对犯罪嫌疑人劝导的是原审邝某某、骆某鸿、谢某光、潘某钦的亲友，对规劝犯罪嫌疑人自首起实际作用的不是原审本人。各被告人不服，也提起了上诉。

二审法院认为，邝某某、骆某鸿、谢某光、潘某钦均以写规劝信的方式分别规劝了赵某盛、刘某峰、林某泉、沈某到公安机关投案自首，并有某县公安局出具的犯罪嫌疑人赵某盛、刘某峰、林某泉、沈某归案情况说明予以证实。赵某盛、刘某峰、林某泉、沈某均在公安机关的讯问笔录中供述投案自首系因接到了规劝信后决定的。赵某盛、刘某峰、沈某被某县人民法院以故意伤害罪分别判处刑罚，林某泉已被某县人民检察院起诉至某县人民法院。邝某某、骆某鸿、谢某光、潘某钦对被规劝人的身份信息、家庭信息、犯罪事实、工作等情况的描述与事实相符，各被规劝人实施的犯罪行为均是在邝某某、骆某鸿、谢某光、潘某钦被刑事拘留前实施的，谢某光当庭依法辨认出了被其规劝投案的林某泉。邝某某、骆某鸿、谢某光、潘某钦均已将想写规劝信规劝犯罪嫌疑人的想法向看守所管教民警报告，并有某县看守所出具的谈话教育笔录予以证实，其中骆某鸿的规劝信系由某县看守所民警陈某民转交给骆某鸿的一审辩护人。《刑事诉讼法》第 37 条规定，辩护律师可以同在押的犯罪嫌疑人、会见和通信；《看守所条例》第 32 条规定，人民检察院已经决定提起公诉的案件，被羁押的人犯在接到起诉书副本后，可以与本人委托的辩护人或者由人民法院指定的辩护人会见、通信。综上，邝某某、骆某鸿、谢某光、潘某钦以写规劝信的方式分别规劝了赵某盛、刘某峰、林某泉、沈某投案自首，各被规劝人的犯罪行为已被查证属实，并无证据证实邝某某、骆某鸿、谢某光、潘某钦通过非法手段获取他人犯罪线索，各上诉人的行为对司法机关抓捕犯罪嫌疑人有实质性的作用，依法应当认定为立功。

二、本案的法律问题思考

（一）刑法中"立功"的概念和价值是什么？

所谓"立功"，是指犯罪分子在到案后至判决确定前的期间，具有揭发他人犯罪行为并经查证属实，或者提供重要线索，从而使其他案件得以侦破等有利于国家和社会的行为。

由于立功不仅在客观上有利于国家和社会，而且是犯罪分子主动实施的，体现出犯罪分子具有一定的认罪或悔罪态度，其人身危险性已经在一定程度上得到减弱，所以，我国刑法在坚持罪责刑相适应原则的前提下，充分考虑刑罚个别化的原则，设置了立功制度，并将其规定为从宽处罚的情节。设立立功制度的重要价值在于：有助于鼓励犯罪分子主动实施有利于国家和社会的行为，将功补罪；对司法机关迅速侦破和处理刑事案件，提高司法效率有相当重要的作用；通过对犯罪分子的从宽处罚，有助于强化犯罪分子已有的认罪或悔罪态度，从而有助于预防犯罪的刑罚目的实现。

（二）刑法中的立功制度是如何演进的？

1979 年《刑法》没有对立功作出独立和完整的规定，只是间接涉及立功的内容，1979 年《刑法》第 63 条规定："犯罪以后自首的，可以从轻处罚。其中，犯罪较轻的，可以减轻或者免除处罚；犯罪较重的，如果有立功表现，也可以减轻或者免除处罚。"立功的规定依附于自首制度之中，是作为犯罪较重的人自首以后，要得到减轻或者免除处罚的附加条件。虽然 1979 年《刑法》没有专门规定立功制度，但是立功是司法实践中比较常见的情况，立功行为无疑有利于司法机关侦破案件，节约司法资源，对于立功的犯罪分子给予从宽的处理，符合刑事政策的精神。同时，由于法律对于立功没有进一步的具体规定，司法实践中对何为立功及对有立功情节的犯罪分子如何处罚等一系列问题，难免在认识上产生争议。

为解决这些问题，1984 年最高人民法院、最高人民检察院、公安部发布的《关于当前处理自首和有关问题具体应用法律的解答》第 4 条"如何看待立功"规定："立功通常是指犯罪分子揭发检举其他犯罪分子的重大罪行得到证实的，或者提供重要线索、证据，从而得以侦破其他重大案件的，或者协助司法机关缉捕其他罪犯的。检举揭发其他犯罪分子较多的一般罪行，或者犯罪线索，经查属实的，也应视为立功表现。"上述规定总结司法实践经验，对于立功制度的逐步建立和完善具有积极作用。

1990 年 12 月 28 日第七届全国人民代表大会常务委员会第十七次会议通过的《关于禁毒的决定》（已失效）第 14 条规定："犯本决定规定之罪，有检举、揭发其他毒品犯罪立功表现的，可以从轻、减轻处罚或者免除处罚。"1993 年 2 月 22 日第七届全国人民代表大会常务委员会第三十次会议通过的《国家安全法》第 24 条规定："犯间谍罪自首或者有立功表现的，可以从轻、减轻或者免除处罚；有重大立功表现的，给予奖励。"实践证明，对于犯罪分子虽没有自首情形，但有立功表现的，也是有必要从轻、减轻或免除处罚。上述规定，为立功制度的建立和完善奠定了实践基础。

1997 年修订《刑法》时，在总结多年司法实践经验的基础上，为鼓励犯罪行为人主动检举揭发他人犯罪事实，协助司法机关办理案件，改过自新，将功补罪，建立了立功制度。在刑法中对什么是立功、立功的表现形式以及如何处罚作出了明确的规定，便于司法机关具体操作。同时，对一般立功表现和重大立功表现规定了不同的处罚原则，这样规定，不仅有利于鼓励犯罪行为人立大功，争取更宽大的处理，也有利于更有力地打击各类犯罪。

2011 年《刑法修正案（八）》对本条作了修改。1997 年《刑法》第 68 条第 2 款规定："犯罪后自首又有重大立功表现的，应当减轻或者免除处罚。"这一规定的目的是鼓励犯罪分子积极自首、争立大功，从贯彻宽严相济刑事政策的角度来看是正确的，在实践中本款的规定也确实发挥了鼓励自首、立功和有效打击各类犯罪的作用。但是，这一规定在司法实践执行中也出现了一些问题，主要是这一规定过于刚性，即只要有自首并且重大立功的情节的，就必须依法给予减轻或者免除处罚的宽大处理，这不利于在一些情节极其严重的案件中做到罪责刑相适应。比如，刑法中有部分犯罪的最高一档法定刑规定为"处十年以上有期徒刑或者无期徒刑""处十年以上有期徒刑、无期徒刑或者死刑"，对于有些案件中，犯罪行为人虽然有自首和重大立功情节，但是从其犯罪事实、性质、情节和社会危害性来看，予以从轻处罚更为适当，予以减轻处罚则过于宽缓，明显罚不当罪，不符合罪责刑相适应的原则要求。这种情况下，由于其具有应当减轻处罚情节，原本判处死刑或者无期徒刑较为适当的，只能减轻处罚之后判处 10 年以下有期徒刑，使得判决偏离了罪责刑相适应的基本原则，特别是在共同犯罪案件中出现同一案件中不同犯罪行为人刑罚过于悬殊的现象。有的地方反映，在共同杀人案件中，同为杀人主犯的数人中有人自首并有带领司法机关抓捕同案犯的重大立功情节，在其他主犯被判处死刑或者无期徒刑的情况下，具备自首又有重大立功情节的主犯只被判处 9 年有期徒刑，与其他主犯的刑罚相比太轻。有鉴于此，《刑法修正案（八）》在广泛征求意见的基础上，经慎重研究，删去原条文第 2 款的规定。在《刑法修正案（八）》起草和审议过程中，也有意见建议保留原规定并作适当修改，以利于鼓励立大功、分化、瓦解犯罪分子，从而节省司法资源。经研究，《刑法》第 67 条和第 68 条第 1 款已经对自首和立功的从轻处罚作出了相应的规定，《刑法》第 67 条第 1 款规定，"对于自首的犯罪分子，可以从轻或者减轻处罚。其中，犯罪较轻的，可以免除处罚"，第 68 条第 1 款规定，犯罪分子有立功表现的，"可以从轻或者减轻处罚；有重大立功表现的，可以减轻或者免除处罚"，以上两条的规定，足以满足处理不同情形案件的需要，发挥鼓励自首、立功和分化犯罪分子、打击犯罪的作用，因此，删去《刑法》第 68 条第 2 款的规定不会影响对自首、立功犯罪分子的从轻处理。

（三）刑法中的立功有哪些种类？

根据《刑法》第 68 条的规定，立功分为一般立功和重大立功两种类型。需要注意的是，刑法中的立功实际上并不限于《刑法》第 68 条规定的立功。第 68 条规定的立功是影响刑罚裁量的重要情节。除此之外，还有犯罪分子在刑罚执行过程中实施的立功行为，如《刑法》第 78 条规定的作为减刑重要条件的立功，这种情况的立功能够影响对犯罪分子的刑罚执行活动。因此，立功可以分为作为刑罚裁量情节的立功和作为刑罚执行情节的立功。但一般情况下，所谓的立功是指《刑法》第 68 条规定的作为刑罚裁量情节的立功，具体包括一般立功和重大立功。

（四）刑法中的一般立功有哪些成立条件？

根据《刑法》第 68 条和有关司法解释的规定，一般立功是指犯罪分子具有检举、揭发他人犯罪行为，经查证属实的；或者提供侦破其他案件的重要线索，经查证属实的；或者阻止他人犯罪活动的；或者协助司法机关抓捕其他犯罪嫌疑人；或者具有其他有利于国家和社会的突出表现。成立一般立功，须具备如下条件：

（1）立功者必须是犯罪分子，即只有犯罪分子具有有利于国家和社会的突出表现，才能成立作为刑罚裁量情节的立功。虽然《刑法》第 68 条将立功的主体规定为"犯罪分子"，但实际上应指犯有某种罪行的犯罪嫌疑人、被告人，不是已被判决确定有罪的罪犯。但这里的犯罪分子不能仅仅理解为到案以后的犯罪分子，而是成立犯罪后的犯罪分子，因为立功制度的立法初衷更多是出于功利的目的，基于立功在客观上有利于国家和社会利益，而且体现出犯罪分子的人身危险性已经在一定程度上得到减弱。因此，即使行为人犯罪以后，并没有被立案侦查，但其主动实施的立功行为也应认定为《刑法》第 68 条规定的立功，将其作为影响刑罚裁量的情节，也有利于鼓励犯罪分子更早实施立功行为。但是，此时立功者被指控的行为尚未被人民法院判决确定有罪，当然也没有确定是否对其判处刑罚以及判处什么样的刑罚，因而在这种情况下，立功者在诉讼过程中的身份就只能是犯罪嫌疑人或者被告人，而不是罪犯，否则就不是《刑法》第 78 条规定的作为减刑条件的立功。

（2）立功行为必须在犯罪分子构成犯罪后至判决确定前的期间内实行。这主要是基于区分作为刑罚裁量情节的立功和作为刑罚执行情节的立功进行区分的考虑。所谓犯罪分子构成犯罪，是指犯罪分子实施的犯罪行为已达到了入罪标准，包括犯罪既遂或其他犯罪停止形态。所谓判决确定前，是指犯罪分子实施的行为被人民法院作出的生效判决确定有罪之前。

（3）犯罪分子必须具有有利于国家和社会的突出表现。至于何谓有利于国家和社会的突出表现，有关司法解释根据《刑法》第 68 条的规定并结合司法实践经验，将其规定为犯罪分子到案后检举、揭发他人犯罪行为，包括共同犯罪案件中的犯罪分子揭发同案犯共同犯罪以外的其他犯罪，经查证属实；提供侦破其他案件的重要线索，经查证属实；阻止他人犯罪活动；协助司法机关抓捕其他犯罪嫌疑人（包括同案犯）；具有其他有利于国家和社会的突出表现。

（五）哪些非法获取的立功线索不能认定为立功？

实践中曾经出现犯罪分子的亲友将其获悉的他人犯罪线索非法转告犯罪分子，使其据此立功的情况。对此，若认定为立功的话，与刑罚设立立功制度的宗旨显然相悖。因此，最高人民法院《关于处理自首和立功若干具体问题的意见》明确规定：犯罪分子通过贿买、暴力、胁迫等非法手段，或者被羁押后在与律师、亲友会见过程中违反监管规定，获取他人犯罪线索并"检举揭发"的，不能认定为有立功表现。犯罪分子将本人在查办犯罪职务的活动中掌握的，或者从负有查办犯罪、监管职责的国家工作人员处获取的他人犯罪线索予以检举揭发的，不能认定为有立功表现。犯罪分子亲友为使犯罪分子"立功"，向司法机关提供他人犯罪线索、协助抓捕犯罪嫌疑人的，不能认定为犯罪分子有立功表现。

（六）写规劝信让人自首能否认定为立功？

虽然刑法和相关司法解释中均没有写信规劝他人自首的行为是否属于立功，但根据现有的立功情形，轻重相举，应当将写信规劝他人自首的行为认定为立功。

如前所述，现有的立功情形为：犯罪分子到案后检举、揭发他人犯罪行为，包括共同犯罪案件中的犯罪分子揭发同案犯共同犯罪以外的其他犯罪，经查证属实；提供侦破其他案件的重要线索，经查证属实；阻止他人犯罪活动；协助司法机关抓捕其他犯罪嫌疑人（包括同案犯）；具有其他有利于国家和社会的突出表现等情形。与"写信规劝他人自首的行为"最近似的立功情形是"协助司法机关抓捕其他犯罪嫌疑人"，仅仅提供协助司法机关抓捕犯罪嫌疑人，就成立立功，"写信规劝他人自首的行为"不需要司法机关的抓捕行为，自动投案直接实现司法资源的零付出，并且到案的人还如实供述，体现其悔罪态度，降低其人身危险性，有利于后续的刑罚改造，利用认定为立功的情形。

（七）本案中邝某某等人未经看守所检查就传递信件规劝他人自首能否认定为立功？

本案中邝某某等人写信规劝犯罪嫌疑人赵某盛等人投案自首，为办案机关抓获犯罪嫌疑人节约了司法资源，具有社会价值，符合立功制度设立的初衷，应当认定邝某某等人具有立功情节。

1. 邝某某的立功线索来源合法

邝某某是在被羁押之前知晓了赵某盛的犯罪事实，没有证据证明邝某某通过贿买、暴力、胁迫等非法手段，或者被羁押后与律师、亲友会见过程中违反监管规定获取赵某盛的犯罪事实。因此，邝某某羁押前获取的立功线索来源合法。

2. 规劝信无碍诉讼活动的进行，并未实质违规

抗诉意见认为，邝某某未经看守所和办案机关许可同意，由其辩护人将规劝信传递给赵某盛违反了1990年《看守所条例》。该抗诉意见错误地理解了《看守所条例》第31条之规定，该条虽规定："看守所接受办案机关的委托，对人犯发收的信件可以进行检查。如果发现有碍侦查、起诉、审判的，可以扣留、并移送办案机关处理。"但本案邝某某的信件内容为规劝赵某盛投案自首，根本无碍本案的侦查、起诉、审判活动，故从实质上考察，该信件也不在被扣留、移送信件之列，并未违背该条规定的目的。

《看守所条例》第32条还明确规定："人民检察院已经决定提起公诉的案件，被羁押的人犯在接到起诉书副本后，可以与本人委托的辩护人或者由人民法院指定的辩护人会见、通信。"虽然该条规定的通信时间是接到起诉书副本以后，但该条例是1990年3月17日中华人民共和国国务院令第52号发布的行政法规，根据案发时有效的第十一届全国人民代表大会第五次会议2012年3月14日修订的《刑事诉讼法》第37条之规定："辩护律师可以同在押的犯罪嫌疑人、被告人会见和通信。……辩护律师会见犯罪嫌疑人、被告人时不被监听。……"无论是从法律的效力位阶，还是从制定的具体时间考察，二者不一致时都应适用后者的相关内容；即邝某某的辩护人有权与邝某某通信，辩护律师与邝某某的通信内容不在被看守所或办案机关检查之列。

案发时有效的 2012 年《刑事诉讼法》第 46 条还规定："辩护律师对在执业活动中知悉的委托人的有关情况和信息，有权予以保密。但是，辩护律师在执业活动中知悉委托人或者其他人，准备或者正在实施危害国家安全、公共安全以及严重危害他人人身安全的犯罪的，应当及时告知司法机关。"邝某某的规劝信与辩护律师应当告知司法机关的事项无关，辩护律师有权对此予以保密，有权不将信件内容告知司法机关。因此，不能以看守所和办案机关没有检查该信件就认为立功证据来源非法。

3. 辩护人有义务转交规劝自首信件

被羁押的犯罪嫌疑人有权检举揭发他人犯罪事实，也有权协助司法机关抓获犯罪嫌疑人，故写信规劝他们投案自首是被羁押的犯罪嫌疑人的权利之一。而根据案发时有效的《刑事诉讼法》第 35 条之规定，辩护人的责任是根据事实和法律，提出犯罪嫌疑人、被告人无罪、罪轻或者减轻、免除其刑事责任的材料和意见，维护犯罪嫌疑人、被告人的诉讼权利和其他合法权益。据此，辩护人有义务代为转交被羁押犯罪嫌疑人的规劝自首信件。

根据邝某某的陈述，他在羁押期间曾多次委托看守所转交规劝自首信，但都被拒绝，不愿帮忙寄送邝某某的规劝信件。在万般无奈的情况下，邝某某才委托原辩护人转交规劝自首信。事实上，原辩护人也正是基于法律规定和自己的职业道德才转交了邝某某的规劝自首信件，该行为合情合理合法，并非违规传递信件。

4. 邝某某的规劝信促使犯罪嫌疑人赵某盛投案自首

犯罪嫌疑人赵某盛 2013 年 12 月 30 日持邝某某的规劝信到公安机关投案自首，邝某某的行为在客观上起到了促使犯罪嫌疑人赵某盛"归案"的立功效果。最高人民法院、最高人民检察院发布的《关于办理职务犯罪案件认定自首、立功等量刑情节若干问题的意见》第 2 条第 2 款规定："据以立功的线索或者协助行为对于侦破案件或者抓捕犯罪嫌疑人要有实际作用。"虽然规劝赵某盛归案的信件系邝某某的家属转交，但促使赵某盛归案的，不是邝某某家属的规劝，而是信件的内容促使其自动到案。

5. 邝某某的规劝自首行为符合立功制度的宗旨

刑法设置立功制度的目的，就是鼓励犯罪分子揭发他人罪行或者协助抓捕其他犯罪嫌疑人，以节约司法资源、有效打击犯罪。前述最高人民法院《关于处理自首和立功若干具体问题的意见》已经把协助司法机关抓捕其他犯罪嫌疑人的四种行为认定为立功表现，即只要已经促使其他犯罪嫌疑人"归案"，就应认定为立功。写信规劝犯罪嫌疑人投案自首更能达到打击犯罪的目的，且无需司法机关进行抓捕，最大程度地节约了司法成本。同时，规劝其他犯罪嫌疑人自首，对被规劝的犯罪嫌疑人而言，也获得了争取自首的机会，有利于该犯罪嫌疑人的改过自新、重新做人，有利于实现刑罚预防犯罪的目的，最大程度地缓和社会矛盾。

至此，此类规劝犯罪嫌疑人自首的情形是最好的"归案"方式，完全符合立功制度的宗旨，理应认定为立功，在量刑时还应予以更大程度地从轻、减轻处罚。

三、主要参考文献

1. 黄永主编：《中华人民共和国刑法立法背景与条文解读》，中国法制出版社 2021 年版。

2. 《刑法学》编写组编：《刑法学》，高等教育出版社 2019 年版。

3. 最高人民法院刑事审判第一庭编著：《最高人民法院自首、立功司法解释：案例指导与理解适用》，法律出版社 2012 年版。

4. 高锋志：《自首与立功制度及司法适用》，中国人民公安大学出版社 2012 年版。

5. 田立文：《立功制度研究》，中国人民公安大学出版社 2014 年版。

6. 郭世杰："立功认定若干疑难问题探讨"，载《法律适用》2018 年第 11 期。

7. 黄友根、罗德昌："加强立功线索的合法性审查"，载《人民检察》2017 年第 21 期。

第三节　刑法的追诉时效：陈某强受贿案

一、案例简介[1]

2005 年 3 月至 2008 年 10 月期间，陈某强担任福清市城市管理局某执法

---

[1]　参见［2015］融刑初字第 868 号一审刑事判决书、［2015］榕刑终字第 1304 号二审刑事裁定书、［2016］闽刑申 107 号再审决定书和［2017］闽 01 刑再 5 号再审刑事判决书。

队队长,负责开展辖区范围内违章建设的巡查和制止工作。2006 年下半年,陈某强收受抢建户林某 1 通过音西街道音西村林中党支部书记林某 2 的送款人民币 10 000 元。2007 年 9 月份,陈某强收受抢建户欧某的送款人民币 20 000元。之后陈某强在巡查制止辖区内违章建设时,利用职务上的便利,对上述抢建户予以关照和支持,最终使得上述抢建户能够顺利抢建房屋。2015 年 5 月 19 日,陈某强向福清市人民检察院投案,并如实供述上述犯罪事实。2015 年 5 月 20 日,陈某强向福清市人民检察院退出赃款人民币 30 000 元。

一审认定上述事实的证据有:证人林某 1、林某 2、欧某的证言,任职证明,福清市人民检察院扣押财物清单、接收赃款赃物四联单,调查评估意见书,现场照片,户籍证明,到案经过等。陈某强在庭审中对上述犯罪事实亦供认不讳。

一审认为,陈某强身为国家工作人员,利用职务上的便利,二次非法收受他人钱款共计人民币 3 万元,为他人谋取利益,其行为已构成受贿罪。陈某强具有投案自首情节,认罪态度较好,退出赃款,依法可予以从轻处罚。根据陈某强的犯罪情节及悔罪表现,对其宣告缓刑不致再危害社会,依法对其适用缓刑。据此,2015 年 9 月 1 日作出 [2015] 融刑初字第 868 号刑事判决:(1)陈某强犯受贿罪,判处有期徒刑 1 年 6 个月,缓刑 2 年。(2)未随案移送的退赃款人民币 30 000 元,予以没收,上缴国库。

2015 年 8 月 29 日,第十二届全国人大常委会十六次会议表决通过《刑法修正案(九)》,自 2015 年 11 月 1 日起开始施行。陈某强及其辩护人认为本案已超过追诉期限,不应再追究刑事责任,同时认为受贿金额 30 000 元,具有投案自首情节,积极退赃,未造成实际损失,原判量刑过重,遂提起上诉。

福建省福州市中级人民法院受理该案后经审理查明:原判认定陈某强受贿的事实清楚,有证人证言、供述等相关的证据为证,且以上证据均经原审庭审质证,证据来源合法,证据间能相互印证,予以确认。该院二审认为:陈某强具有投案自首情节,具有悔罪表现,积极退赃,依法予以从轻处罚,原判根据其犯罪情节及悔罪表现,依法对其适用缓刑。关于陈某强及其辩护人提出本案已超过追诉期限,不应再追究刑事责任的诉辩理由,经查,陈某强受贿金额 30 000 元,侦查机关立案时法定最高刑为有期徒刑 7 年,追诉期限为 10 年,侦查机关立案时并未超过追诉期限,陈某强及其辩护人的该项诉辩理由不予采纳。关于陈某强及其辩护人提出其受贿金额 30 000 元,具有投案自首情节，积极退赃，未造成实际损失，原判量刑过重的上诉理由，经查，原判对上述情节已作认定，并依法对其从轻处罚并适用缓刑，二审不再重复考虑。据此，该院于 2015 年 12 月 1 日作出〔2015〕榕刑终字第 1304 号刑事裁定，驳回上诉，维持原判。

陈某强对二审裁定仍然不服，向福建省高级人民法院提出申诉。陈某强申诉认为：二审期间，《刑法修正案（九）》已生效。二审认定的受贿情节为 30 000 元，属于修正后的《刑法》第 383 条第 1 款第 1 项的规定，追诉时效为 5 年，陈某强受贿犯罪已超过 5 年。本案应适用修正后的《刑法》的规定，认定本案已经超过法律规定的追究刑事责任的时效，不再追究刑事责任。请求依法改判。

陈某强申诉案的辩护人认为：①陈某强在本案中有自首情节，依法应减轻或免予刑事处罚；②陈某强归案后已退出全部赃款 30 000 元，依法可以酌情从轻处罚。③二审期间，《刑法修正案（九）》已生效。根据修改后的《刑法》第 383 条的规定，陈某强受贿金额仅 30 000 元，刚刚达到定罪起刑点，对陈某强判处有期徒刑 1 年 6 个月，缓刑 2 年，显属畸重。二审不考虑《刑法修正案（九）》的规定，对陈某强驳回上诉，维持原判，显然量刑不当且有悖公平。请求改判陈某强免予刑事处罚。

福建省高级人民法院于 2017 年 6 月 6 日作出〔2016〕闽刑申 107 号再审决定，指令福建省福州市中级人民法院再审该案。福建省福州市中级人民法院依法另行组成合议庭，于 2017 年 10 月 11 日公开开庭审理了本案。再审时出庭检察员意见为：①追诉时效的认定应当以立案侦查时的法律规定为依据，本案未过追诉时效。追诉时效是依照法律规定对犯罪分子追究刑事责任的期限。2017 年 2 月 13 日最高人民法院《关于林某 4 受贿请示一案的答复》（〔2016〕最高法刑他 5934 号）明确规定："对于法院正在审理的贪污贿赂案件，应当依据司法机关立案侦查时的法律规定认定追诉时效。依据立案侦查时的法律规定未过时效，且已经进入诉讼程序的案件，在新的法律规定生效后应当继续审理。"具体到本案，福清市人民检察院于 2015 年 5 月 19 日对原审陈某强受贿一案立案侦查，依据当时的法律，即 1997 年《刑法》的规定，受贿人民币 30 000 元的法定最高刑为有期徒刑 7 年，追诉时效为 10 年，本案未超过追诉时效。①原二审法院未适用已经生效施行的现行刑法条文，直接裁定"驳回上诉，维持原判"，该二审裁定适用法律错误。本案原审陈某强的受贿行为发生在《刑法修正案（九）》之前，但至二审期间《刑法修正案（九）》生效施行，根据刑法溯及力的"从旧兼从轻"原则，本案应当适用处刑较轻的法律。根据1997年12月31日最高人民法院《关于适用刑法第十二条几个问题的解释》第1条的规定：处刑较轻，"是指刑法对某种犯罪规定的刑罚即法定刑比修订前刑法轻"。故原二审法院应当适用处刑较轻的现行刑法的规定进行裁判。原二审法院未予适用，直接裁定"驳回上诉，维持原判"，该二审裁定适用法律确有错误。综上所述，本案未过追诉时效，但原二审法院未适用已经生效施行的现行刑法条文，直接裁定"驳回上诉，维持原判"，该二审裁定适用法律错误，应依法纠正，并对原审陈某强依法判决。

再审法院查明，原审认定陈某强受贿的事实清楚，由证人证言、供述等相关的证据为证，且以上证据均经原审庭审质证，证据来源合法，证据间能相互印证，予以确认。再审法院认为：原审陈某强的行为已构成受贿罪，原二审未适用已经生效施行的现行刑法条文，导致对陈某强量刑不当，且有悖公平，属适用法律错误，予以纠正。陈某强受贿一案立案侦查时并未超过追诉期限，对此项诉辩理由不予采纳。该院判决：①撤销［2015］榕刑终字第1304号刑事裁定及［2015］融刑初字第868号刑事判决第一项（即：陈某强犯受贿罪，判处有期徒刑1年6个月，缓刑2年）；②维持福建省福清市人民法院［2015］融刑初字第868号刑事判决第二项（即：未随案移送的退赃款人民币30 000元，予以没收，上缴国库）；③原审陈某强犯受贿罪，免予刑事处罚。

二、本案的法律问题思考

（一）追诉时效的价值何在？

1. 追诉时效的概念

追诉时效，是指刑法规定的、对犯罪人追究刑事责任的有效期限。在追诉时效内，司法机关应当追究犯罪人的刑事责任，超过追诉时效，司法机关一般就不再追究其刑事责任，除非法律另有特别规定。各国刑法一般都规定了追诉时效，我国刑法也规定了追诉时效。另外，有的国家还规定行刑时效，即判处的刑罚因故未能在法定期限内执行的，不再执行。

2. 追诉时效的价值

对于追诉时效制度的立法价值，理论界有着不同的看法。德国普通法上的改善推测说，指的是如果行为人在犯罪以后相当长时间都无再次实施犯罪，可以推定该行为人此时已经得到了改善，不必再追究其刑事责任。而法国在19世纪采取的则是两种观点，即准受刑说和证据消灭说。准受刑说就认为，行为人在犯罪以后，尽管还没有被法律追究责任，但是其长期为了逃避而处于恐惧当中，这种痛苦与实际执行刑罚并没有太多的区别，因此可以认为犯罪人已经执行了刑罚。证据消灭说则认为，能证明犯罪的证据因时间的流逝而难以收集，无法完成合理处置该案件的目的。日本的学者则采取了尊重事实状态说和规范感情缓和说等学说。尊重事实状态说，是指行为人没有被追诉这样一种状态在经过很长一段时间以后，在事实上已然形成了一个稳定的社会秩序，假使对犯罪再进行追诉或者执行刑罚会改变这种已然的存续状态，这样还会破坏社会秩序，使刑法目的无法达到。因此，为了使这种在现实社会中已然形成的稳定秩序得到尊重，进而设置了追诉时效制度。规范感情缓和说，是指因为时间的流逝，对犯罪的规范感情有了一定的缓和，对行为人再给予惩罚已无现实必要。

但是，上述理论都没有直接清楚地阐述对追诉权的行使为何要进行时间上的限制的理论依据，而仅仅是指出了设置该制度的合理性。有学者就主张，追诉时效的实质是在时间上督促追诉权人在法定期限内行使其权利。因此，追诉时效的理论基础必然包含这种时间限制的必要性。其必要性体现于：其一，刑法制定和实施的目的之一是通过该法来制止犯罪以维持社会秩序。行为人的犯罪行为会给本来稳定的社会秩序造成一定的冲击和破坏，为了维护社会稳定的秩序，打击犯罪，保障被害人的利益，刑法需要赋予相关权利人以追诉权，对行为人展开追诉，对行为人适用适当的刑罚。但是，若犯罪以后在相当长的一段时间内，追诉权人都没有对行为人进行追诉，行为人一直未能被追究刑事责任，这种状态一直延续下去，一个相对稳定有序的社会秩序在事实上已经形成了，也就是说被破坏的社会秩序又重新回到了一种稳定的形态。其二，犯罪人也在逐步融入一个新的社会秩序当中，成为其中的一员，如果在这种时候再追诉该犯罪人，在客观上势必会破坏这种新的稳定秩序。所以，追诉权务必要在法定期限内由法律赋予的权利人行使，倘若超期行使该权利则非但不能达到维持社会稳定秩序的刑法目的，还会对本已重新稳定的社会秩序造成二次危害。其三，若追诉权人未在法定期限内对行为人进行追诉，而是在行为发生后相当长一段时间才来追诉，则各种犯罪证据都将会因为时间的过往而消失，犯罪的痕迹和线索将很难被发现，证人也很难被找到，即使能够找到证人，经过时间的流转，证人是否能对犯罪现场所发生的一切表述清楚、其记忆是否还依然清晰如昨将会是个大大的疑问，其证言的可信度也会很大程度降低。此时，如果再对行为人进行追诉，则很有可能会出现冤假错案，会损害行为人的合法权利，从另一方面而言，这对追诉权人也会是一个很沉重的责任包袱。

（二）刑法中追诉时效的法律属性是什么？

1. 追诉时效的程序属性

有人主张，追诉时效是程序方面的规定，因为该制度有的目的包括限制国家侦查权和起诉权和避免因不可靠的、失效的证据进行的审判，在这些目的当中，这也许会鼓励希望借助时效制度来逃脱刑事处罚的犯罪人。曲新久教授也认为，由于时效制度不包含在犯罪构成要件和刑罚效果等方面的内容之中，不会涉及刑事禁止和命令的具体内容，因此，该制度是属于程序方面的规定，影响的仅仅是司法机关追诉行为人相关刑事责任的时间范围。

我国《刑事诉讼法》第16条规定，犯罪已过追诉时效期限的，不追究刑事责任，已经追究的，应当撤销案件，或者不起诉，或者终止审理，或者宣告无罪。2021年最高人民法院《关于适用〈中华人民共和国刑事诉讼法〉的解释》第219条规定，人民法院对提起公诉的案件审查后，发现属于《刑事诉讼法》第16条第2项至第6项规定情形的，应当退回人民检察院；第295条也规定，对第一审公诉案件，人民法院审理后，发现犯罪已过追诉时效期限且不是必须追诉的，应当裁定终止审理；第320条则规定，对自诉案件，人民法院经审查发现犯罪已过追诉时效期限的，应当说服自诉人撤回起诉；自诉人不撤回起诉的，裁定不予受理。《人民检察院刑事诉讼规则》第591条还规定，人民检察院认为人民法院已经发生法律效力的判决、裁定违反法律关于追诉时效期限的规定的，应当按照审判监督程序向人民法院提出抗诉。

2. 追诉时效的实体属性

追诉时效制度通常情况下是规定在《刑法》当中，但也有例外，比如日本就是将其规定在《日本刑事诉讼法》。追诉时效制度到底是属于刑事实体法制度，还是刑事程序法制度？有人认为，确定追诉时效的溯及力必须正确区分追诉时效是实体法、还是诉讼法制度的问题。如果是实体法制度，则表示在一定时间经过以后，行为人将不承担刑事责任，其不再有犯罪的嫌疑，且其行为也不再具有可惩罚性，针对其所展开的刑事程序均由于缺少实质性的事由而终止，就可以针对被告人溯及既往。倘若它属于诉讼法制度，则是一种程序法，则该行为仍具有可罚性，时效届满仅仅是一种程序上的阻碍，因此，由于缺少前置条件致使追诉程序不允许启动或者继续进行，是不具有溯及力的。

3. 我国追诉时效兼具实体属性和程序属性

我国刑法明确规定追诉时效，旨在集中司法资源依法惩治犯罪、教育改造罪犯，维护社会的安定和稳定，故兼具实体属性和程序属性。

就其实体属性而言，对已经超过追诉时效规定期限的犯罪分子不再追究刑事责任，体现了我国惩罚与教育相结合的刑罚目的，有利于促使罪犯改过自新，重新回归社会。犯罪人在实施犯罪后，较长时间内没有再犯罪，说明其通过自我改造，已有改恶从善的表现，人身危险性已在一定程度上减弱，达到了适用刑罚所要达到的预防犯罪的目的，不致再危害社会，在这种情况下，追究其刑事责任就失去了实际意义。从社会关系修复角度看，一定时间以后被犯罪所侵害的社会关系趋于稳定，被害人的感情逐渐平息缓和，犯罪人形成了新的社会生活和社会关系，这种情况下，如果对符合条件的案件采取不再追诉的对策，可能更有利于化解社会矛盾，使已改过自新的罪犯放下包袱，安心生活和工作，促进社会和谐。如果在已经经过较长时间，追究必要性已经不大的情况下，仍严格予以追诉，反而可能再次引发社会矛盾，破坏已经恢复的社会平静，总体上并不一定有利于社会秩序安定。

就其程序属性而言，规定追诉时效有利于督促司法机关及时办理案件，自诉人在法定期限内及时提起自诉，防止案件无限期拖延。同时，陈年旧案往往证据损毁灭失，难以查清，给侦查、起诉和审判工作带来困难，对符合条件的案件，规定不再追诉，也有利于司法机关集中资源和精力办理当前案件，提高办案效率，有效地发挥司法机关的作用。因此，在刑事程序方面也有相关规定，在立案侦查、审查起诉、法院审理等阶段都应当考量追诉时效，不能仅仅在立案侦查时就当时的法律进行考量，如果在后续诉讼阶段因为新的法律规定导致超过了追诉时效，则会发生撤销案件、不起诉、退回人民检察院、撤回起诉、不予受理、终止审理、宣告无罪和提出抗诉等程序性后果。

（三）追诉时效的期限如何计算？

追诉时效具有溯及力，并不是无条件的，它适用的前提条件必须是追诉时效的期限依旧在进行当中，一个已经判决生效的案件不会因有利于被告人溯及力原则而发生任何的改变。所以，追诉时效要有溯及力必须是时效已经开始计算但还没有结束的情况下，而《刑法》第89条恰恰未明确追诉时效应当在何时停止计算，法条只对其起始时间进行了明确规定，即始于犯罪之日或犯罪行为终了之日。为了能更清晰地适用使有利被告人溯及既往原则，必须明确规定追诉时效的终止时间。

《刑法》第87条是以法定最高刑期作为确定追诉时效期限的一个依据。因此，每一个法定刑都有一个与之对应的追诉时效期间，法定刑越高则表明罪行越为严重，故其所对应的追诉期限也就越长。而侦查人员、检察官和法官在处理案件时都必须先在了解案件事实的基础上估量出一个大致的刑期，再根据这个刑期来计算相应的追诉时效。

1. 起算时间

（1）着手行为说。该观点主张，只要是刑法所禁止的一切行为，当该行为开始实施就可以计算追究行为人刑事责任的追诉时效。因为行为一旦实施，刑法即开始对该行为进行评判，而最终成立犯罪的具体时间不予考虑。因为从行为一旦着手实施之时，其社会危害性就能立即显现出来，因此，刑事追诉权应当赋予其具有溯及既往的效力，而且这种效力开始计算的时间应当就是从犯罪的社会危害性刚显现出来时的行为着手实施之时。但是，着手行为说没有得到学界的认同，其原因有三：

第一，从犯罪行为开始着手实施之时，就直接开始计算时效期间，会因为计算时间过早而导致追诉时效期间提前结束，甚至对继续犯可能出现追诉时效已过，其犯罪行为还尚未停止的情况，从而无法对行为人进行追诉。

第二，改善推测说是追诉时效制度重要的理论基石之一。它着眼于如果犯罪行为人在实施了某种犯罪行为以后经过了一定的期间，其没有再实施新的犯罪行为，则表明其社会危害性已然消失，也就没有必要再对其展开追诉。而如果犯罪行为还在继续，则自然证明行为人的人身危险性和社会危害性一直在持续。所以，行为实施说显然是与改善推测说的这一理论基础不相符的。

第三，犯罪行为只要还没有停止，就不能确定其犯罪结果，其中结果加重犯和转化型犯罪就是很好的例子。对犯罪行为的性质作出初步的认定只能在行为结束之时，而最终的量刑还需要结果等其他各方面的情节来确定。如果从行为着手实施时就开始计算时效期间，则必然会导致追诉时效的期间因为行为的不确定性或行为处于不同的阶段而不断地变化，给司法实践带来具体适用的困难。

（2）完成行为说。该观点认为，追诉时效期限始于犯罪实行行为已停止或者终结之时。行为停止说是行为实施说的修订版，它在一定程度上完善了实施说的不合理之处。一方面，犯罪行为在已经停止的情况下，完全可以被刑法所规范了，此时再开始计算时效期间，则有效地避免了实施说将追诉时效起算点过早提前所产生的时效提前经过的弊端。以行为停止之时来计算追诉时效，如果行为人在经过一定的时间后没有实施新的犯罪行为，则可以认定其再犯罪的可能性消失，人身危险性得到改善。但是，犯罪行为是否停止与犯罪成立与否没有天然的联系，完成行为说却在多数情况下违背了罪与刑的逻辑关系，如在过失犯罪和间接故意犯罪中，如果犯罪行为已经停止而危害结果还未出现，则依法不能够确定犯罪成立与否，也无法律依据来对其适用追诉时效制度。所以，由于行为停止说不能解决罪之成立与追诉权的逻辑关系，学界对该学说无法得到一致的认可。

（3）犯罪成立说。犯罪成立说的观点则提出，刑法不能对犯罪的其中一部分行为单独作出评价，因为犯罪行为本身应当被认定为一个整体来规范。只有当整体的犯罪行为全部停止，并处在一个相对静止的状态时，刑法才能开始评价这一犯罪行为的社会危害性程度大小和所侵害的具体的法益等内容。目前，我国刑法学界普遍支持追诉时效自犯罪成立之日起计算，因为犯罪行为只是犯罪构成要件的其中一个条件，而犯罪的危害性程度才应当是刑法设置追诉时效期限长短最重要的依据。行为人的犯罪行为从开始到结束，只有符合了犯罪构成的要件才能被依法认定为是犯罪。只有当犯罪成立以后，才有可能适用追诉时效制度对其展开刑事追诉程序追究其刑事责任。由于刑罚权产生时间的不稳定性，其既可能在行为结束之时产生，也可能在行为结束之前就已经产生了，所以犯罪行为结束与否，不会必然导致刑罚权的产生。因此，以犯罪成立之日作为追诉时效期间的起算时间是更为合理的选择。

犯罪成立说的最大作用就是满足了罪刑先后逻辑关系的要求，但逻辑并非判断制度是否合理和实用的唯一标准，应当根据不同的犯罪类型和形态进行区分。对行为犯而言，是实行行为完成之日进行起算；对结果犯而言，追诉期限自犯罪结果发生之日起算；犯罪行为有连续或者继续状态的，则从犯罪行为终了之日起计算。

2. 终止时间

（1）刑事立案说。该观点认为，追诉时效的期间止于刑事立案之时。有人认为，只要在犯罪追诉期限内侦查机关能立案侦查或者是法院能受理案件，就发生时效的延长，追诉时效则不再计算。刑事立案标志着刑事诉讼阶段的开始，需要初步审查自首、报案和控告等材料，以进一步查实犯罪事实并判断是否有追究行为人刑事责任的必要，从而决定该案件是不是需要进入侦查和审判的一项重要活动。公安检察机关决定立案侦查以后，就表明对行为人的追诉程序已经启动，该案需要查明有关行为人的犯罪事实并在此基础上对行为人作出相应的处理，此时停止对追诉时效的计算是合适的。如果在立案侦查之后，刑事案件还要受到追诉时效的限制，可以继续计算追诉时效，则有相当一部分疑难复杂犯罪在立案后因为诉讼阶段耗时较长（如两次退回补充侦查、延长时限等），往往会造成超过追诉时效而无法进行追究的结果。

因此，以刑事立案作为时效的终止时间有利于打击犯罪行为，因为犯罪一经刑事立案其追诉时效就停止计算，在刑事实体内容没有修改的情况下，就不会出现犯罪在立案后仍然超过追诉时效的现象，便于侦查机关有充分的时间查明案件事实，公诉机关也能在办案期限内对案件进行仔细地审查，防止因错误起诉损害犯罪行为人的合法权利。

（2）提起公诉说。该观点认为，追诉时效期间止于公诉机关提起公诉之时。在案件被提起公诉之前，追诉时效不因侦查机关的立案侦查行为而停止计算。原因在于，"追诉"，其实指的就是国家依法对犯罪行为人依法追究其刑事责任而启动的一次程序。而所谓的"追诉时效"则是对这次诉讼程序的一个有效期限，只有在时效的期限内，国家启动的诉讼程序才能有效，否则超过了这个期限，国家将不被允许去追究行为人的刑事责任了。故追诉时效止于提起公诉的时间更为妥当。例如，日本规定，时效是由于对某事件提起的公诉而停止的。

将提起公诉的时间作为时效的终止时间更有利于行为人权利的维护。原因是如果侦查机关在立案侦查时不停止计算追诉时效，那这在无形当中能够督促侦查机关尽快侦查完结，为行为人提供了一种期限利益，更能顺应当今世界对刑法轻缓化的历史潮流，比以立案侦查作为追诉时效终止时间的立法模式更能体现其立法价值。但该模式也并不是完美的，它会导致一些不良后果，一些重大复杂疑难案件，往往在短时间之内无法查清案件事实，没法提起诉讼，就会超过追诉时效，还有的公安、检察机关预见到自己无法在追诉时效期限内侦查终结并审查起诉，会故意不予立案侦查或不进行审查起诉，甚至故意利用追诉时效来人为控制案件进展程度，造成本应按时提起诉讼的案件无法进行追诉。

（3）生效判决说。该观点认为，追诉时效终止于法院审理终结之时。因为《刑法》第88条中的"受理"实质上和立案是同一个意思，即只要犯罪人在法院受理案件以后未逃避审判则不应当停止计算追诉时效，时效只有在生效判决作出之后才能停止计算。司法实务者也认为，刑事追诉不仅仅是指起诉，而且还涵盖了侦查和审判的整个过程。所以，只要在法院审判时追诉时效还没有经过，犯罪行为才可以被追诉。追诉时效的立法目的就是不予追究在犯罪后经过一段时间不再危害社会的犯罪分子。坚持这一规定，只要行为人不是在采取强制措施以后逃避侦查和审判的，追诉期限届满就应该予以解脱，有助于让犯罪分子改过自新，同时符合刑罚的目的。但生效判决说尽管有利于督促司法机关提高办案效率，但同样面临前述提起公诉说的困境，难以保证办案质量，甚至权力寻租。更为重要的是，法院作为审理案件的主体，以生效判决作出时作为追诉时效的终止时间，还会造成法院既是追诉时效的评价对象，又是追诉时效的审查者，也不利于司法公正的价值体现。

（四）追诉时效的溯及力原则及其具体的司法适用

1. 刑法的溯及力原则

刑法的溯及力，是指新的刑事法律生效后，对新的法律生效以前发生的未经审判或者判决未确定的行为是否适用的问题。如果适用，新的刑法就具有溯及力；如果不适用，新的刑法就不具有溯及力。在刑法的溯及力问题上，世界各国刑事立法选择的原则主要有如下四种：从旧原则、从新原则、从旧兼从轻原则和从新兼从轻原则。根据罪刑法定原则的要求，刑法在溯及力问题上应当采用从旧原则。但是，如果绝对采用从旧原则，那么对于新的法律不认为是犯罪的行为或者根据新的法律处罚较轻的行为，在定罪处罚时适用旧法就会对被告人十分不利，从而与罪刑法定原则保障人权的宗旨发生冲突。所以，对于从旧原则也应作适当修正，以更好地实现刑法保障人权的机能。现代各国在刑法的溯及力问题上大多采用从旧兼从轻原则。我国《刑法》第12条规定："中华人民共和国成立以后本法施行以前的行为，如果当时的法律不认为是犯罪的，适用当时的法律；如果当时的法律认为是犯罪的，依照本法总则第四章第八节的规定应当追诉的，按照当时的法律追究刑事责任，但是如果本法不认为是犯罪或者处刑较轻的，适用本法。本法施行以前，依照当时的法律已经作出的生效判决，继续有效。"根据该规定，我国刑法在溯及力问题上，采用从旧兼从轻原则。

2. 刑法溯及力原则的适用情形

具体而言，我国刑法溯及力原则的适用主要表现为以下四种情形：①行为时的法律不认为是犯罪，现在的法律认为是犯罪的，适用行为时的法律，不能根据新的法律的规定追究行为人的刑事责任；②行为时的法律认为是犯罪，新的法律也认为是犯罪，并且在追诉期内的，适用行为时的法律，但是新的法律对该行为规定的法定刑与旧的法律对该行为规定的法定刑相比较轻时，则适用新的法律的规定；③行为时的法律认为是犯罪，新的法律不认为是犯罪的，适用新的法律，不能根据行为时的法律的规定追究行为人的刑事责任；④新的法律生效以前，依照当时的法律已经作出的生效判决，继续有效，即从旧兼从轻原则不适用于以前已经作出的生效判决。

（五）追诉时效可否适用刑法的溯及力原则？

刑法溯及力是一个实践性命题，而不是一个单纯的理论性命题，它解决的是行为时法和裁判时法冲突时的法律适用问题。比如，追诉时效是以行为时为标准，抑或以行为持续过程中最终造成的结果发生时为标准。追诉时效意味着追诉期间及其计算方法，《刑法》第87条对追诉时效的延长、终结等作出了明文规定，如果存在司法急惰或法定刑变更的情况，则涉及追诉时效有无溯及力问题，容易引发争议。

如前所述，追诉时效既有程序法的属性，也有实体法的属性。在现有刑法总则中明确规定，新旧刑法的适用要遵从"从旧兼从轻"原则，这是新旧法律更迭中必须遵守的权利保障性原则。除此之外，还有专门针对法定刑轻重不同而设置的时效规定。就彼此之间的体系位置而言，"从旧兼从轻"原则位于《刑法》第12条，时效制度规定于第97条，上述两条款均位于刑法总则之中。刑法分则条款及其司法实践问题的解决都必须在总则内容之下进行展开，而不能与其抵触或背离，这也是世界各国刑法在实践操作中共同遵循的适用规则。"从旧兼从轻"原则是解决新旧法律或者条款更迭时的重要指导性原则，随着刑法修正案的不断出台及其生效实施，这一原则在案件处理中也已经得到普遍性的体现，并在理论与实践层面得以遵循。时效制度作为刑法法定刑变更之后的首要问题，自然应当全面适用"从旧兼从轻"原则。

（六）司法解释的追诉时效可否适用刑法的溯及力原则？

刑事司法解释的溯及力，指的是该解释对其生效前发生的而在其生效后还未审结的案件能否予以适用的问题。刑事司法解释是两高在全国人大常委会的授权下，依照一定的原则，就刑法在具体应用当中所产生的问题而作的一种直接阐释，进一步指明立法者的意图以及要求，以确保刑法得到准确的适用，对全国各级司法机关均有约束力。

最高人民法院、最高人民检察院在 2001 年颁布施行的《关于适用刑事司法解释时间效力问题的规定》是目前我国解决刑事司法解释溯及力问题最详细的规定：在新解释生效实施前所发生的行为，如果行为时没有相关的司法解释，而在新解释实施后又尚未处理终结的案件，适用新解释；在新的解释生效实施前所发生的行为，如果行为时已有相关的司法解释，适用行为时的解释，如果新解释更有利于行为人的，则适用新司法解释；在新的司法解释生效实施前已被生效判决确定的案件，依行为时法认定的事实以及适用的法律无误的，不予变更。

因此，刑法的司法解释作为刑法条文的解释性规定，对所解释的具体刑法条文颁布生效之前所发生的行为，该解释是不可能具有溯及力的。由于刑法司法解释本身就是对刑法相关条文所作的具体阐释，故司法解释的效力及于法律施行期间，此时的司法解释具有溯及力，似乎是从新的溯及力原则，涉嫌违反罪刑法定原则，但因为刑法条文并未改变，司法解释只是对原有条文含义的重申，不存在所谓的从新的溯及力原则。在对同一刑法规定存在两种不同的司法解释时，直接根据是否有利于被告人的原则，适用了从旧兼从轻的溯及力原则。

（七）如何评价最高人民法院《关于被告人林少钦受贿请示一案的答复》（［2016］最高法刑他 5934 号）？

2017 年 2 月 13 日最高人民法院《关于被告人林少钦受贿请示一案的答复》（［2016］最高法刑他 5934 号，本章以下简称《答复》）指出："追诉时效是依照法律规定对犯罪分子追究刑事责任的期限，在追诉时效期限内，司法机关应当依法追究犯罪分子刑事责任。对于法院正在审理的贪污贿赂案件，应当依据司法机关立案侦查时的法律规定认定追诉时效。依据立案侦查时的法律规定未过时效，且已经进入诉讼程序的案件，在新的法律规定生效后应当继续审理。"

据该答复，对于刑事立案之时尚在追诉期内，而因为后期立法修改了法定刑致使追诉时效短缩，根据新修订的法定刑已过追诉期的案件，只要根据立案侦查时的法律规定未超过追诉时效，即使在审判之前有新修订的法规生效而适用更轻的法定刑，也不应当以超过时效为由终止审理，更不能以此作出无罪判决。然而，诚如陈伟等学者指出的那样，该答复过于草率，存在诸多不当之处：

1. 以答复作为解释的形式不恰当

纵观 2007 年 3 月 23 日最高人民法院发布的《关于司法解释工作的规定》（法发〔2007〕12 号），其中第 6 条明确规定：司法解释的形式分为"解释""规定""批复"和"决定"四种。然而，就上述《答复》采用的形式种类来看，对法定刑变更后的时效问题，本次这一解释性文件并没有采用上述四种类型的任何一种。就法定刑变更后的时效问题，从司法解释的规范性视角来看，本应当归属于"解释"的范畴，而非采用属于四种类型之外的"答复"予以担当。即使从该时效问题的提出主体即福建省高级人民法院予以请示这个视角观之，在形式上其也符合《关于司法解释工作的规定》中提到的"对高级人民法院、解放军军事法院就审判工作中具体应用法律问题的请示制定的司法解释"的情形，那么，与之相对应的也应该采用"批复"而非"答复"的形式。

该《答复》的内容必然对审判机关后期审理此类案件提供重要依据，以此内容为参照并作出时效判断必然成为常态化的存在，因而《答复》带来的普遍适用性是毋庸置疑的。然而，这一必然对下级司法机关带来普遍约束力的文件，从严格意义上来说却连"解释"的形式要件都不具备，这恰恰从另一侧面凸显了《答复》出台背后的仓促草率，以及对该《答复》所含内容的隐晦不清，甚至对该《答复》效力能否普适到类似情形的"摇摆不定"。

2. 造成追诉时效的审查仅限于侦查阶段

追诉时效作为有无刑事惩罚权的启动可能，其第一要义是给侦查机关决定是否进行刑事立案提供重要参考。遵照《答复》的内容，认为"应当依据司法机关立案侦查时的法律规定认定追诉时效"，则实际上意味着，只要侦查阶段具有追诉时效，当刑事诉讼程序不断向前推进时，则无论在审查起诉还是审判阶段，无论刑事实体法律发生何种变化，都不能再对追诉时效问题带来任何实质性影响，时效问题的再行审查在程序上也完全没有必要。其理由是，既然侦查立案时并未超越追诉时效的期限，其他诉讼阶段自然不存在追诉时效问题，刑罚的变化只是法定刑层面的变化，与案件本身并无关系，与后期的时效问题也毫无瓜葛。问题在于，如果仅仅以立案之时作为诉讼程序中追诉时效审查的终期，则大大限制了时效设立的现实价值。就现有《答复》的内容来看，却明显把追诉时效问题仅仅限制在侦查阶段，致使在诉讼后期的程序环节无法综合性评判时效问题。

3. 时效制度与定罪量刑被人为割裂

追诉时效制度的实质是国家刑罚权的克制，是刑罚必定性对人类认识有限性的适度妥协，超过追诉时效，不能行使求刑权、量刑权及行刑权。然而，根据该《答复》的内容，只要立案侦查时的法律规定未过时效，当下案件已经进入审判程序的，即使有新的法律规定已经生效实施，即使原有的法定刑已经作出了轻缓化的调整，法院也不得因追诉时效而终止审理，而应当对案件"继续审理"。毫无疑问，追诉时效的问题是所有公权力介入都应当认真审查的事项，包括审理中的案件有没有超过追诉时效，应是修订后的刑事法律能否溯及既往进行适用的前置性条件。定罪与量刑活动是刑事追诉权的延伸，是存在刑事追诉权前提下的诉讼程序推进，绝不可能置追诉时效于不顾。现有《答复》中的"法院继续审理"就是在追诉与否存疑不定的前提下，撇开这个问题而单独进行后期的定罪与刑罚裁量活动，致使本身一体化的追诉、定罪、量刑活动，被人为地分割成孤立的阶段。甚至可以说，在立法修订导致法定刑变更的情形下，按照《答复》的内容，新法的适用效力仅仅波及刑罚裁量，而与追诉时效之间成为毫无瓜葛之事，导致一体性的刑事程序因为上述《答复》的存在而变得支离破碎。在法定刑变更后，与其唇齿相依的时效期限必然发生变化正是基于刑罚与时效之间的内在紧密关系，无论在哪一诉讼阶段出现刑罚的变更，由此带来的时效期限都必然作出联动反应。

4. "从旧兼从轻"原则难以贯通适用

在现有刑法总则中明确规定，新旧刑法的适用要遵从"从旧兼从轻"原则，这是新旧法律更迭中必须遵守的权利保障性原则。现有《答复》以立案侦查的时间为基准进行时效制度的评判，即在审判环节即使因新法出台而导致法定刑变轻，也不能因时效制度而终止审理，明显地违背了"从旧兼从轻"原则与时效制度的规定。违反总则性条款，不仅会在刑事法律条文理解上产生重大偏差，还会导致其结论的谬误。"从旧兼从轻"原则是解决新旧法律或者条款更迭时的重要指导性原则，随着修正案的不断出台及其生效实施，这一原则在案件处理中也已经得到普遍性的体现，并在理论与实践层面得以遵循。时效制度作为刑法法定刑变更之后的首要问题，自然应当适用"从旧兼从轻"原则。而《答复》则以单纯的"从旧"而不"从轻"进行旧法适用，不仅偏离了刑法总则的规定，也极易对被告人的人权造成侵害。

5. 造成同案不同判现象

《刑法修正案（九）》出台之时并没有明确性的司法解释，也没有类似《答复》性质的文件出台，基于新旧刑法适用的相关原则以及存疑有利于被告原则，实践中，《答复》之前的案件因修法导致法定刑变更的，追诉时效也随之发生变化，都按照"终止审理"予以解决。而且，这一类型化问题并非限定于贪污受贿罪，其他罪名遇到此问题也如此处理。问题在于，根据《答复》要求，此类案件须作"继续审理"，那么，究竟是终止审理的结论合理，还是《答复》要求的"继续审理"更恰当？关键的问题是，最高人民法院对下级法院的《答复》涉及的追诉时效问题，留下了诸多难以排解的困惑，即在《答复》之前因法定刑变更而终止审理的案件，是依据《答复》的规定"继续审理"，还是坚持"一事不再理"原则而维持前期结论？这类处理带来的前后结论不一的问题本身完全是可以避免的，即或者默认前期各地实践中已经共同践行的终止审理的惯常做法，或者通过司法解释的方式对前期做法予以确认。

6. 导致法律的体系化解释未能有效遵循

《答复》在解答实践性问题时，最为致命的症结就在于非体系化的解释，因而必然招致理论与实践层面诸多非周延的尴尬情形。虽然时效问题牵涉的只是刑事追诉权问题，但仍须与刑法体系相协调，以体系化的思维处理疑难问题。既不能为了打击犯罪而肆意滥用刑事追诉权，也不能为了所谓的权利保障而轻纵犯罪。

《答复》要求下级法院不因法定刑变更而终止审理，而是继续推进诉讼程序并依法处理。问题在于，既然法官量刑时以修正案的法定刑为参照，那么毋庸置疑，量刑时要适用新法及更轻的刑罚。比如，贪污贿赂罪的第一档法定刑为3年以下有期徒刑，法院即使要继续审理，在量刑时也不可能置新法于不顾而适用旧法，即使撇开时效问题，在量刑时对归属于第一档量刑幅度内的案件，仍然只能适用新法判处 3 年以下有期徒刑。那么，如果法院在三年以下有期徒刑的范围内进行刑罚裁量，但是在侦查、审查起诉阶段的时效审查时，又不按照刑法总则时效制度中要求的"法定最高刑不满五年有期徒刑的，经过五年"来审查时效期限，而是根据侦查时的旧法及其对应的法定刑来评判时效超过与否，这样一来，量刑时的刑罚与时效评判上的刑罚明显发生错位，在同一案件的法律适用上出现适用新旧法不一的两套标准，带来法律适用的不协调。

从该《答复》的内容来看，其针对的案件类型仅限于"法院正在审理的贪污贿赂案件"，尚未扩大到其他所有案件。一方面，固然是因为这类案件在当时最为突出，很多法院甚至故意积压了很多贪污贿赂案件，以根据从旧兼从轻的溯及力原则予以从宽处理，涉及面很广，担心根据新的法律规定和司法解释直接终止审理超过追诉时效的案件，导致大量案件得不到追诉；另一方面，也与全面严厉反腐有关，在强调从严反腐的刑事政策下，大面积对贪污贿赂案件终止审理，不利于反腐工作的开展。但是，与刑法基本原则相比，刑法的核心价值更值得坚守。

（八）立案之后因为法定刑变更引起的追诉时效溯及力原则是什么？

如前所述，立案只是刑事追诉的起点，而刑事追诉并非一个静止的时间节点，而是包括立案、侦查、审查起诉、法院审理等环节的诉讼过程。尽管基于有效打击犯罪的立场，追诉时效的计算终点应当确定为刑事立案之时（公诉案件为立案侦查时，自诉案件为法院受理案件时），但作为追诉时效的规范依据，则应当根据相应阶段的有效规范为标准，而不应一概以立案时的有效规范为标准。否则，明显违背了有利于行为人的从旧兼从轻的溯及力原则，也与追诉时效的本来含义不符。追诉时效期限以罪行可能判处的法定最高刑期来确定，且期限的长短也与罪行的轻重息息相关，并成正比。司法实践中，办案人员需要在严格审查案件材料的基础上核实主要犯罪事实，并根据该事实大致估计一个刑期，并依此刑期来确定该案件的追诉时效期限。由于追诉时效也要严格遵守从旧兼从轻的刑法原则，当法定刑发生了变更的时候，办案人员也必须依照有利于行为人的原则来重新预测行为人可能判处的刑期，并找到与之相对应的时效，选择适用对行为人更为有利的一种时效。

因此，无论哪一个诉讼阶段的追诉时效都要严格遵循从旧兼从轻原则，该原则是刑法总则规定的基本原则，对所有刑法规定都适用，没有例外。具言之，在刑事立案阶段，如果发现根据立案时的规定，已经超过了追诉时效，则应当不予立案；在审查起诉阶段，如果发现由于审查起诉阶段的法律发生了变更，导致所审查的案件已经超过了追诉时效，应当作出不起诉的决定；在法院一审或二审阶段，如果发现由于法院审理阶段的法律发生了变更，导致所审理的案件超过了追诉时效，应当终止案件的审理；在法院再审阶段，如果发现由于在刑事立案以后、生效判决之前的法律发生了变更，导致申请再审的案件超过了追诉时效，应当依法作出不再追究的再审判决。

（九）结合本案事实指出应有的审理过程是什么？

根据前述分析，本案陈某强受贿罪追诉时效的起算时间应当是第二笔贿赂款收取之时，即 2007 年 9 月，其追诉时效的终止时间应当是陈某强主动向人民检察院投案之时，即 2015 年 5 月 19 日。据此，在本案立案时，陈某强受贿案已经经过了 7 年 8 个月。但《刑法修正案（九）》自 2015 年 11 月 1 日起开始施行，故根据陈某强受贿案立案时的法律规定——"个人贪污数额在五千元以上不满五万元的，处一年以上七年以下有期徒刑"，其对应的法定刑为十年，故应当对其进行立案侦查。

本案的一审判决作出的时间是 2015 年 9 月 1 日，尽管 2015 年 8 月 29 日第十二届全国人大常委会十六次会议表决通过《刑法修正案（九）》，但其尚未施行，《刑法修正案（九）》的生效时间是 2015 年 11 月 1 日。故本案一审期间，依然没有超过追诉时效，一审法院根据当时有效的刑法规定作出的一审判决适用法律正确，陈某强及其辩护人据此本案已超过追诉期限的主张于法无据。

但是，本案的二审裁定作出的时间是 2015 年 12 月 1 日，此前《刑法修正案（九）》已于 2015 年 11 月 1 日开始施行，根据新的法律规定——"贪污数额较大或者有其他较重情节的，处三年以下有期徒刑或者拘役，并处罚金"，其追诉时效已经变为 5 年以下，而本案立案时，陈某强受贿案已经经过了 7 年 8 个月，显然已经超过了追诉时效，理应根据《刑事诉讼法》（2012修正）第 15 条的规定，对本案终止审理。但是，依然作出了维持原判的二审裁定。换言之，二审法院如果认为一审法院的判决事实清楚，量刑适当，应当在 2015 年 11 月 1 日前作出维持原判的二审裁定。

本案在再审时，2016 年最高人民法院、最高人民检察院发布实施的《关于办理贪污贿赂刑事案件适用法律若干问题的解释》中将贪污罪和受贿罪的起刑点明显提高了，对量刑数额的标准也进行了较大幅度地调整，陈某强受贿金额仅 30 000 元，刚刚达到定罪起刑点，在 2015 年 11 月 1 日之后，其追诉时效由 10 年变为了 5 年，但应当终止审理的二审法院没有终止审理，而是作出维持一审有罪判决的决定，因此，再审法院应当对陈某强依法作出不再追诉的再审判决。

三、参考文献

1. 《刑法学》编写组编：《刑法学》，高等教育出版社 2019 年版。

2. 黄永主编：《中华人民共和国刑法立法背景与条文解读》，中国法制出版社 2021 年版。

3. 陈伟："法定刑调整后的追诉时效问题及其澄清——以最高人民法院'答复'为中心的考察"，载《环球法律评论》2018 年第 2 期。

4. 姜涛："刑法溯及力应全面坚持从旧兼从轻原则"，载《东方法学》2019 年第 4 期。

5. 张武举："如何理解我国刑事追诉时效中的几个问题"，载《河北法学》2004 年第 4 期。

6. 杨登峰："何为法的溯及既往？——在事实或其效果持续过程中法的变更与适用"，载《中外法学》2007 年第 5 期。

7. 柳忠卫："刑法追诉时效溯及力原则的确证与展开"，载《中外法学》2021 年第 4 期。

8. 王钢："刑事追诉时效制度的体系性诠释"，载《法学家》2021 年第 4 期。

9. 高翼飞："追诉时效争议问题研究——以刑法和刑事诉讼法的协调为视角"，载《中国刑事法杂志》2020 年第 4 期。

后　记

　　为适应依法治国的需要，国家正大力发展法律硕士专业学位研究生教育，新时代法律专业学位研究生教育应与法律职业有效衔接。案例库建设就是法律硕士专业学位课程体系为此进行改革的一部分，疑难案例能够很好地将法学知识点和司法实践难点联系起来，以此为契机，精心编写教学案例库，开展互动式案例教学，能够在大力提升法律硕士研究生的理论素养的同时，有效培养他们的法律实务技能。

　　教育部学位与研究生教育发展中心、全国法律专业学位研究生教育指导委员会也正在建设中国专业学位教学案例中心案例库，本书主编编写的一个案例有幸于 2020 年 7 月入选中心案例库。结合本书主编主持的省级专业学位案例教学课程——《刑法总论》，本书编写组根据刑法总论理论体系较为完备的特点，发挥本校赣南疑难案例协同研究中心的优势，充分发掘编写组人员曾经代理或有较为深入研究的刑事疑难案例，按照教育部学位与研究生教育发展中心案例库的基本范式，充分介绍相关案例，并附上相关证据，根据刑法总论的知识点展开问题式教学探究。

　　在编写体例上，本书的 18 个案例是在我校法学一级硕士点和法律硕士授权点长期坚持《刑法总论》案例教学的结晶，均根据司法实践中真实的裁判文书，摘取相对独立的案件事实，针对案件的争议点或疑难点，设置相关法律问题或实务技能问题，然后结合刑法原理、法律规定、司法解释和类似案例进行分析，力求在刑法学总论知识的演绎中培养法律硕士研究生的法律事实认定能力、法律内容阐释能力和法律结论推理能力，同时培养其法律职业素养，使其成为有公义、有担当的法治建设者。

　　本书在主编拟定的大纲下开展编写工作，最后由主编对全书进行审阅和定稿，具体分工如下：

苏雄华（刑法学博士、法学博士后，江西理工大学法学院副教授）：负责第一章第一节、第二节、第五章第一节的撰写和全书的定稿；

孙绍伟（刑法学硕士，江西理工大学法学院讲师）：负责第二章第二节、第三节、第五节、第六节、第七节、第八节和第四章的撰写；

赖玉中（诉讼法学博士，江西理工大学法学院讲师）：负责第五章第二节、第三节的撰写；

欧阳森林（法律硕士，江西省安远县纪委委员、天心镇党委委员、纪委书记）：负责第二章第一节的撰写；

陈超（法律硕士，江西省瑞金市生态环境局干部）：负责第二章第四节的撰写；

张旺城（法律硕士，江西理公律师事务所律师）：负责第三章第一节的撰写；

胡丽琴（江西理工大学法学院 2020 级硕士研究生）：负责第三章第二节的撰写。

本教程能够顺利出版，感谢我校法学院项波院长、张奇副院长等领导的大力支持，也感谢中国政法大学出版社的鼎力相助。由于案例较为疑难复杂，涉及的知识点也存在争议，本书存在不当之处，敬请批评指正。

本书编写组